中国 文学与文化 研究丛书

本书获汕头大学文学院、广东省哲学社会科学"十三五"规划后期资助项目资助

中国
文学
与
文化
研究
丛书

武术与中国文学精神

曾小月　著

四川大学出版社
SICHUAN UNIVERSITY PRESS

图书在版编目（CIP）数据

武术与中国文学精神 / 曾小月著. — 成都：四川
大学出版社，2024.4
（中国文学与文化研究丛书）
ISBN 978-7-5690-6479-7

Ⅰ. ①武… Ⅱ. ①曾… Ⅲ. ①武术—传统文化—文化
研究—中国②中国文学—文学研究 Ⅳ. ① G852 ② I206

中国国家版本馆 CIP 数据核字（2023）第 241014 号

书　　名：武术与中国文学精神
　　　　　Wushu yu Zhongguo Wenxue Jingshen
著　　者：曾小月
丛 书 名：中国文学与文化研究丛书

丛书策划：张宏辉　欧风偲
选题策划：徐　凯
责任编辑：徐　凯
责任校对：毛张琳
装帧设计：李　野
责任印制：王　炜

出版发行：四川大学出版社有限责任公司
　　　　　地址：成都市一环路南一段 24 号（610065）
　　　　　电话：（028）85408311（发行部）、85400276（总编室）
　　　　　电子邮箱：scupress@vip.163.com
　　　　　网址：https://press.scu.edu.cn
印前制作：四川胜翔数码印务设计有限公司
印刷装订：成都金龙印务有限责任公司

成品尺寸：170 mm×240 mm
印　　张：16.75
字　　数：268 千字

版　　次：2024 年 4 月 第 1 版
印　　次：2024 年 4 月 第 1 次印刷
定　　价：68.00 元

扫码获取数字资源

四川大学出版社
微信公众号

序

曹顺庆

一直以来，比较文学跨学科研究都受困于比较文学本体论和方法论的纷争。如何开辟一条务实有效的跨学科研究路径，怎样夯实跨学科研究的学术基础，成为比较文学学术界的一项重要工作。1961 年，美国比较文学学者雷马克在《比较文学的定义和功能》一文中创见性地提出，比较文学是文学与人类其他表现领域的比较，人们可以通过学科跨越式比较去探索"文学性"的奥秘。然而，文学的跨学科研究实属不易，既要吃透文学，又要精通相关学科，因此被学界戏称为"打乒乓球"。

其实，不论是法国学派的影响研究，还是美国学派的平行研究，均展现出世界比较研究者总结文学规律的求真精神，而中国学者所倡导的跨文明异质性对比与互补研究，更是全球化背景下全面认识文学特性的积极探索。跨文明异质性研究得益于当下这个多元的文化环境，作为中国的比较文学研究者，有责任也有义务承担起廓清中国文学特质的工作。

在这一学术背景之下，曾小月博士的论著《武术与中国文学精神》的创新性便得以凸显。

首先，《武术与中国文学精神》在选题上具有重大的学术价值。该书首次从学科互证和历史发生的视角，对武术与中国文学精神的内在关系进行了系统分析，试图揭示武术对中国文学创作传统、武学思想对中国文论经典范畴所产生的深远影响，一方面拓宽了前人鲜有涉及的学科领域，另一方面则在推动自然学科、人文学科跨越式比较研究的同时，

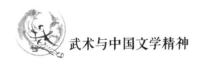

为探寻全球化背景下不同文明的文化特点提供了契机。

其次，《武术与中国文学精神》在观点上也体现了创新性。该书从武术与中国文学的关系梳理中探究中国文学的精神特质，并对中国文学中的一些传统命题提出了新的阐发。如武术题材与中国古代诗歌、小说、戏曲的文类学思考，"太极""象数""技道"之法、"虚实""形神""气韵"之理，以及武术与中国古代文论的关联性探幽等，均体现出作者相当厚实的学术功底和较强的理论素养。

再次，《武术与中国文学精神》视野开阔，涉及的问题广。中华武术是全世界唯一一种融格斗竞技和文化思想于一体的人类活动现象，极富民族特质，且横亘中国文学发展长河。探讨其与中国文学精神的关系要涉及文学、文论、艺术理论诸多领域，工作量大，难度颇高。论者下苦功，花精力，在占有大量资料的基础之上，对研究对象展开了全面深入的探究，主题鲜明，结构精巧，论证清晰，展现出学术求新的勇气。

习近平总书记在党的二十大工作报告中指出："全面建设社会主义现代化国家，必须坚持中国特色社会主义文化发展道路，增强文化自信。"怎样增强文化自信？如何坚守中华文化传统？——提炼中华文明的精神标识和文化精髓便是重要路径。可以说，《武术与中国文学精神》就是一种积极的尝试和探索。

对"比较文学跨学科"与"跨文明异质性问题"的研究，是一项艰巨而浩大的学术工程。踔厉奋发，笃行不怠，我们唯有坚定求知信念，坐稳冷板凳，才能不负韶华，不负国家。

最后，祝愿小月百尺竿头，更进一步，在"比较文学跨学科"研究道路上越走越远！

2023 年秋于成都川大花园

目　录

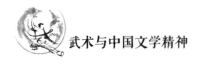

绪　论

武术，格斗之术也。中国武术是以技击为本质内容，以套路、对抗为表现形式，注重内外双修的传统个人防卫之术。作为中华民族传统的技击之法，"武术"在历代有不同的称谓：春秋时期有"拳勇""武艺"之说，战国时期被称为"技击"，魏晋时期出现了"武术"一词，汉代又冠之以"技巧"，明清时期名之曰"技艺"或"技勇"，"国术"一词于民国十六年（1927）以后逐渐形成。[①] 在经历了千年岁月的洗礼之后，中国武术依旧常青不衰，这充分说明它拥有强大的生命力与巨大的文化内涵。

武术与其他艺术门类有着天然的联系，文学便是最为突出的一种。在行为方式与内在理路上，武术与中国文学均受到传统文化的规范和影响。同时，在各自的发展进程中，武术与文学又互为观照、互为补充，共同促成了中华民族文化标识与思想精髓的表征。本书选取武术与中国文学为研究对象，采用比较文学跨学科研究方法，一方面揭示武术与中国文学的相通之处，另一方面探究二者的差异，以期为加深认识中国文学的精神特质提供一条新的路径。

一、研究现状及存在的问题

本书的研究对象是武术与中国文学精神，在研究武术时，集中于考察武术此一格斗技艺以及围绕武术而形成的武术理论和武学思想，在分

---

① 参见吴图南：《国术概论》，天津市古籍书店，1989 年版，第 1 页。

1

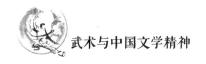

析中国文学时，主要检视的是文学作品与文学理论部分。中国文学源远流长、博大精深，其探讨面向不可谓不多。本书以武术为切入点，以跨学科研究为方法，试图深掘中国文学的内在精神品质。那么，我们该怎样理解"中国文学精神"呢？精神，就一般意义而言，主要是指与物质对应、同意识一致的哲学概念，它包括人的意识、思维活动等。所谓"中国文学精神"，是指以中国文学为物质载体，从中提炼出来的思想意蕴、审美情趣、价值取向，以及生命意识等。本书将从"道"、审美、游戏三个维度探究中国文学之精神内涵。

当前学界大致从以下两个大的方面分析武术与中国文学的关系。

（一）从文学学科领域讨论武术

一是对"武侠"的阐发研究，包括"武侠"的概念分析、对武侠文化的历史变迁进行梳理。研究成果有王立《武侠文化通论》（人民出版社，2016 年版），曹正文《中国侠文化史》（上海书店出版社，2014 年版），龚鹏程《侠的精神文化史论》（山东画报出版社，2008 年版），汪涌豪、陈广宏《侠的人格与世界》（复旦大学出版社，2005 年版），韩云波《中国侠文化：积淀与承传》（重庆出版社，2004 年版），易剑东《武侠文化》（扬智文化事业股份有限公司，2000 年版），陈山《中国武侠史》（上海三联书店，1992 年版），刘若愚《中国之侠》（上海三联书店，1991 年版）等。

二是对武侠小说的专题研究，其中又可细分为以下几种：

（1）从史的角度对中国武侠小说的发展及流变进行爬梳。此一角度的代表性论著有罗立群《中国武侠小说史》（中山大学出版社，2021 年版），梁守中《武侠小说史话》（天津人民出版社，2019 年版），叶洪生、林保淳《台湾武侠小说发展史》（远流出版事业股份有限公司，2005 年版），陈颖《中国英雄侠义小说通史》（江苏教育出版社，1998 年版），王海林《中国武侠小说史略》（北岳文艺出版社，1988 年版）等。

（2）从文学类型学的层面解析武侠小说，即把武侠小说置于诸种中国传统小说类型当中，总结其艺术特征和创作规律。代表性论著有陈平

原《千古文人侠客梦：武侠小说类型学研究》（百花文艺出版社，2009
年版）、王立《武侠文学母题与意象研究》（辽宁师范大学出版社，2005
年版）、陈墨《海外新武侠小说论》（云南人民出版社，1994年版）、蔡
翔《侠与义：武侠小说与中国文化》（北京十月文艺出版社，1993年
版）等。

（3）武侠小说作家艺术创作论，相关论著有顾雪衣《古龙武侠小说
知见录》（北京出版社，2020年版）、陈岸峰《解构金庸》（广东人民出
版社，2020年版）、程维钧《古龙小说原貌探究》（广州出版社，2018
年版）、杨兴安《金庸的武侠世界》（东方出版中心，2020年版）、徐渊
《金庸与武侠小说研究》（中国社会科学出版社，2017年版）、罗立群
《开创新派的宗师：梁羽生小说艺术谈》（学林出版社，1996年版）、曹
正文《武侠世界的怪才——古龙小说艺术谈》（学林出版社，1995年
版）、韦清《梁羽生及其武侠小说》（伟青书店，1980年版）等。

（4）通过武侠小说阐发中国传统武学思想，如探讨文学作品中描述
的武功、厘清作品中武术与传统文化的关系，以及武术与人物性格的关
系等。这方面的研究成果有兰草《武魂侠骨：中国武侠军事文化探奇》
（解放军出版社，1999年版）、陈墨《金庸小说之武学》（百花洲文艺出
版社，1999年版）、叶洪生《论剑：武侠小说谈艺录》（学林出版社，
1997年版）等。

（二）从武术学科范围考察中国文学

相关著作有王国志《中国武术的艺术化之路》（北京体育大学出版
社，2019年版）、刘峻骧《东方人体文化》（上海文艺出版社，1996年
版）及《中国武术文化与艺术》（新华出版社，1991年版）、郝心莲
《中国武术实用百科》（北京体育学院出版社，1991年版）等。从中可
见研究者倾向于将中国文学作为一门与武术学科相关的姊妹艺术，将其
与武术进行文化姻缘梳理，在厘清中国武术的发展流变、派别特点等内
容之后，转向对武术文化的挖掘。研究者发现，武术与中国传统艺术门
类之间存在着明显的互动关系，其中文学与武术的交往显得格外突出。

通过武术考察中国文学，现有的研究成果多倾向于呈现武术在文学

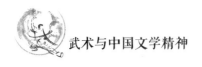

作品中的存在形态，以及武术对中国文学创作的丰富作用。此类研究常散见于武术与中国传统文化的论著中。此外，研究者还从民族文化形态层面分析武术与文学活动的内在联系，但仅限于某一种文学体裁，在研究对象的广度与问题揭示的深度上都有待进一步拓展。

综上所述，前人对武术与中国文学的关系进行了积极的梳理和探索，这为本书的深入研究提供了丰富的文献材料与理论资源。不可否认，对武术与中国文学精神的关系仍有深入探究的必要可从以下两个层面展开。其一，应强化对二者内在联系的系统化研究。目前学界对该问题的探讨仅侧重于某个方面，如侠义精神、尚武文化等，浅尝辄止，亟待拓展对相关话题的综合探讨。其二，应从学科比较的视野对武术与中国文学展开研究。现有成果多从学科内部考察中国文学精神，尚未跳出学科界限，以学科整合的立场挖掘二者的内在联系。基于此，笔者认为非常有必要以跨学科研究为指导思想，厘清武术与中国文学精神的内在联系，从而加深对中国文学精神的认识与理解。

二、研究视角与切入点

文学研究方法众多，不论是传统意义上的文学研究方法，还是炙手可热的文化研究，都在深入诠释文学特征与创作规律上取得了可喜的成果。然而，学术研究的步伐总是向前迈进的，跨学科研究方法的出现为人们提供了更为广阔的研究领域和更为多样的研究视角。学界在界定比较文学的学科含义时曾指出，影响研究、平行研究、跨学科研究和跨文明研究是比较文学的基本方法论，其目的是"以世界性的眼光来总结文学规律和文学特性，加强世界文学的相互了解与整合，推动世界文学的发展"①。本书主要采用跨学科研究方法，通过比较武术与文学这两个不同的学科，以文学作品、艺术理论为基础，展开系统的分析与论述，以期为拓展文学研究开辟一条新的路径。

进行比较文学研究，可比性是个不容忽视的问题。何谓比较文学的

① 曹顺庆：《比较文学论》，四川教育出版社，2002年版，第47页。

可比性？孙景尧曾有积极的探讨："比较文学可比性是基于跨语言界、跨国界和跨学科界的学科宗旨和研究对象，又服务于学科宗旨及其任务的学理逻辑假设，是比较文学学科的研究之道。"① 在具体操作上，可比性又细分为文学性、跨越性和兼容性。② 在论证过程中，本书始终坚持文学可比性的原则，充分展现以上三个属性。比较文学的首要性质是文学性，因此本书将借助文学作品和文艺理论来分析文学的问题，并在提出问题和解决问题的过程中始终将文学摆在首位。正如蒋述卓所指出的："进行跨学科比较文学研究，必须是以文学为中心的研究，要突出文学的审美批评与分析。"③ 由于受传统文化的影响，学界对武术与中国文学的关系的梳理往往侧重于文化元素的讨论。若要对二者的研究有所突破，应借助比较文学跨学科研究方法，将研究视角延伸到文学学科之外，如此既能充分利用好武术与文学之间的文化共通点，也能最大限度地发挥文学研究的功能。

此外，要完成比较文学的研究，跨越性与兼容性也是值得注意的问题。一方面，我们要凸显比较文学跨越性的研究特点，采取跨学科研究方法，把武术与文学这两个学科作为比较的两端。这就是说，对武术与文学进行比较阐述时，把二者置于一个系统中，文学处于一端，武术处于另一端，通过探讨一些相关性话题来进行有序的比较与分析。另一方面，我们也不能忽略研究对象的兼容性问题。兼容性是指比较研究中的双方是否具有相互兼容的特性，这可体现在共同话题的探讨上等。本书认为武术与中国文学在"道"、审美、游戏等问题上拥有许多相类相通之处，这些共同点使得武术与中国文学的跨学科比较有了合理性与可行性。

在探究武术与中国文学精神的关系时，本书集中以"道""审美""游戏"三个维度为切入点。就本质而言，从以上三个维度检视武术与中国文学，主要是将武术和中国文学纳入哲学、艺术学的视野加以考

---

① 孙景尧：《比较文学的研究之道：可比性——重读比较文学理论名著的札记》，载于《中国比较文学研究》，2003 年第 4 期。

② 参见曹顺庆：《比较文学论》，四川教育出版社，2002 年版，第 58 页。

③ 蒋述卓：《跨学科比较文学研究的前景展望》，载于《中国比较文学》，1995 年第 1 期。

察。"道"为统领宇宙万物之定理（中国思想范围内），它普遍存在于各种物质形态中，其中便包含武术与文学。在中国传统思想中，"道"又可细分为天地之道、人伦之道及技艺之道。武术与文学秉承"道"之哲学特质，二者在天道、人道、技艺之道三个方面互有融通。进入具体的艺术样态之后，哲学之"道"便逐渐体现为一种审美的观照。武术与中国文学均为中国传统的艺术形态，在审美鉴赏上，二者都有过成熟的思考，其中尤以"阴阳结合""虚实相生""形神兼备"最为深刻。当武术进入文学作品时，游戏精神便成了二者相互体照的精神特质。作为技击格斗的武术，原本就承载了游戏的竞争属性，在与文学融汇的过程中，武术又体现出不同于竞争属性的其他特性，其中包括道德的引导和情感的升华。在游戏精神的层面，武术之常态属性与非常态特点均可从文学作品中找到具体的表现形式和生成机制，这为我们研究武术与文学的关系提供了视角。此外，在具体论述过程中，本书所选取的文本主要来自中国的传统诗歌、小说和戏曲作品。从学界的研究成果来看，诗歌、小说和戏曲在表现武术方面已相对成熟与稳定，所以本书侧重于通过这三种文学样式来梳理武术与文学的关系。随着时代的发展，当下的文学创作与阅读渠道趋于多媒介化，文学研究的范围也同步扩展。网络文本、影视作品、在线游戏等新型媒体如火如荼地进行着各种文化现象的"文学性"实践。① 以武术为内容的文学表现形式也有了新的艺术尝试与转移，因此，当我们探讨武术此一文化现象的"文学性"演绎问题时，研究的目光必然要触及电影、网络等领域。

三、研究路径和价值

本书由绪论、正文和结语三个部分组成。绪论介绍了研究现状、研究视角、研究路径、研究方法、研究价值等。在交流互动过程中，中国文学从"道"的承载、审美观照、游戏体验三方面与武术形成了呼应。

---

① 参见马睿：《未完成的乌托邦——现代中国文学自治思潮研究》，巴蜀书社，2006 年版，第320 页。

"道"乃一切事物发展之定理，它存在于万事万物之中。中国传统艺术均受体道思想的影响，此种观念同样作用于武术与文学。审美是将"道"纳入艺术领域的一种创作行为，一定程度上是对万物之道的具象化与想象化处理。武术和文学同为中国艺术门类，二者在各自的范畴内演绎着"道"的形态，并搭建了审美的桥梁。人类需要审美的艺术活动，因为从生理到心理的情感体验是必不可少的。在审美感知与理性体悟之际，由游戏所带来的愉悦和快感是人们津津乐道的话题。以游戏骋怀为起点，以精神追求为旨归，武术与文学共同组建了一个精致独特的艺术审美空间。总之，道、审美、游戏这三者构成了本书的论述核心。诚然，本书所选取的研究对象和所凭借的理论资源显然并不能囊括武术与中国文学之间的所有面向，但是这三个层面的鲜明特点以及在整个关联体系中的主导地位使这一研究格外重要。

本书的正文部分共有五章。在概述每个章节的内容之前，有必要指出各章节之间的内在联系，具体设计思路如下：首先，概述武术发展史，阐明武术与中国文学在文化上的共通性，即二者具有相似的发生学背景、均为"六艺"的组成部分等；其次，提炼武术与文学相互影响的诸多现象，包括武术的艺术化倾向和文学中的武术题材；最后，从理论的高度对武术与中国文学进行剖析，集中从"道"、审美、游戏三个维度，挖掘武术与文学交流、对话的深层原因和理论依据。

第一章"武术与中国文学的内在因缘"侧重从文化源头上对武术与中国文学的可比性进行分析，即讨论武术和中国文学这两个学科进行比较研究的基础。首先，简要梳理中国武术发展史，认为武术经历了一个由格斗自为到技艺自觉的进程，这促使其与中国文学的交流有了时代性。其次，从劳动说、摹仿说和巫术说三个层面论述武术与中国文学的起源问题。最后，从"六艺"入手探寻武术与中国文学的文化源头。

第二章"武术与中国文学的交往历程"主要勾勒武术与中国文学的结合情状。在历时脉络上，勾勒武术与文学的交流过程，在共时面向上，辨析各文学体裁对武术的艺术态度。武术和文学都拥有灿烂的成长历史，作为一种民族文化的物质载体，武术逐渐融入文学创作。当武术进入文学世界后，二者都发生了变化。武术在自身发展过程中所蕴含的

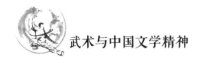

哲学意义、美学因素等被文学挖掘并放大,从而出现了艺术化的发展倾向;同时,文学吸纳武术元素,创作题材更为丰富与多样。可见,武术进入文学以后,提升和凸显了文学的某些特质,如文学的美学形态、游戏精神等。在武术技法与武术文化的表现方面,诗歌、小说、戏曲三种文学体裁各有侧重,借助武术题材对比这三种文学体裁的创作特质,是一个有意义的探索。

第三章"武术与中国文学的体道运思"从"道"的角度考察武术与中国文学。道乃宇宙大化之基本规律,万物均受其影响与支配。武术与文学共同生长于中国传统文化的大背景中,也必然会体现出"道"的内质。本章将从天道、人道、技艺之道三个层面展开论述,以呈现武术与道的关系图景。

第四章"武术与中国文学的审美观照"从审美的视角考察武术与中国文学。就武术与文学而言,将体道过程纳入审美领域是必然之理。本章选取"阴阳""虚实""形神"三组美学命题,以之为切入点,梳理武术与文学在审美探寻中的关联。

第五章"武术与中国文学的游戏精神"从游戏精神的角度分析武术与中国文学。在追溯武术与文学的游戏属性之后,分别就争强斗勇的游戏心理、品评欣赏的游戏情怀等层面展开详细探讨。武术在产生之初就有了游戏的功能,不论军事训练,还是民间习武,人们总能从武术演练中找到游戏的精神和娱乐的特质,如角抵、武舞、骑射、摔跤等就逐渐发展成了传统的游艺活动。同样,文学也具有怡情悦性的作用,中西方的文学创作中便有人们对游戏观的集中探讨。游戏世界中的武术一旦进入文学的世界,其形态便越发丰富。因此,当我们论述文学游戏说时,可以借助武术加以诠释。

本书各章节的写作采用了多种研究方法。宏观架构上主要选取了比较文学的跨学科研究方法,微观分析上则运用了文学类型研究、文学主题分析、异质性文化寻根、文艺心理学等方法。

以武术为参照对象来理解中国文学,是一个颇具创新性和开拓性的研究课题。在以往的研究成果中,尚未有以跨学科视野梳理武术与中国文学关系的研究,更缺乏从文本解读层面阐释二者关系的先例。本书的研究价值首先在于为中国文学的美学阐释提供了一个全新的视角，借助武术探究中国文学作品中的相关文化现象，以期扩充当前学界仅就某一种文学体裁予以单向梳理的研究模式；其次，依托文艺理论搭建互通的桥梁，以实现武术与中国文学之间的跨学科比较，以审美和游戏为切入点，找寻武术与中国文学的共同诗心；最后，为比较文学跨学科研究方法提供一个新的维度和启示。

第一章　武术与中国文学的内在因缘

中国文学在发展过程中有着自身的特点，武术的介入又对中国文学的繁荣起到了推动作用。从发生学角度来看，武术与中国文学具有相似的生成机制和文化背景，它们都是中华文明的重要组成部分。中国文学在产生之初便同武术有着深厚的渊源，二者共同生长于中华传统文化背景之下，相同的文化元素陶铸了它们共有的文化品格。武术与中国文学在各自漫长的发展过程中相互影响、相互促动，在各自的学科领域起到了传承、演绎和发展中华文化的作用。

第一节　武术的发展流变

武术与中国文学的交流与相互影响是一个长期的演变过程，在梳理以武术为题材的文学作品之前，我们应先对武术的发展进程有一个宏观的把握。武术的发展经历了漫长的岁月，这使它与文学作品结合时呈现出阶段性的特点，这些特点或隐或显地存在于现实生活当中。了解武术的发展史，有利于我们洞悉武术与文学的关系。在萌芽期，武术处于初始形态，技击活动来自人类的求生本能，此阶段的武术呈现出自为的特点。随着时间的推移，武术在演练形式、兵器分类、拳术样式、典籍等方面都有了不同程度的发展，逐步走向系统性与全面化。

一、武术的萌芽期

远古时期，人类在劳动过程中逐渐创造了武术。原始社会末期至春秋战国时期是中国武术的源起与初兴阶段。具体而言，从史前到夏、商、周为武术的源起时期，春秋战国时期是武术的初步兴盛阶段。

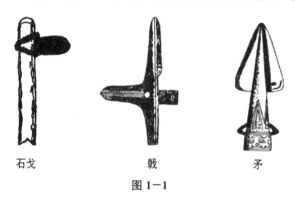

石戈　　　　载　　　　矛

图 1—1

（见周纬：《中国兵器史稿》，2006 年版，百花文艺出版社）

中国武术在发源之初便与原始人类的生产活动紧密相关。在以狩猎为主的原始劳动中，人们既要与瞬息万变的自然界抗争，又要与身边的野兽搏斗，格斗技能和工具便应运而生。除了生产劳动等因素，原始社会的战争也对武术的初步产生起到了不小的作用。为了获得生活资料和生存领地，部落之间时常发生战争。在此类战争中，原始人群直接将生产工具转变为武器，同时又把在狩猎过程中所积累的格斗技能运用其中。由此，军事武艺的原初形态逐渐清晰。

拥有相当的兵器和一定的格斗之术是武术产生的必备条件。可以说，早期兵器的创制与格斗技能的出现是中国武术在萌芽期的主要特点。在兵器方面，此时出现了弓箭、石球等远射武器，以及锤、矛、戈、钺、匕首、棒等近战武器。先秦时，最为著名的兵器发明要属蚩尤的"五兵"。蚩尤作"五兵"的记载见于《世本作篇·神农》："蚩尤作五兵，戈、矛、载、酋矛、夷矛。"[1]《史记·五帝本纪》又载："轩辕

---

[1]　皇甫谧：《世本》，齐鲁书社，2000 年版，第 64 页。

之时，神农氏世衰，诸侯相侵伐，暴虐百姓，而神农氏弗能征，于是轩辕乃习用干戈，以征不享，诸侯咸来宾从。"① 引文中所谈到的"干""戈"为实战中的两种兵器。干指作战时用于防御敌人的盾，戈则是进攻对手的利器。后来"干戈"并用，成为兵器的泛称。黄帝操干戈大战蚩尤，这虽是一则古老的神话传说，由此却能推断当时的人们对格斗技艺的习用程度和认识水平。《太平御览》亦载："《山海经》曰：大乐之野，夏后启于此舞九代（伐）。"② 夏启在大乐之野举行"九伐"的舞蹈表演，后人将其列为古代武舞的一种。"一击一刺为一伐"，此种击刺的方法经常用在商周时期的军队操练中，成为提高士兵作战能力的训练技法。以"伐"为代表的格斗动作是中国武术技艺的简单呈现，这一时期类似的单个动作还有扎、刺、砍等。虽然此时的兵器和格斗手法还略显朴素，但中国武术毕竟迈开了它坚实发展的一步。

图 1－2　战神蚩尤（山东临沂）

（见王洪震：《汉画像石》，新世界出版社，2011 年版）

　　春秋战国时期为中国武术的初步兴起阶段，诸侯国之间的征战与军事力量的扩充，促使统治者开始重视武术。这一时期武术的发展有以下几个特征：其一，角力和拳术逐渐兴起，武术作为游戏项目初显娱乐功

---

① 司马迁：《史记》卷一，中华书局，1959 年版，第 3 页。
② 李昉：《太平御览》卷八十二，中华书局，1960 年版，第 383 页。

能；其二，剑术开始成为人们日常练习的项目；其三，记载武术的文字篇章开始出现。

西周时期，拳术与角力产生，至春秋战国进一步发展。先秦之后，拳术常被唤作"手搏"，精于此技者被尊为"拳勇"。角力最早流行于河北、山西境内，时人称其为"蚩尤戏"。到了周代，角力被纳入士兵训练，《礼记正义》载："孟冬之月……天子乃命将帅讲武，习射御角力。"① 后来，角力比武成为民间的一项活动，传说孔子之父叔梁纥擅长角力，曾屡胜对手。战国时期，用于练力养兵的角力活动开始成为宫廷的新型游戏项目。"《太白阴经》云：春秋末并为战国，增讲武之礼，以为戏乐，共相夸视，而秦更名为角抵。"② 角抵之术开始出现于统治阶层的娱乐场所，这标志着以格斗技术为核心价值的中国武术萌生了它的首个价值分支——游戏效能。在游戏精神的引领下，武术逐渐进入文学艺术的殿堂。

对于剑器的起源时间学术界尚无定论，但据考古资料推测，早在西周初期便有了铸剑技术。1982 年，湖南出土了西周时期的铜冶炼场遗址，可以推知剑器的制作技术在商周时期已经成熟。春秋时期，剑器开始成为人们日常使用的一种武器。此时的剑较为短小，材质以青铜为主。战国时期，剑器的长度增加，春秋时期的剑器一般长 50 厘米左右，战国时期的剑已长达 70～100 厘米。春秋末期，炼制剑器的材料由青铜提升为钢铁。战国时期，钢铁剑的数量日渐增多，剑器制作技术也日益精湛，大批流传千古的名剑便产生于这一时期，如吴王光剑、吴王夫差剑、越王勾践剑、越王州句剑、鱼肠剑、湛卢剑、豪曹剑、步光剑、龙渊剑等，并出现了以干将、莫邪、欧冶子为代表的铸剑名家。

---

① 阮元刻：《十三经注疏》，上海古籍出版社，1997 年版，第 1382 页。
② 董说：《七国考》卷十一，中华书局，1956 年版，第 300 页。

图1-3　战国鱼肠剑

（见周纬：《中国兵器史稿》，百花文艺出版社，2006年版）

春秋战国时期，人们在用剑方面已经非常讲究，文臣武将、侠义之士都有佩剑的习惯。据《史记·秦本纪》记载："简公六年，令吏初带剑。"张守节《正义》曰："春秋官吏各得带剑。"① 这说明春秋时期官吏佩剑已成为各诸侯国通行的制度。此外，剑器的制作工艺也促使剑术活动兴起，斗剑活动开始风靡各诸侯国，《庄子·说剑篇》中便有相关描述："昔赵文王喜剑，剑士夹门而客三千余人，日夜相击于前，死伤者岁百余人，好之不厌。"②《庄子》虽非信史，但战国时期人们好剑之盛由此可见一斑。又《史记·太史公自序》云："非信廉仁勇不能传兵论剑，与道同符，内可以治身，外可以应变，君子比德焉。"③ 人们将论剑与说道并提，试图以剑道诠释治国图存的规律。此一时期剑开始超越原始的兵器属性，逐步向文化维度扩展。以剑器为中心的文化观念一经出现便长盛不衰，"书剑飘零""仗剑逞侠"等意象和主题成为千古文人难以割舍的情结。除剑器以外，其他武术器械也逐渐丰富，出现了"五兵""五刃""五戎"，五兵指戈、殳、戟、酋矛、夷矛，五刃指刀、

① 司马迁：《史记》卷五，中华书局，1959年版，第200页。
② 郭庆藩撰，王孝鱼点校：《庄子集释》卷十，中华书局，1961年版，第1016页。
③ 司马迁：《史记》卷一百三十，中华书局，1959年版，第3313页。

剑、矛、戟、矢，五戎指弓矢、殳、矛、戈、戟。

这一时期记载武术技巧的文字篇章陆续出现，如《手搏六篇》《剑道三十八篇》等，可惜这些文献均已亡佚。① 虽然不能得见这些典籍的具体内容，却可据此推断当时拳术和剑术的发展规模。当时留存于世的武术文献有《庄子》中的"说剑篇"、《吴越春秋》中的"越女试剑篇"、以《孙子兵法》为代表的谋略著作等。《庄子·说剑篇》曰："夫为剑者，示之以虚，开之以利，后之以发，先之以至。"② 通过对剑术的阐述说明了诱敌深入、后发制人的用兵思想。《越女试剑》一篇主要从身法、手法、步法、神形等方面展示剑术的精妙。《孙子兵法》包含丰富的军事思想和战略理论，对中国武术格斗理念的形成有着不可低估的作用。《孙子兵法》云："兵之情主速，乘人之不及，由不虞之道，攻其所不戒也。"③ 说明了应出其不意、攻其不备的用兵思想。这种思想被武林人士广泛应用于实际格斗，比如少林拳借此推导出"手似流星眼似电，身似游龙腿似箭"的战术思想，形意拳据此总结出"眼要疾、手要疾、腿要疾、意要疾、出势要疾、进法要疾、身法要疾"的"七疾"理论。此外，武术拳法亦秉承《孙子兵法》的思想精髓，直接纳入了"后人发，先人至""攻其无备，出其不意""避其锐气，击其情归""知己知彼，百战不殆"等理论。

在发源与初兴阶段，中国武术逐步表现出一些基本特色。同时，作为现实生活中的一种客观存在物，武术也正式进入文学作品。首先，剑器的繁荣为文学创作提供了一种新鲜的资源，此后剑器逐渐为文人所重视，成为中国传统武侠类文学作品中相对集中的表情对象。其次，武术理论已初步形成，以《庄子·说剑篇》《孙子兵法》为代表的武学典籍开始进入人们的生活。武学经典的出现使中国武术在理论上有了新的探索，不仅影响了后世武学思想的发展，也为中国武术在文化溯源与艺术寻根上起到了良好的承接作用。

---

① 参见李宁、江百龙主编：《中国武术史略》，人民体育出版社，1997年版，第20页。
② 郭庆藩撰，王孝鱼点校：《庄子集释》卷十，中华书局，1961年版，第1019页。
③ 孙武撰，余日昌注评：《孙子兵法》，江苏古籍出版社，2002年版，第107页。

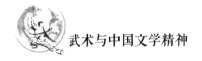

二、武术的发展期

秦汉至魏晋南北朝时期，中国武术进入了一个相对稳定的发展阶段。统一的多民族国家的建立、农业文明的发展和经济力量的增强，以及科学文化的进步，为武术的稳健成长奠定了基础。此时期最为显著的表现就是"文武分途"，即武术的专门化开始显现，呈现出以下几个特征：一是角抵、手搏发展迅速，不论宫廷还是民间，人们都乐此不疲地参与此项娱乐项目；二是"武术"一词于魏晋时期正式出现；三是武术套路进一步充实，各种兵器的演练之术竞相斗艳；四是便于记忆和练习的口诀、秘法一并形成。

秦始皇统一六国之后，以角力为主要形式的竞技活动也得以流传。汉代"角力"更名为"角抵"，这一称谓正式进入史册。何谓"角抵"？历史上有多种说法。东汉学者应劭注："角者，角技也；抵者，相抵触也。"文颖云："角抵者，两两相当，角力、角技艺。"[①] 秦汉时期角抵活动盛行，这与其游戏、娱乐功能密不可分。角抵源自先秦时期的角力活动，那时各诸侯国就已将角力列为"戏乐"。逮至秦朝，宫廷内更是频繁出现角力表演。角抵是徒手对抗性的活动，角抵双方只限于摔法，不能以拳脚相抗。因此，这种以较力为主要形式的活动更容易满足人们娱乐观赏的需求。汉朝初期，统治者曾禁止角抵，但由于角抵的普及性和娱乐性，禁而未绝。《汉武故事》曰："未央，庭中设角抵戏者，六国所造也。秦并天下，兼而增广之。汉兴虽罢，然犹不都绝。至上复采用之，并四夷之乐，杂以奇幻，有若鬼神。角抵者，使角力相抵触者也。"《西京杂记》亦载："三辅人俗用以赤刀为戏。汉朝亦取以为角抵之戏焉。"[②] 说明角抵活动曾盛极一时。《史记·李斯列传》载："是时二世在甘泉，方作觳抵俳优之观。"[③] 可见当时的人们把角抵和俳优并列为游乐观赏的对象，这充分说明了角抵的游戏属性。类似的记载也出现在

---

① 参见周伟良：《中国武术史》，高等教育出版社，2003年版，第20页。
② 李昉：《太平御览》，中华书局，1960年版，第3352页。
③ 司马迁：《史记》，中华书局，1959年版，第2559页。

杨衒之的《洛阳伽蓝记》中：

> 禅虚寺，在大夏门御道西。寺前有阅兵场，岁终农隙，甲士习战，千乘万骑，常在于此。注曰：有羽林马僧相善抵角戏，掷戟与百尺树齐等，虎贲张车渠掷刀出楼一丈。帝亦观戏在楼，恒令二人对为角戏。①

　　汉代出现了由杂技、舞蹈、魔术、角抵等组成的游艺活动，统称"百戏"。在诸多技艺项目中，角抵因其独特的观赏性而受到人们的欢迎，因而"百戏"又有"角戏"之称。《洛阳伽蓝记》中描绘了北朝洛阳禅虚寺门前角抵戏的热闹场面，艺人们各施绝技，角抵、跳刀、掷戟轮番上演。角抵之术被纳入"百戏"，并成为首要的观赏项目。角抵同百戏的结合极大地丰富了武术的游戏功能。格斗杀敌原本是武术的基本存在方式，观赏游艺的汇入使得武术的价值属性趋于多样化。
　　与角抵类似的活动还有手搏。手搏是由"相搏"演变而来的拳脚并用的技击格斗术。与角抵不同，手搏多采用脚踢、手拿等技术，二者在格斗技法上有所区别。手搏是一种技巧性极强的格斗术，《汉书·艺文志》中设"兵技巧"一类，其中便有《手搏》六篇，曰："技巧者，习手足，便器械，积机关，以立攻守之胜者也。"② 透过"技巧"的含义，可以推断当时手搏的技艺水平与实战能力。手搏在技巧上的突出特点与拳术的发展密不可分。手搏在东汉末年有了"手臂"的说法，此时的"手臂"与日后出现的拳术渊源颇深，以至于人们在解释手搏时常提及拳术。如《说文解字》："手，拳也。"段玉裁注："今人舒之为手，卷之为拳，其实一也。故以手与拳二篆互训。"③ 手搏的具体技法主要体现在击、打、拿上，手搏还讲求打法的细腻和精当，这也是秦汉时期手搏技艺的一大特点。《说文解字》"手"部的解释中有如下文字："挨，击

---

① 杨炫之撰，杨勇校笺：《洛阳伽蓝记校笺》卷五，中华书局，2006年版，第207页。
② 班固：《汉书》卷三十，中华书局，1962年版，第1762页。
③ 许慎撰，段玉裁注：《说文解字注》，上海古籍出版社，1981年版，第593页。

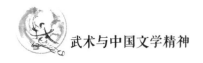

背也","掔，旁击也""抵，侧击也"①。"捶，两手击也"，"捶"字注曰："谓左右两手横开旁击也。"②"拂，过击也；挃，捣头也。"注中引《广韵》，"撞也"。③"拊，拊手也。"段注："拊，揗也。拍，拊也。此不但言拊，言拊手者，谓两手相拍也。今人谓欢拚是也。《汉书·吴都赋》皆云：'拚射。'孟康曰：'手搏谓为拚。'此则谓两人手相搏也。"④由此可知，时人对手搏技法的掌握有了相当成熟的经验。与角抵类似，手搏的娱乐游戏性能也不容忽视。汉哀帝"雅性不好声色，时览卞射武戏"，平民百姓更是乐此不疲地翘首观看手搏斗艺。汉魏时期，手搏同翘关、扛鼎、射、壶等游艺活动一起受到了统治者和百姓的欢迎。

如前所述，武术在我国远古时期就已出现，其称谓在不同时代则各有不同。夏商周时期，武术主要被称为"拳勇""手搏""角力"。春秋战国时武术被冠以"技击""相搏""手战"的名字。秦汉三国时，"武艺""角抵""角力""手搏""期门""卞（弁）""手格"等叫法逐渐出现。两晋南北朝时"武术"一词才正式产生，所谓"偃闭武术，阐扬文令"⑤。这一时期除"武术"以外，也有"讲武""拍张""相""拳法""相扑""角抵"等叫法。唐宋时期沿用前代说法，不外乎"武艺""手搏""相扑"之类。明清时期多了"白打""使拳""把式""对力"等说法。近代中国，面临外敌侵扰，国人直接将武术称为"国术""国技""功夫"，用以彰显一国之威，标举中华之势。

武术套路是指"以踢、打、摔、拿、击、刺等徒手和器械的技击格斗动作为素材，结合身体各部的锻炼需要，按照攻守进退、动静疾徐、刚柔虚实等矛盾对立统一规律组成的成套动作"⑥。在论及套路之前，我们应先了解一下汉代拳家对武术的发展所做出的贡献。先秦时期，人们便从自然万物中得到启发，假以人体动作，探索出强身健体、驱暴求生的技法。延续至汉代，产生了较有影响的"狗斗舞""醉舞""六禽

① 许慎撰，段玉裁注：《说文解字注》，上海古籍出版社，1981年版，第608~609页。
② 许慎撰，段玉裁注：《说文解字注》，上海古籍出版社，1981年版，第609页。
③ 许慎撰，段玉裁注：《说文解字注》，上海古籍出版社，1981年版，第609页。
④ 许慎撰，段玉裁注：《说文解字注》，上海古籍出版社，1981年版，第604页。
⑤ 萧统：《文选》卷二十，中华书局，1977年版，第290页。
⑥ 杨新海、季建成编：《中华武术》，中国少年儿童出版社，1998年版，第9页。

戏""五禽戏",它们在动作演绎和术式总结上直接促动了中国武术的发展。例如,形意拳中的虎形、龙形、马形、龟形、蛇形等,太极拳中的白鹤亮翅、仙鹤独立、倒撵猴等招数样式,都源自人类对自然万物的模仿。汉代拳术虽未有成形的套路规则,但推动了拳术套路中定势动作的产生。武术套路在秦汉三国时已见雏形,魏晋南北朝时武术套路得到了更为全面的发展。这一时期,武术家们把在实战中习得的攻防格斗技术去粗取精,以套路形式贯串起来,并大量借助舞蹈形式进行练习或表演。表演性质的汇入使武术套路中包含了不少赏心悦目的"花法"动作,这也是武术中套路技术朝表演化方向发展的一个重要标志。在诸多套路中,花法的展现主要表现为器械武舞。

在实战中,剑逐渐为刀所取代,刀在兵器中的地位不断上升。最明显的例子是,南朝梁陶弘景在《古今刀剑录》中将刀提升至与剑同等的位置。陶弘景以纪实笔法记录了汉末、魏晋时期刀剑的制作,如"吴王孙权,以黄武五年采武昌铁作千口剑、万口刀"[①]。这说明当时的统治者已熟知刀、剑的实战杀敌功能。直至明清,刀一直是军队装备和格斗对抗中常备的短柄兵器。[②] 文献记载,使刀技巧的成熟出现在晋代:

> 挑刀,舞刀也。今乡落悍民,两手运双刀,坐作进退为击刺之试,掷刀空中,高一二丈,以手接之;又善舞戟,左奔右赴,为刺敌之势;又环身盘戟,回转如萦,又以戟矜柱地,跳过矜上,特为儇捷,此所谓走戟也。[③]

以上引文详细注解了"挑刀走戟"的技法。由刀、戟演绎的套路技艺既包含格斗中的攻防特点,又展示了观赏性的"花法",如脱手掷刀时"左奔右赴""环身盘戟"都展现出使刀的高超技巧,因为只有强大的臂力和腕力才可形成"环身盘戟,回转如萦"的效果。

在武术套路形成的同时,武术家们尝试着用口诀和秘法来总结与传

---

① 陶弘景:《古今刀剑录》,中华书局,1991年版,第3页。

② 参见周纬:《中国兵器史稿》,百花文艺出版社,2006年版,第130页。

③ 司马光:《资治通鉴补》卷八十五,古籍出版社,1956年版,第2861页。

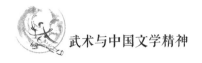

授套路。葛洪在《抱朴子外篇·自叙》中言："少尝学射，但力少不能挽强，若颜高之弓耳。意为射既在六艺，又可以御寇辟劫及取鸟兽，是以习之。昔在军旅，曾手射追骑，应弦而倒，杀二贼一马，遂以得免死。又曾受刀盾及单刀、双戟，皆有口诀要术；以待取人，乃有秘法，其巧入神。若以此道与不晓者对，便可以当全胜，所向无前矣。晚又学七尺杖术，可以入白刃，取大戟。"① 这段话记载了葛洪早年练习武艺之事，他提到在学习刀盾、大刀、双戟之时，师父都要传授口诀和秘法。

武术套路与口诀秘法是武术在魏晋南北朝时期系统化发展的重要标志，自此融格斗技术、武舞表演于一体的武术套路逐渐成了中国传统武术的主导模式。

三、武术的成熟期

隋唐五代是中国武术日趋成熟的时期。这一时期，军事武艺水平日益提高，促进了整体武术的深入发展；民间习武之风盛行，加上军事武艺的影响，在以格杀技能为主的操练活动和以健身娱乐为辅的竞技层面，民间武术得到了进一步的发展。

具体而言，隋唐五代时期的武术在武举制度、剑术、气功等方面有突出的表现。在北周和隋朝府兵制的基础上，唐代逐渐形成了武举制度，武举制的推行对民间武术的盛行意义重大。府兵制的实行直接促成了兵民合一，兵民合一又使民众自觉锻炼武艺。北周前，兵与民是分离的。府兵制推行之后，兵民、兵农结合，普通人家中的男丁闲时居家劳作，在国家需要时便持刀上阵。为了在全国范围内选取军事武备人才，武则天创立了"武举制"。武举是我国古代科举考试中专为习武之人开设的科目，《新唐书·选举志》中对此有明确记载："武举，盖其起于武后之时。长安二年，始置武举。其制，有长垛、马射、步射、筒射，又

---

① 葛洪：《抱朴子》外篇卷五十，中华书局，1954 年版，第 204 页。

有马枪、翘关、负重、身材之选。"① 武举制的建立使武术正式进入国家教育体系。武举制不但提高了武术的地位，拓宽了武术的发展空间，还促进了唐代尚武之风的形成。尚武任侠是中国历史上一种特有的文化品格。隋唐时期尚武之风盛行。唐代文人多借武艺与侠气驰骋政坛，他们将尚武精神同人格塑造联系在一起，通过文学作品抒发一己之怀。

隋唐时期的武术套路虽以格斗技术为中心，但舞蹈、戏曲中的手、眼、身法、步对套路的完善起到了积极的作用。在器械套路中，剑术的完善便得益于唐代剑舞的繁盛。唐人诗句中就有起舞挥剑的意象。如边塞诗人岑参有诗云："酒泉太守能剑舞，高堂置酒夜击鼓。胡笳一曲断人肠，座上相看泪如雨。"（《酒泉太守席上醉后歌》）杜甫《陪柏中丞观宴将士》云："绣段装檐额，金花贴鼓腰。一夫先舞剑，百戏后歌樵。江树城孤远，云台使寂寥。汉朝频选将，应拜霍嫖姚。"舞剑、夜饮、击鼓、奏乐是唐人舒心遣怀的乐事。此时剑术的艺术美学价值空前高涨，剑舞名家的美妙姿态甚至还影响了其他艺术家的创作，典型的例子莫过于裴旻的剑舞，相关记载如下：

> 又开元中，将军裴旻居母丧，诣道子，请于东都天宫寺画神鬼数壁，以资冥助。道子答曰："废画已久，若将军有意，为吾缠结，舞剑一曲，庶因猛励，获通幽冥。"旻于是脱去缞服，若常时装饰，走马如飞，左旋右抽，掷剑入云，高数十丈，若电光下射，旻引手执鞘承之，剑透室而入。观者数千百人，无不惊栗。道子于是援毫图壁，飒然风起，为天下之壮观。道子平生所画，得意无出于此。②

唐代画师吴道子因无作画灵感，精神不济，便邀请剑术名家裴旻一舞剑器。但见裴旻"走马如飞，左旋右抽，掷剑入云，高数十丈，若电光下射"，他以手中剑鞘接之，"剑透室而入。观者数千百人，无不惊

---

① 欧阳修：《新唐书》卷四十四，中华书局，1975 年版，第 1170 页。
② 李昉：《太平广记》卷二百一十二，中华书局，1961 年版，第 1623 页。

栗"。裴旻掷剑入云且用鞘承之,这种技巧非常人所能掌握。如此精妙的技艺引得在一旁观看的吴道子旋即"援毫图壁,飒然风起,为天下之壮观"。力与美的结合,将剑舞这一传统武艺发挥得淋漓尽致。剑术发展到唐代,对抗属性减弱,艺术表演功能凸显。诚然,武术套路以格斗竞技为其本质属性,但形体艺术亦不能忽略,比如舞蹈的重要促进作用。剑舞中的腕花、行剑、立剑等穿插编排,自然而然地融入剑术,再配以撩、挂、云等原有的技法动作,使得美感和技击结合于一体。唐代剑术常以剑舞演练为主要内容,武者不仅竞相炫耀剑技,文人更是寄情于剑舞之中。

在武术套路完备的同时,气功之法也得到了相应的发展。气功与导引术紧密结合,人类最早的气功导引术可上溯至原始社会时期,据《路史》记载:

> 阴康氏之时,水渎不疏,江不行其源,阴凝而易闷,人既郁于内,腠理滞着而多重腿,得所以利其关节者,乃制为之舞,教人引舞,以利道之,是谓大舞。①

阴康氏之时,"教人引舞,以利道②之"是疏通关节的方法,"吐故纳新,熊经鸟申"③(《庄子·刻意篇》)便是此种方法的表现形式之一。远古先民模仿动物的动作体态,将其纳入具有"利道"功能的阴康之舞,气功导引术由此萌芽。魏晋南北朝时期,气功导引术的养生护体作用逐渐明晰,在实用方面有了进一步的发展。隋唐五代时,史籍中出现了导引行气的记载。如隋朝太医巢元方在《诸病源候论》一书中列出了三百余种导引法,其中的主要思想为"导气令和,引体令柔,气和体柔长生可求"④(《导生八笺》卷一)。这些导引动作将肢体运动和呼吸吐

① 罗泌:《路史·前纪》卷九,北京图书馆出版社,2003年。
② "道"通"导"。
③ 郭庆藩撰,王孝鱼点校:《庄子集释》卷六,中华书局,1961年版,第535页。
④ 高濂:《导生八笺》卷一,见《文渊阁四库全书》871册,台湾商务印书馆,1983年版,第338页。

纳、按摩相配合，对后世气功的发展具有指导作用。

唐代名医、道士孙思邈创编了导引术"老子按摩法""天竺按摩法"等，他还在行气方面吸收了古代呼吸法，并结合自己的体会，将行气之法实用化、具体化，以便人们操练。在《摄养枕中方》中，孙思邈详细记载了行气的过程：

> 凡行气之道，其法当在密室、闭户、安床、暖席，枕高二寸半，正身偃卧，瞑目闭气，息于胸隔……初起，三息、五息、七息、九息，而一舒气，寻更喻之。能十二息不舒气，是小通也；……常以夜半之后生气时闭气，以心中数数，令耳不闻。①

孙思邈对行气健体的论述细致、周到，为后来气功的成熟与丰富奠定了坚实的基础。可以说唐代导引术直接影响了中国武术气功的"呼吸法"。

武术气功是以导引术为基础产生的一种练气之法，在隋唐时期逐渐发展起来，其时最为显著的表现便是硬功和轻功的分类。硬功是硬气功的外练之法，"主要是指对人体肌肉、骨骼、韧带的耐磨、耐擦、耐抗和力量的一种练习法，它是硬气功的基础功"②。轻功也是硬气功中的一种，指"通过硬气功中的内外修炼之后，体重减轻、力量增大，一般指爬墙上屋、行走速度快的功夫"③。文学作品中常有对硬功和轻功的生动描写，如以下文字：

> 会昌中，左军壮士管万敌，富有膂力，扛鼎挟，众所推伏。一日，与侪辈会于东市酒肆，忽有麻衣张盖者，直入其座，引觥而饮，旁若无人。万敌振腕瞋目，略无所惮。同席恃勇之辈，共为推挽，竟不微动。而观者渐众，乃言曰：某与管供奉较力，以定强弱，先请供奉击某三拳，后乞搭供奉一搭。"遂袒膊抱楼柱而立。

① 张君房：《云笈七签》卷三十三，中华书局，2003年版，第744～745页。
② 张纯本、崔乐泉：《中国武术史》，文津出版社有限公司，1993年版，第196页。
③ 张纯本、崔乐泉：《中国武术史》，文津出版社有限公司，1993年版，第197页。

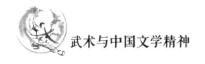

万敌怒其轻已,欲令殒于手下,尽力拳之,如叩木石。观者咸见楼柱与屋宇俱震,其人略不微动。既而笑曰:"到某搭供奉矣!"于是奋臂而起,掌大如箕,高及丈余,屹屹而下,前后有力之辈,方甚恐栗,知非常人,众拥万敌,谢而去之。俄失所在。万敌察月余,力遂稍减。①

这段文字描写了供奉管万敌同麻衣掌盖人比试力量的故事。麻衣掌盖"掌大如箕,可丈余",其力之威竟能战胜"富有膂力"的壮士管万敌。麻衣掌盖所持有的"大力"实为硬功的一种。

文学作品中对轻功的记载往往充满了夸饰的成分,这在武术题材中可见一斑。类似循壁飞身的轻功多出现在选定人才的史籍中,可以推知轻功之术有一定的真实性。如《太白阴经·选士》中,唐人李筌记录了选取人才的标准:"有立乘奔马,左右超忽,逾越城堡、出入营垒而无形者,上赏得而聚之,名曰矫捷之士。"② 跨越城堡、出入营垒而来去无形者,君主贵其为"矫健之士"。看来唐代的轻功术已达到了一定的高度。

宋代至清代是中国武术的成熟期。在经历了隋唐时期的繁荣与发展之后,作为一种传统竞技项目,武术进一步系统化与稳定化。宋代,武术在尚武习俗和套路规范方面都具有鲜明的特点。宋朝边境一直被辽金侵扰,统治者自然格外注重对军民武艺的训练。为提高官兵的作战能力,宋代颁布了"教格法",即马步格斗法。"教格法"中录有"步射执弓、发矢、运手、举足、移步,及马射、马上使蕃枪、马上野战、格斗、步用标排皆有法。凡千余言,使人人诵习之"③ 此法虽属军队实战经验,但对武术及战术的提高有促进作用。除了"教格法"的施行,"武经七书"的编排也促进了军事武艺的成熟。当时,武官在学习课程中开始增设"武经七书",即《孙子》《吴子》《司马法》《三韬》《六韬》《尉缭子》《李卫公问对》。

① 蒲戟选释:《中国武术故事》,花城出版社,1984年版,第62页。

② 刘先廷译注:《太白阴经译注》,军事科学出版社,1996年版,第110页。

③ 李焘:《续资治通鉴长编》卷三百,中华书局,1979年版,第7304页。

相对于军队尚武风气的盛行，生活于市井街巷的人们对武艺的操练也毫不逊色。宋代民间的习武之风为中国武术提供了一次有利的成长契机。

首先，艺人习武的风靡促进了武术套路的多样化。由于宋代商业经济的发展和市民阶层的壮大，武艺作为娱乐和游戏项目从宫廷流传到平民当中。此时的武术表演有角抵、踢腿、使棒、舞刀、舞枪、舞剑、使拳、举重、打弹、射弩等，可谓盛极一时。习武艺人丰富了武术套路的种类，如武术单练、对练、合练的出现改变了以往单一的套路，此外，棍棒相对、矛盾相持则促进了攻防意识的自觉演练。

其次，民间"社"的出现为武术的传递、交流和完善创造了有利条件。宋代边患不绝，这迫使普通民众必须结社习武。"百姓自相团结为弓箭社，不论家业高下，户出一人，又自相推择家资武艺众所服者，为社头、社副、录事，谓之头目。带弓而锄，佩剑而樵，出入山坡，饮食长技与敌国同。私立赏罚，严于官府。分番巡逻，铺屋相望。"① 话本小说《杨温拦路虎传》中有比武入社的描写。东京杨温棍术精湛，马都头自认不如，便对孤身在外的杨温说："我去说与众社里人，交来请你！"这说明了当时以武艺选取社头的规则。宋代的习武社头有"弓箭社""忠义社""棍子社""川弩社""射水弩社"等。此类社头成员闲时耕作，一旦遇到辽、金侵犯，他们便武备抗敌。这些民间社团的习武目的带有强烈的较技性，为武术在民间的传播起到了良好的推动作用。

元代，武术对传统戏曲产生了深远的影响，直接促使传统武戏的形成。著名的曲目有《关大王单刀会》《单鞭夺槊》《关张赴西蜀梦》《李逵负荆》《三战吕布》《追韩信》等。戏曲与武术的结合使套路技术朝艺术性方向的发展更进了一步。

明代，一大批武术、军事理论著作的印刷与传播为武术的发展提供了强大的推动力。明代还出现了"十八般武艺"的说法，武术门派开始分类。这些都标志着中国武术体系的正式确立。

明代武术典籍种类繁多，颇具影响力，如戚继光的《纪效新书》、

---

① 脱脱等：《宋史》，中华书局，1977 年版，第 4726 页。

俞大猷的《正气堂集》、唐顺之的《武编》、王圻父子的《三才图会》、郑若曾的《江南经略》、谢肇淛的《五杂俎》、朱国祯的《涌幢小品》、何良臣的《阵纪》、程宗猷的《耕余剩技》、佚名氏的《投笔肤谈》、茅元仪的《武备志》，等等。大量武术典籍的涌现，标志着明代武术技法的收集及整理工作已经定型。这些文献记载了大量成熟的武术套路图文。如戚继光在《纪效新书》中就介绍了三十二势拳术套路：

> 故择其拳之善者三十二势，势势相承。遇敌制胜，变化无穷。微妙莫测，窈焉冥焉，人不得而窥者谓之神。俗云："拳打不知。"是迅雷不及掩耳。所谓"不招不架，只是一下，犯了招架，就有十下。"博记广学，多算而胜。①

图1-4 三十二势拳法

（见戚继光：《纪效新书》，马明达点校，人民体育出版社，1988年版）

与《纪效新书》类似的拳术理论还有唐顺之的《武编》。《武编》载："拳有势者，所以为变化也。横、斜、侧、面、起、立、走、伏，皆有墙户。可以守，可以攻，故谓之势。拳有定势，而用时则无定

---

① 戚继光：《纪效新书》卷十，马明达点校，人民体育出版社，1988年版，第307~308页。

势。"① 拳法招式在有与无之间转换，"横、斜、侧、面、起、立、走、伏"等基本动作同今天的拳术也大致相同。宋代枪法中以杨式枪法为先，戚继光有言："夫长枪之法始于杨式，谓之曰'梨花'，天下咸尚之。"② 何良臣也推崇杨家枪，认为它堪称天下无敌。

在宋代武术的基础上，明代杆棒朴刀技艺进一步发展。明代开始称"杆棒"为"棍"，棍延续了在宋代的军事作战地位，至明代仍为兵家所喜爱。军事家俞大猷在《剑经》中言："用棍如读《四书》，钩、刀、枪、钯如各习一经。《四书》既明，六经之理亦明矣。"③ 俞大猷的此种观点为戚继光所赞赏，其以《剑经》为参照，编撰了著名的《纪效新书》。在该书中，戚继光指出，使棍应讲求阴阳之变和兵家之法，所谓"顺人之势，借人之力""旧力略过，新力未发""刚在他力前，柔乘他力后，彼忙我待静，知拍任君斗"。

使棒技艺不仅在武术理论中有详细的论述，还频繁出现于文学作品中。如《清平山堂话本》录杆棒一种《杨温拦路虎传》：

> 杨三官是行家，使棒的叫做腾倒，见了冷破，再使一合。那杨承局一棒，劈头便打下来，唤做大捷。李贵使一扛隔，杨官人棒待落，却不打头，入一步则半步一棒，望小腿上打着，李贵叫一声，辟然倒地。④

明代武术家往往通过典籍的形式将招式名称与相应的人体演练图示详记于书，这非常有利于武术套路的记忆与教学。例如，《剑经》中有棍法"走马回头势""直符送书势"等；少林棍法中有"飞天叉势""吕布倒掩戟势"；杨家枪法中有"青龙献爪势""十面埋伏势"等；拳法有宋太祖三十二势，如"埋伏势""下蟒势"等。

---

① 唐顺之：《武编》前集卷五，见《文渊阁四库全书》727册，台湾商务印书馆，1983年版，第429页。

② 戚继光：《纪效新书》卷十，马明达点校，人民体育出版社，1988年版，第193页。

③ 李良根注释：《剑经注解》，江西科学技术出版社，2002年版，第1页。

④ 洪楩：《清平山堂话本》，上海古籍出版社，1992年版，第95页。

走马回头势　　　　　　　　　　　　直符送书势

图 1-5

（见李良根注释：《剑经注解》，江西科学技术出版社，2002 年版）

誰欲闹欲进门户抽　吕　　　受此虎飞　飛
有知开步身户在身　布　　　換勢口天　天
捎平方捉在桥拖　倒　　　出與鈴义　义
闹手可拿四分裁　载　　　入翻来图　勢
方追则四平開是　戟　　　皆江伏外
可人　平　　騎退　势　　　一異虎防
则　　　马勢　　　　　　般　攔寨
　　　　外　　　　　　　　　提
　　　　濟　　　　　　　　　心

吕布倒掩戟势　　　　　　　　　　　飞天叉势

图 1-6

（见无谷、姚远编著：《少林寺资料集续编》，书目文献出版社，1984 年版）

以上招式名称或取自实际格斗，或来源于传统典故，或比拟于动物的肢体形态。它们形象生动、质朴，又饱含文化韵味，不但丰富了格斗技艺，还提升了中国武术的文化内涵。

宋代已有"十八般武艺"的记载，对其具体内容进行规定则是在明代。明代谢肇淛《五杂俎》一书载英宗时"山西李通者，行教京师，试其技艺，十八般皆能，无人可与为敌，遂应首选"，并指出，这十八般武艺为"弓、弩、枪、刀、剑、矛、盾、斧、钺、戟、鞭、锏、挝、殳、叉、把（爬头）、锦绳、白打"。[①] 十八般武艺的明确规定，标志着中国武术开始走上规范化的发展道路。

宋代之前，中国武术主要以器械分类，如刀、剑、枪、棍、拳、戟、权等。到了明代，武术有了门派的明确区分。明代浙江巡按御史、总督胡宗宪提到了当时流行的拳法十一家、棍法三十一家、刀法十五家、枪法十六家、剑法六家、杂器械十家等。其中拳法"十一家"为：

> 曰赵家拳（宋太祖拳三十六势、芜湖下西川二十四势、抹陵关打韩童掌拳六路），曰南拳（似风、似蔽、似进、似退凡四路），曰北拳（供看拳凡四路），曰西家拳（六路），曰温家拳钩挂拳（十二路），曰孙家披挂拳（四路），曰张飞神拳（四路），曰霸王拳（七路），曰猴拳（三十六路），曰童子拜观音神拳（五十三路），曰九滚十八跌打挞拳。[②]

清代，火器逐渐取代了冷兵器，成为战争中的主导，中国武术也面临着极大的挑战。武术虽在军事作战中退场，却推动了其民间化、体育化的发展进程，各项内容也进一步门派化、套路化和理论化，并且同导引养生法深入结合。武术体系在清代呈现新的发展趋势，以格斗为主，兼有强身健体、娱乐表演等多种功能。

发展到清代，武术对传统文化的汲取呈集中态势。其一，哲理拳派出现。清朝末年，以传统哲理命名的拳派大量出现，如太极拳、八卦掌、形意拳等。其二，强调以整体观指导武术。主要指将传统文化中的"天人合一"思想融入武术理论，如讲究"内外如一""形气合一"等。清代武术家吴殳指出，在演练兵器时应牢记器械是自身手臂的延长，人、器械应合为一体。其三，武术拳种与流派体系业已成形。清代的武术拳种、流派分类基本与近世吻合，拳种有一百余种，主要有太极拳、形意拳、八卦掌、少林拳、心意六合拳、八极拳、劈挂拳、通臂拳、红

---

① 转引自余水清编：《中国武术史概要》，湖北科学技术出版社，2006 年版，第 103 页。
② 郑若曾：《江南经略》卷八上，见《文渊阁四库全书》728 册，台湾商务印书馆，1983 年版，第 427 页。

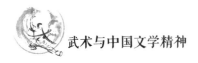

拳、查拳、八卦拳、六合拳、太祖拳、罗汉拳、秘宗拳、螳螂拳、猴拳、醉拳、五祖拳、咏春拳、翻子拳、鹤拳、梅花拳、弹腿等。武术流派也得到了发展。清代武论大家黄宗羲把技法作为区分拳种的准则，如把武当派列为内家拳，把少林派归为外家拳。

陈氏太极拳　　　　八卦掌　　　　　形意券

太祖长拳　　　　螳螂拳　　　　　鹤鸣拳

图 1-7

（见国家体委武术研究院编纂：《中国武术史》，人民体育出版社，2003年版）

清代武术典籍有吴殳的《手臂录》、黄百家的《内家拳法》、苌乃周的《苌氏武技书》、王宗岳的《太极拳谱》，以及陈松泉、张鸣鹗的《拳经拳法备要》等。吴殳是明清之际较有影响的武术家之一，他的理论著作有《枪法圆机说》《单刀图说》《梦录堂枪法》《手臂录》等。《手臂录》主体为四卷，加上附卷上、下，共有六卷。整本书以枪法技艺为主要内容，以总结明代以来各家枪法的习战经验为编撰目的。黄百家的《内家拳法》收录了王征南内家拳的拳诀喝应敌打法、穴法等。苌乃周的《苌氏武技书》由《培养中气论》和《武备参考》两部分组成，该书卷一至卷五主要谈及拳法和拳理，并常借阴阳传统思维辅以论述。王宗岳的《太极拳谱》录有我国传统太极拳拳谱和太极拳推手的战术原理，该书以太极两仪立说，被后世尊为太极拳的经典之作。陈松泉、张鸣鹗的《拳经拳法备要》由明代少林寺玄机和尚传授。康熙年间该书经由张孔昭补充，乾隆年间由曹焕斗加以完善。全书由"拳经"和"拳法备要"两卷组成，"拳经"主要记录少林拳术的手法、身法、步法、眼法，以及劲力、运气等秘诀，"拳法备要"则以具体的拳势图解为纲目。

民国时期的武术继承了清代武术的特点，这一时期教育体制的完善与普及使武术在全国范围内得到了有组织、有系统的发展。新中国成立后，武术更是作为一项传统体育项目和文化遗产被保留下来。

第二节　武术与文学的发生学解析

武术与文学同为中国艺术门类，从起源和发生的角度看，二者有着天然的联系。在起源问题上，武术与文学有着相似的生成经历。本节将从劳动说、摹仿说和巫术说三个方面展开详细分析。

一、武术、文学与劳动说

"武术"一词最早出现于南朝宋颜延年《皇太子释奠会诗》中："国尚师位，家崇儒门。禀道毓德，讲艺立言。……偃闭武术，阐扬文令。庶士倾风，万流仰镜。"[①] 武术在发源之初便与人类的生产劳动休戚相关。

首先，生存劳动促成了原始武术技能的产生，这为武术的起源提供了前提条件。远古时代，人们主要的生产劳动就是狩猎和采集，当时猛兽数量众多，"上古之世，人民少而禽兽众，人民不胜禽兽虫蛇"[②]。为了在危机四伏的自然环境中求得最基本的生存权利，原始居民不得不与猛禽展开殊死搏斗。在与兽的格斗过程中，人类的拳脚肢体得到了锻炼，逐渐形成了跳跃、拳打、脚踢、翻滚、躲闪、腾空等动作技巧。另

---

① 萧统：《文选》卷二十，中华书局，1977年版，第290页。
② 王先慎撰，钟哲点校：《韩非子集释》卷十九，中华书局，1954年版，第339页。

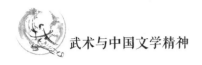

外，在攀缘采摘野果的过程中，先民借助手臂和腿脚的辅助功能，逐渐摸索出一套攀缘方法。虽然此时的攀缘行为尚处于无意识状态，但有助于人类腿脚力量的锻炼和协调性的发展，后来的飞檐走壁之术、轻功之法都从中获得了启发，武术之雏形逐渐产生。

其次，生产活动不仅推动了工具的发明与使用，还促进了原始武器的形成。工具的发明与使用是由猿进化为人的重要标志。劳动离不开工具，原始工具就成为武术器械的前身。考古证明人类远祖最早使用的工具是打磨而成的石块和木棍，石块主要用于投掷猎物或割除树皮，木棍则多用来挥打野兽或采集高处的野果。随着劳动经验的积累和生产实践的进步，原始人将石块磨制锋利，并与木棍合为一体，制成了石矛、石斧，这也是日后的兵器——矛、斧的最初形态。原始人在挥舞石矛、石斧或石钺时，形成了砍、冲、刺、劈等技法，这便构成了后来武术器械套路的基本内容。石球是一种狩猎围捕时经常使用的工具，蓝田、三门峡等地曾出土大量石球。石球的大致用法有二：一是作为障碍物用来绊倒猎物，二是作为飞石索远击敌人。飞石索正是后世武器"流星锤"的雏形。与飞石索类似的远程杀伤性工具还有弹弓，弹弓主要通过发射弹丸来打击远处的目标。仰韶文化遗址曾出土了大批的石制、陶制弹丸。在后来的发展中，弹弓逐渐受到武术人士的青睐，成为暗器的一种。

劳动说认为，生产劳动是人类其他一切活动的基础。一方面，人类只有在满足基本需要之后才可能从事其他活动；另一方面，人类自身的进化与发展离不开生产劳动，人类大脑足够发达、双手足够灵活时，文学活动才有可能产生。恩格斯明确指出，劳动"是整个人类生活的第一个基本条件，而且达到这样的程度，以致我们在某种意义上不得不说：劳动创造了人本身"①。美学家希尔恩在《艺术的起源》一书中论及艺术与劳动的关系："岛国的生活甚至在其它方面也是对艺术的发展有利的。那里个人与个人之间需要一种最亲密的合作，例如，由于划船动作需要按照同一的和固定的节奏来加以调节，因此那里的划独木舟舞和造

---

① 恩格斯：《劳动在从猿到人转变过程中的作用》，见《马克思恩格斯选集》第三卷，人民文学出版社，1972年版，第508页。

船歌得到了发展。"① 原始人根据当地生产劳动的特点，将日常生活中的划船、造船活动融入舞蹈和歌唱，这便是早期艺术创作的源泉。在原始人看来，节奏是触发其艺术思维的因素之一。正如岛国歌舞受到划船节奏感的影响那样，其他地区的人们也借助劳动中反复出现的节奏将形式固定下来，并逐渐构成了艺术的内容。"当一种劳动的习惯在单个人或集体的劳动结束时产生出一声呼喊时，一种听得见的节奏就开始了。如果有节奏的声音很难自然地产生，那就会代之以叫喊。在劳动中手和脚总是在活动的，手可以拍打，脚可以踩跳，因此手的拍打和脚的踩跳所产生的节奏在原始人的音乐和诗中就出现了。"② 鲁迅在《门外文谈》中也指出，在文字发明之前，人类就已有了创作活动，"我们的祖先的原始人，原是连话也不会说的，为了共同劳作，必需发表意见，才渐渐的练出复杂的声音来，假如那时大家抬木头，都觉得吃力了，却想不到发表，其中有一个叫道'杭育杭育'，那么，这就是创作。大家也要佩服，应用的，这就等于出版；倘若用什么记号保留存了下来，这就是文学；他当然就是作家，也是文学家，是'杭育杭育派'"③。鲁迅通过生动的比拟，将原始文学与人类的劳动生活联系起来。当代学人承继前人观点，并予以抽绎，认为劳动说是文学起源的一大途径，"人的活动都伴随着一个自觉的目的，而这一目的又是源于某种需要而设定的。史前人类在集体进行的劳动中，为了协调行动，交流情感与信息，减轻疲劳等，就由这些需要产生了最初的文学"④。

武术与文学虽分属不同的学科领域，但都发源于劳动生产，这就使得二者在起源问题上具有一种相通性。

二、武术、文学与摹仿说

摹仿说也能证明武术与文学在发生学上的共通点。我们先来谈谈武

① 转引自朱狄：《艺术的起源》，中国社会科学出版社，1982年版，第109页。
② 转引自朱狄：《艺术的起源》，中国社会科学出版社，1982年版，第111页。
③ 鲁迅：《鲁迅全集》第六卷，人民文学出版社，1981年版，第94页。
④ 童庆炳：《文学理论教程》，高等教育出版社，1992年版，第54页。

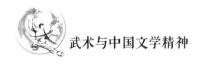

术与模仿的关系。在远古时代，人类抵抗自然的能力低下，相较而言，其他动物却有着强健的身体和勃勃的生命力。诸种自然现象都使得原始人类迷惑不已，经过长期的观察，他们发现飞禽走兽的动作有很多可取之处，于是便有意识地开始模仿。例如《庄子·刻意篇》中的"吐故纳新，熊经鸟申"[1]便是对先民模仿动物强健身体的较早记载。对中国武术而言，"象形取意"这一独特的思维模式最能体现摹仿说。"象形"是指用人体动作模仿自然界的生物如动物、植物，又如山川河流等。通过形体的模仿与表现，再逐步获取动作中的意蕴，便形成了"取意"之法。武术乃人体格斗技击之术，它同自然万物的关系常以"仿生"之理为主线。具体来说，仿生学在武术中主要表现为两个方面的内容，一是对自然的模仿催生了中国传统的呼吸吐纳之法，二是以物象形的思维模式直接影响了传统武术的发展。

人们模仿动物的动作来活动四肢、疏通血脉，慢慢发现这样能消除劳累、强身健体。我国古代气功导引术的雏形便由此产生。先民不但模仿动物的动作，还加以整理和完善，创造了有利于人体健康的吐纳修行之法。此种调理呼吸的方法大致组成了中国传统武术的基本锻炼心法。距今约 5000 年以前，模仿龟类呼吸运动的"龟息气功"之法便已产生，此后又陆续出现了其他模仿类呼吸锻炼法，例如蛇息气功。我国古人持续探索呼吸吐纳的方法，促成了一大批导引术的发展与成熟。1973 年湖南长沙马王堆出土的汉墓帛画中就有一幅导引彩绘帛，生动再现了古人导引呼吸的健身技法和动作，比如"龙登""猿呼""熊经鸟申"等。

除了呼吸吐纳法，中国武术中的很多技法乃至拳法都源于对自然的模仿。如少林五拳，即龙、虎、豹、蛇、鹤五拳便代表人的"精、力、气、骨、神"，此五式不仅模仿动物的动作，还强调内外并修。龙拳练神，练时五心相印，如神龙游空，夭矫不测。虎拳练骨，练时起落有势，怒目强项，有怒虎出林、两爪排山之势。豹拳练力，豹子喜好跳跃，腰力不比虎弱，练时应短马起落，全身鼓力，两拳紧握，五指如钩铜屈铁。蛇拳练气，蛇在行动时，节节灵通，当它未被外物牵绊时，仿

---

① 郭庆藩撰，王孝鱼点校：《庄子集释》卷六，中华书局，1961 年版，第 535 页。

佛毫无力气，一旦遇到外物，立即敛气，力量远胜勇夫。蛇拳以练气为主，练时柔身而出，臂活腰灵。演练者将两指头并拢，模拟蛇的信子，且推按起落，游荡弯曲，若灵蛇出洞，似集柔成刚。鹤拳练精，鹤在行动时主要靠纤细的两足，因此鹤拳之精华在于双足。鹤乃敛神静默之物，练鹤拳时应凝神聚气，着意模仿鹤的神情。除此之外，猴拳、螳螂拳等象形拳也充分体现了拳术同动物的密切关系。以模仿动物行为动作为核心的象形拳是传统认知方式经验理性的产物，也是仿生体育的具体表现。我国先民取法自然，将动物的行为动作与武术创编相结合，充分说明了模仿对中国武术的重要启示。

文学中的"摹仿说"形成于古希腊时期，反映了当时的文学家对文学与现实关系的一种认识和概括。亚里士多德（Aristotle）对摹仿说有较为成熟的思考：

> 作为一个整体，诗艺的产生似乎有两个原因，都与人的天性有关。首先，从孩提时候起人就有模仿的本能。人和动物的一个区别就在于人最善模仿，并通过模仿获得了最初的知识。其次，每个人都能从模仿的成果中得到快感。可资证明的是，尽管我们在生活中讨厌看到某些实物，比如最讨人嫌的动物形体和尸体。但当我们观看此类物体的极其逼真的艺术再现时，却会产生一种快感。[①]

在亚里士多德看来，人类的一切艺术均为模仿的产物，文学亦然。模仿是人类的本能之一，人类可通过模仿获得快感。直到 19 世纪末期，摹仿说仍然有强大的影响力。美国语义派领军人物苏珊·朗格（Susanne K. Langer）对原始艺术的模仿属性大加赞赏，在《艺术问题》第七讲"各类艺术的模仿和'转化'"中，她说："在通常情况下，由直觉活动瞄定的对象只能是那种使艺术家感到可以从中构想出某种形式并愿意创造出这种形式的对象，而原始艺术的创作冲动也是来自于对所发现的上述具有表现性的自然形式的模仿。虽然这种原始的模仿忠实于原

---

① 亚里士多德：《诗学》，陈中梅译注，商务印书馆，1996 年版，第 47 页。

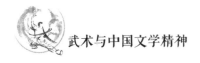

始人所看到的事物，但它永远也不可能是普通意义上的复制或仿制。它本质上是一种具有偏见的解释，它模写下的东西仅仅是那些使原始艺术家觉得有意味的东西：假如原始艺术家全神贯注于他所要模仿的对象之中，他对这一对象所作出的那种简化的或忠实的描绘就是他真正看到的一切。"① 虽然苏珊·朗格力主艺术创作的表现目的，但对艺术的模仿过程始终是赞同的。

汉字作为中国特有的象形文字便源于对大自然的模仿，这形象地揭示了文字与自然界的密切关系。"文"的最初含义是自然界中的各种花纹、纹彩。《说文解字》云："文，错画也，象交文。"② 文是由各种线条交错而成的修饰性图画。甲骨文、金文中的"文"也指人身上的文身，后来含有交错性或修饰性的事物都可以称为"文"，如"物相杂，故曰文"③（《周易·系辞下》）。刘勰在追溯文章之文的原始定义时，也认定它与自然界关系密切。《文心雕龙·原道》载："傍及万品，动植皆文：龙凤以藻绘呈瑞，虎豹以炳蔚凝姿；云霞雕色，有逾画工之妙；草木贲华，无待锦匠之奇；夫岂外饰？盖自然耳。"④ 随着人们认识能力的提高与理性思维的进步，"文"有了文化、人文等丰富的含义，并逐渐成为独立的学科门类。

三、武术、文学与巫术说

如前文所言，劳动提供了"构形能力"，即为艺术创作提供了"形象创造"的构成基础，原始巫术则为从"构形能力"到"形象创造"的转变提供了契机。在这个转变过程中，"情感"是最为醒目的因素。

武术与文学都有情感上的体验和表现，在各自的领域，二者借助形象的塑造来传达人类共同的情感活动。原始人常借助巫术表达情感，科林伍德（Robin George Collingwood）指出："巫术是一种再现，它所激

---

① 苏珊·朗格：《艺术问题》，滕守尧译，南京出版社，2006年版，第111页。

② 许慎撰，段玉裁注：《说文解字注》，上海古籍出版社，1988年版，第425页。

③ 阮元刻：《十三经注疏》，上海古籍出版社，1997年版，第90页。

④ 刘勰撰，范文澜注：《文心雕龙注》，人民文学出版社，1958年版，第1页。

发的情感是根据它在实际生活中的作用而给予重视的那种情感，激发这种情感为的是它可以释放那种作用，并且由具有发动和集中效果的巫术活动把这种情感提供给需要它的实际生活。巫术活动是一种发电机，它供给开动实际生活的机构以情感电流。因此，巫术对于各种类别和各种条件的人都是一种必需的活动，实际上在每个健全的社会中都能发现这一点。"[①] 艺术是一种精神上的回忆，人们通过当下的生活材料表现内心的情感。从此种意义来说，艺术是巫术表情达意的一种途径与方式。

作为艺术门类之一的武术也是通过人的肢体动作来表现情感的，而这些与原始巫术紧密相连，可以说巫术活动影响了武术的产生。后来人们将在巫术仪式中产生的情感体验记录下来，便形成了文艺作品。在原始社会，宗教、巫术等活动体现为互相交融的状态，先民在进行巫术活动时通常以武舞来沟通神灵和天地。"巫，巫祝也。女能事无形以舞降神者也。"[②] 说的就是巫师常借用舞蹈的方式来召唤神灵。在原始舞蹈中，武舞便是极为重要的一种。何谓"武舞"？《辞海》有如下定义："周代雅舞分文舞、武舞两大类。'六舞'中的《大汉》《大武》属武舞。舞时手执朱干（盾）、玉戚（斧）等兵器。历代帝王都制定歌颂本朝武功的武舞，用于郊庙祭祀。"[③] 古代的人们经常在战争、狩猎之前举行隆重的武舞仪式，一是借武舞中勇猛善战的情绪来鼓舞士兵，二是祈求神灵将武舞中幻想的强大力量和胜利心愿永远留在自己的部落。古人还常在庆祝战争胜利的活动中上演武舞，士兵或专业的舞蹈人员身披铠甲，手执兵器或象征性的兵器道具，模仿战争时的场景，如人与人之间的对杀、阵行与阵行之间的比试等。舞者踏着节奏，合着音乐，虎虎生威。如云南纳西族的"东巴跳"就明显保留了巫术与武术合二为一的特点，在祭祀场地上，上百名纳西族舞者集中在一起，手持各种武器，和着鼓点，边唱边跳。古代巫术活动中也有比试武艺的内容。"巴郡南郡蛮……未有君长，俱事鬼神，乃共掷剑于石穴，约能中者，奉以为

---

① 科林伍德：《艺术原理》，中国社会科学出版社，1985年版，第70页。
② 许慎撰，段玉裁注：《说文解字注》，上海古籍出版社，1988年版，第201页。
③ 《辞海》，上海辞书出版社，1990年版，第810页。

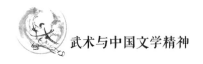

君。"① 说的是在选举首领时，原始部落常借神灵裁决一切，部落成员采取掷剑比试的方法推选头领，并以此为神灵的旨意。巴郡南郡蛮族掷剑比试便是一种原始的武技较量。可见正是巫术活动的引导与推动，武术才逐渐发展起来。

英国人类学家弗雷泽（J. G. Frazer）在《金枝》中指出了巫术仪式同文学活动的内在关系，并总结出"相似律"和"接触律"这两条规则，来阐释整个原始人类的巫术活动。在对巫术行为的具体分析中，弗雷泽发现，原始民族、部落的古老习俗和巫术仪式与西方文学中的经典情节有密切的关系。巫术仪式主要以一种具象的行为表达强烈的情绪与希望，这个特点文学作品亦有体现。弗雷泽接着指出，古代的神话故事有很多来源于巫术和祭祀，文学作品中有大量相关模式或情节，如"死而复活"的循环模式、"替罪羊"情节等。弗雷泽将这些模式与情节定义为"原型"，以此为核心的文学批评方式也被称为"神话原型批评"。

萨洛蒙·赖纳许（Salmon Reinach）在研读《金枝》的基础上，认为艺术是对狩猎巫术活动的一种乞求手段。原始艺术家通过巫术活动创作形象，在这个艺术创作过程中，原始人产生了愉快的感觉，此种感觉又上升为更高级的审美情态，于是巫术便进入了艺术的行列。

尽管任何一种事物的起源都有复杂而漫长的过程，也绝非一种学说就可以涵盖其整个发生源头，但无论劳动说、摹仿说还是巫术说，均能从侧面揭示文学与武术在发生学上的共通性，以此为理论基础，二者的比较研究也就成了可能。

第三节　武术与文学的六艺渊源

中国传统文化中的"六艺"具有丰富的内涵与外延。先秦时期，武术与文学就同属"六艺"的范畴，二者的同源同根性为彼此间的对话搭

---

① 范华撰，李贤等注：《后汉书》卷八十六，中华书局，1965 年版，第 2851 页。

建了坚实的桥梁。①

三、武术、文学与"六艺"

　　武术和文学看似两家，然而从中国传统文化上追根溯源，二者实则同出一门。缘何得出此种论断？这必须由文学的最初内涵与外延讲起。在中国，"文学"的概念有一个发生发展的过程。先秦时期，"文学"往往与政治、哲学、历史等混杂在一起，并未形成独立的学科。"文学"一词最早见于《论语·先进》："德行：颜渊、闵子骞、冉伯牛、仲弓；言语：宰我、子贡；政事：冉有、季路；文学：子游、子夏。"② 对中国古代"文学"一词的解释，郭绍虞的观点可以借鉴："文章博学在后世可分为二科，在当时则无此需要，可以统摄在'文学'一词之中。大抵初期的文学观念，亦即最广义的文学观念；一切书籍，一切学问，都包括在内。所以扬雄《法言·吾子篇》云：'子游子夏得其书矣。'曰得其书，则知文学与学术并不分界限。文即是学，学不离文，故言文即可以赅学。"③ 可知"文学"可指代整个文化，包括先秦诸子的哲学、道德、政论、军事等文章。

　　在中国古人看来，"文"有"文章""博学"之义，其所指范围较今天的"文学"要广得多。《荀子·王制》亦云："虽庶人之子孙也，积文学，正身行，能属于礼义，则归之卿相士大夫。"④ 《韩非子·五蠹》载："儒以文乱法，侠以武犯禁。"⑤ 其中论及的"文学"或"文"主要指典籍文献，而不是后来狭义上的纯粹的文学作品。古代"文学"的外延也包罗万象，《周易·系辞上》曰："三五以变，错综其数。通其变，

---

　　① 本部分内容曾以《论中国古典文学之文武并重传统》为题发表在《北方文学》2012 年 5 月，收入本书有删改。

　　② 刘宝楠：《论语正义》卷十四，中华书局，1954 年版，第 238 页。

　　③ 郭绍虞：《文学观念与其含义之变迁》，见《郭绍虞说文论》，上海古籍出版社，2000 年版，第 17 页。

　　④ 王先谦撰，沈啸寰、王星贤点校：《荀子集解》卷五，中华书局，1954 年版，第 94 页。

　　⑤ 王先慎撰，沈啸寰、王星贤点校：《韩非子集解》卷十九，中华书局，2013 年版，第 344 页。

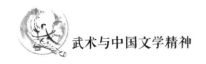

遂成天下之文；极其数，遂定天下之象。非天下之至变，其孰能与于此。"① 此处"文"被界定为天文。天文、地文、人文的关系井然有序，天分阴阳，阴阳生万物，万物成地之文；人文则为世间礼乐、制度、文章、学术等。如此一来，那些记录天、地、人文内容的各种典籍和文献资料就成了早期文学的重要组成部分。

在浩如烟海的文献典籍中，"六艺"的记载尤为引人注目。"六艺"的具体内容在周朝就已完备。《周礼·地官·保氏》云："保氏掌谏王恶，而养国子以道，乃教之六艺：一曰五礼，二曰六乐，三曰五射，四曰五驭，五曰六书，六曰九数。"② "六艺"的主要内容如下：

第一，"五礼"，即五种礼仪，为吉礼、嘉礼、宾礼、军礼、凶礼。吉礼，指用于祭祀的礼节；嘉礼，指冠礼和婚礼；宾礼，指招待来宾的礼节；军礼，指用于军队的礼节；凶礼，指用于丧葬的礼节。

第二，"六乐"，即六种古乐，分别为黄帝时的《云门》、尧帝时的《大咸》、舜帝时的《大韶》、禹帝时的《大夏》、商代的《大濩》、周武王时的《大舞》。

第三，"五射"，即五种射箭的技法，分别是"白矢""参连""剡注""襄尺""井仪"。白矢，指单箭射靶子；参连，指先放一箭，后连续发射三箭；剡注，指射手从高处朝下方射箭；襄尺，指臣子与君主一起射箭时，臣子往后退一尺再射，以示君臣之别；井仪，指连续发射四支箭，箭射靶后能在靶上排列成"井"字。

第四，"五驭"，即五种驾驭车的技能，具体为"鸣和鸾""逐水曲""过君表""舞交衢""逐禽左"。鸣和鸾，指驾车时车、马跑动所发出的应和之声；逐水曲，即能随水流之势自如驾车；过君表，即"褐缠旃以为门，裘缠质以为枨，间容握驱而入，击则不得入"③；舞交衢，指在十字路口能掌握好车辆的方向；逐禽左，指在狩猎时有良好的驾车技能，能逆转车头，使得君王能从左侧射杀禽兽。

第五，"六书"，即六种造字的方法，为"象形""指事""会意"

① 阮元刻：《十三经注疏》，上海古籍出版社，1997年版，第81页。
② 阮元刻：《十三经注疏》，上海古籍出版社，1997年版，第731页。
③ 阮元刻：《十三经注疏》，上海古籍出版社，1997年版，第428页。

"形声""转注""假借"。

第六，"九数"，即九种算数方法，分别为"方田""粟米""差分""均输""方功""少广""盈不足""方程""勾股"。

保氏提出用以上六种技艺来为国家培养良才，这不仅使"六艺"成为西周时期教育贵族子弟的标准，还将操习"六艺"视作进入上层社会的尺规。

文学最初可指代各种文献，作为"六经"的原始文本——"六艺"便成了中国文学的源头之一。这一点几为定论，自不必详论。此处着重论述的是"六艺"中所包含的传统武术的萌芽——"射"与"驭"。

春秋时期，诸侯征战频繁，社会秩序极不稳定。当时各诸侯国既要保家卫国，还试图向外扩张，因而加强军事力量成为各诸侯国的大事。作为当时主要的御敌技能，射箭和驾驭之术备受重视。《礼记·射义》记载："是故古者天子，以射选诸侯、卿、大夫、士。射者，男子之事也，因而饰之以礼乐也。"① 古代还把射箭之术纳入祭祀活动，并以土地甚至晋升官位作为射术高超者的奖赏。"天子将祭，必先习射于泽。泽者，所以择士也。已射于泽，而后射于射宫。射中者得与于祭，不中者不得与于祭。不得与于祭者有让，削以地；得与于祭者有庆，益以地，进爵绌地是也。"② 在实际作战中，古人总结出习战经验并编撰成书，用来教育和训练后来的习射者。如《新唐书·艺文志》就录有《射经》《射记》《弓箭论》等著作，其中《射经》至今仍为习射者所参用。《射经》为王琚所作，主要有《总诀》《步射病色》《马射总法》《持弓审固》《把按弦》《前后手法》《抹羽取箭》《极力遣箭》《卷弦入绡》《钦身开弓》《弓有六善》《铺膊牵弦》等十二篇。除了唐代的《射经》，宋代曾公亮的《武经总要》和明代唐顺之的《武编》也有相关记载。曾公亮在《武经总要》中对各式弓箭作了细致的描述与图解，唐顺之的《武编》则分"射"部和"弓"部对射箭之法进行了详细的说明。先秦时期的战争常以车战为主，战车的数量和作战能力通常会决定战事的胜负，

---

① 阮元刻：《十三经注疏》，上海古籍出版社，1997 年版，第 1687 页。
② 阮元刻：《十三经注疏》，上海古籍出版社，1997 年版，第 1689 页。

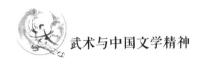

因而熟练驾驭车马也是一项重要的军事技能。

由上可知，"六艺"既是后来文学的母体，又是记载武术的早期文本。换言之，"六艺"实质上已涵盖了文学、武术两个门类。从西周开始，"六艺"逐渐被纳入古代教育体系。东周时"六艺"更被视为教育的经典模式，经"六艺"教导之人多朝文武双全的方向发展。当时的统治者之所以把以德育为主的礼、乐、书和以技艺为主的驭、射、数并置，主要在于希望培育出治国与卫国的综合型人才。此种文、武并置的模式同当时特殊的历史环境有很大关系。春秋战国时期，整个华夏民族面临着社会转型的大变革，奴隶制终究要被封建制所代替。此时社会的政治秩序极不稳定，周王朝原有的宗法制度岌岌可危，各地方诸侯又跃跃欲试，企图挑战周王朝的王权地位。这种紧张局势到了战国时期愈演愈烈。烽烟四起的年代，各诸侯国既要重视文化建设，又要维护礼乐制度，争取获得文化上的合法性。在此种时代背景下，加强武备，提高军事作战能力便成了重中之重，所谓"有文事者必有武备，有武事者必有文备"①。对战国时期推崇武勇的最佳注解，当属国家教育民众的课程设置。在教育问题上，古人早有成熟的思考。两周时期，"六艺"的设定和普及可谓开我国课程教育之先河。"六艺"之"礼""乐""书""数"主要指文化修养方面的课程，"射""驭"则是武勇锻炼的具体项目。《左传·成公十三年》记载："国之大事，在祀与戎。祀有执膰，戎有受脤，神之大节也。"② 可见对"射""驭"等作战技艺的习练也是当时重视战争的极好说明。

综上，武术与文学在产生之初就共同处于"六艺"体系之中，二者在文化源头上具有天然的联系。

二、文武并置与文学传统

文武并置教育模式体现了我国古人对文化修养平衡点的科学把握。

---

① 司马迁：《史记》卷四十七，中华书局，1959 年版，第 1915 页。
② 杨伯峻：《春秋左传注》，中华书局，1990 年版，第 861 页。

最初，能接受此种文武并置模式教育的只有贵族子弟，随着士阶层的兴起，下层民众也成为此种教育模式的接受群体。

> 平民学者中最著的有儒、墨两派。儒家创始于孔子。"儒"为术之称，他们通习礼、乐、射、御、书、数，古称"六艺"。……大抵当时的贵族阶级，照例都须通习此六艺，平民要想到贵族家庭去服务，至少亦必习得此六艺中之一二。这便是当时之所谓"士"。士的出身，其先多由贵族的庶孽子弟，及较低级的贵族子弟充任，其后始渐渐落到平民社会里去。孔子便是正式将古代的贵族学传播到平民社会的第一人。他自己是一个古代破落贵族子弟，因此他能习得当时存在的贵族的一切礼和艺。孔子又能把他们重新组织，加以一个新的理论根据。古代典籍流到孔子手里，都发挥出一番新精神来。①

士人于文有礼、乐、书、数的习得，于武则有射、驭技艺的操练，武术因之进入人们理想人格的建构视野。古代文武双全的教育模式逐渐形成，明人李贽在《焚书·读史·无所不佩》中言"古者男子出行不离剑配，远行不离弓矢，目逐不离觿玦"，如此才能"文武兼设"。② 宝剑、弓矢既代表武功，更饱含侠情。当代学者陈平原甚至以公式的形式概括了中国文人的理想人生境界：少年游侠—中年游宦—老年游仙。③

当时人们对尚武精神的追求和推崇在文学发展历程中也留下了深刻的烙印，或者说当时文学本身就体现了文与武的统一。具体而言，尚武传统对文学的影响主要体现在以下几个方面：

其一，文人尚武情结的形成。中国古代文人的尚武之风源远流长，先秦时期四方争战的局面使得人们非常重视个人的军事才能，甚至与文化才能等同视之。西周时期的尹吉甫便文武兼备，他武能率军大破猃狁，安邦定国；文能作《蒸民》《崧高》，名垂诗史，被誉为"文武吉

---

① 钱穆：《中国文化史导论》，商务印书馆，1994 年版，第 76 页。
② 李贽：《焚书》，中华书局，1974 年版，第 602 页。
③ 参见陈平原：《千古文人侠客梦》，人民文学出版社，1992 年版，第 209 页。

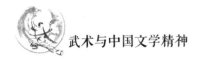

甫，万邦为宪"。《国语·晋语九·昭公》载："美鬓长大则贤，射御足力则贤，技艺毕给则贤，巧文辩惠则贤，强毅果敢则贤。"① 可见当时人们在给"贤"下定义时，"射御足力"也是不可或缺的标准。"射御足力"即身强力壮，擅长射箭驾车，这是贤良之人所应具备的品质之一。在孔子门下，文有子夏，武有子路。其实，孔子自己也是博通六艺的。或许后世文人已不似先秦之人，既能接受"六艺"的教育，又可在马背上赢取功名，但是他们内心深处永远都萦绕着一个金戈铁马的梦想。

其二，武术题材在文学作品中的大量涌现。围绕武术而形成的任侠主题、军事题材和比武论英雄模式常出现于文学作品中。且看曹植的《白马篇》：

> 白马饰金羁，连翩西北驰。借问谁家子？幽并游侠儿。少小去乡邑，扬声沙漠垂。宿昔秉良弓，楛矢何参差。控弦破左的，右发摧月支。仰手接飞猱，俯身散马蹄。狡捷过猴猿，勇剽若豹螭。边城多警急，虏骑数迁移。羽檄从北来，厉马登高堤。长驱蹈匈奴，左顾陵鲜卑。弃身锋刃端，性命安可怀？父母且不顾，何言子与妻！名编壮士籍，不得中顾私。捐躯赴国难，视死忽如归。

从诗中我们可以看到持弓射雕的游侠儿，领略"仰手接飞猱，俯身散马蹄"的精湛马术，为"狡捷过猴猿，勇剽若豹螭"的武技所折服。传统诗歌中对兵器的描写同样俯拾即是，比如庾信《和赵王送峡中军》一诗：

> 楼船聊习战，白羽试抟军。山城对却月，岸阵抵平云。赤蛇悬弩影，流星抱剑文。胡笳遥警夜，塞马暗嘶群。客行明月峡，猿声不可闻。

诗句"赤蛇悬弩影，流星抱剑文"中的"流星"指一把名为"流星"的宝剑。《古今注》载吴大皇帝拥有六把宝剑，分别为"白虹""紫

---

① 《国语》，上海书店出版社，1987年版，第179页。

电""辟邪""流星""青冥""百里"。庾信似乎格外钟情于流星宝剑，将此剑写入诗中，借其抒发壮志豪情。

　　写武咏侠、以剑酬志的诗作是我国文学史上一道独特的风景。如以"少年场""侠客行""游侠篇"等为主题或直接以之为标题的诗歌仅在数量上就颇具规模。此外，围绕武术而展开的侠义行为与豪侠精神更是文人倾力表现的对象。受尚武文化的影响，古代文人极其喜爱与武术相关的题材，借其表达了对力量、自由的向往之情，可以说武术题材的汇入极大地丰富了中国文学的精神面貌。

　　其三，武术题材对阳刚文风的促动。我国文学的风格有阳刚与阴柔之分，以往学界在讨论文风差异时，往往将南北地域的不同作为首要因素，但文学作品阳刚风格的产生原因是多方面的，除了地域文化的差异，我们也不能忽视传统文化的影响。温庭筠以擅写温柔婉约的诗词闻名，然而他亦具有任侠之情。下面以其诗《侠客行》为例作一分析。

　　　　欲出鸿都门，阴云蔽城阙。宝剑黯如水，微红湿余血。白马夜
　　频惊，三更霸陵雪。

　　这首诗刻画了一个仗剑行侠的侠客形象。诗人描写侠客形象的手法极富特色，没有采取正面描写与直接赞颂，而是通过环境渲染使侠客的雄武英姿显露无遗。诗的开头"欲出鸿都门，阴云蔽城阙"写侠客出发时的天气。"鸿都门"位于洛阳，点明了出行的地点。此时彤云密布，整个城池被遮蔽在一片阴暗之中。"阴云"既指自然景色，天昏地暗，前途未卜，暗示了侠客所处之艰险环境；又是侠客心境的写照，正所谓世事不平，义愤填膺。诗句不仅营造了阴云密布的现实背景，还给出了侠客行侠的缘由。

　　宝剑是侠客行侠仗义的器具，更是侠客的伴侣，古代文人常用宝剑衬托侠客形象。"宝剑黯如水"指出了宝剑的光亮与锋利。晚唐诗人沈彬《都门送行》中有"一条灞水清如剑"，以剑喻水，由剑的寒光写水的清澈。温庭筠在诗中却以水喻剑，由水的清澈写剑的寒光。两首诗异曲同工，均具神似之妙。春秋时期，相传越王允常聘用欧冶子铸造了五

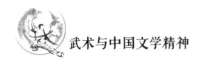

把名剑，其中之一曰"纯钩"（一作"纯钩"），其剑"光乎如屈阳之华，沉沉如芙蓉始生于湘，观其文如列星之芒，观其光如水之溢塘"①。此后许多诗人皆以水比剑。在《侠客行》中，温庭筠所吟咏的宝剑着实了得，竟同"纯钩""太阿"一般，寒光如水，锋芒逼人。"微红湿余血"，借剑身表现剑的锋芒，剑上的"微红"或许正是仇敌的"余血"。

结尾之"白马夜频惊，三更霸陵雪"借骏马意象交代侠客的行迹。与宝剑相类，骏马于侠客而言也相当重要，人们常用马来衬托侠客的形象。诗中的白马与黑夜在色调上形成反差，飞奔的白马为漫长的黑夜带来了一点亮色。在寂静的黑夜里，我们似乎能听到那频频的马嘶，它打破了死一般的寒夜，为大地带来了一线生机。侠客自洛阳出发，三更时分到达霸陵。霸陵即汉文帝之陵，在雍州城东（今西安市长安区）。全诗以霸陵的雪夜风光作结，既清楚地交代了侠客的行踪，又照应了开头阴云蔽城的天气。此诗还有深刻的寓意。温庭筠终生坎坷，不为世用，他在对侠士精神的赞美中自有一种抱负不得施展的感慨。该诗的整体风格体现为一种遒劲之貌，与温庭筠的纤细浓艳之作相较可谓大相径庭。可见在古代文人的内心深处，始终涌动着一股文可安邦、武能定国的激情。当武术与文学结合时，其属性旋即得以凸显。武术与文学在各自的生成过程中拥有了渊源上的相通点，不但表明二者进行跨学科比较研究的可能性，而且为我们探索武术与文学的交流打开了一扇光明之门。

---

① 李昉：《太平御览》卷三四三，中华书局，1960年版，第1575页。

第二章　武术与中国文学的交往历程

如前所述，武术与文学共同产生于中国文化的母体，二者都是"六艺"的组成部分。后来随着学科的分化，武术与文学开始走上不同的发展道路。但文化同源的特性决定了武术与文学虽分属不同的领域，彼此间却始终保持着交流与互动的状态。武术在发展过程中，逐渐被引入文学领域，开始为文学所关注。武术的发展历程中渗透着文学的影响，其也以独特的魅力为文学创作开辟了新的园地，不同的文学体裁对武术的吸纳也各有侧重，这便构成了中国文学的特色之一。本章主要采取流变梳理的方法，将研究的视角放在诗歌、小说、戏曲等文学体裁中，以勾勒出不同时代、不同文体中的武术面貌。①

第一节　武术与诗歌

古代文人往往将托物寄情的手法融入诗歌创作。可以说在书写武术的各种文学体裁中，诗歌充当了重要的角色。十八般兵器、高妙武功、凌云壮志都成为诗人竞相称颂的对象。在诗歌领域，手擎倚天剑、长啸出门去的侠客形象栩栩如生，耐人寻味。

诗歌作品主要通过两种途径描摹武术：一是从物质层面入手，展现

---

① 本部分内容曾以《诗歌小说中的中国侠义精神》为题发表在《求索》2007 年第 1 期，收入本书有删改。

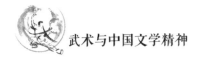

与武术相关的各种兵器或武艺本身；二是从精神层面吟咏武术，建构诗人独特的情感世界。

一、诗歌中的兵器和武术

中国古代的诗歌作品常将兵器和武艺作为吟咏的对象，有箭、剑、刀、弓、戈、矛、斧、戟、弩、枪、鞭、弹等兵器。如弓箭（弹弓）最初是用来狩猎的工具，随着时代的变迁，逐渐成了一种必备的作战武器。赵晔《吴越春秋》卷九讲述了弓箭的由来：

> 于是，范蠡复进善射者陈音。音，楚人也。越王请音而问曰："孤闻子善射，道何所生？"音曰："臣，楚之鄙人，尝步于射术，未能悉知其道。"越王曰："然。愿子一二其辞。"音曰："臣闻弩生于弓，弓生于弹，弹起古之孝子。"越王曰："孝子弹者奈何？"音曰："古者，人民朴质，饥食鸟兽，渴饮雾露，死则裹以白茅，投于中野。孝子不忍见父母为禽兽所食，故作弹以守之，绝鸟兽之害。故歌曰'断竹续竹，飞土逐害'之谓也。于是神农、黄帝弦木为弧，剡木为矢，弧矢之利，以威四方。"[①]

《弹歌》云："断竹续竹，飞土逐害。"全诗总共八个字，由四组二字词语构成。《弹歌》用简练而质朴的语言记录了远古先民制造弹弓、使用弹弓捕杀禽兽的过程。此后，弓、箭、弩等兵器逐渐进入诗人的作品。唐代大诗人李白便有十首诗作咏叹手中之剑，如《塞下曲六首》其一："五月天山雪，无花只有寒。笛中闻折柳，春色未曾看。晓战随金鼓，宵眠抱玉鞍。愿将腰下剑，直为斩楼兰。"诗人借助持剑杀敌的意象抒发个人抱负，侠客风尚一览无余。杜甫亦有类似的诗句："昔有佳人公孙氏，一舞剑器动四方。观者如山色沮丧，天地为之久低昂。"（《观公孙大娘弟子舞剑器行》）该诗刻画了李十二娘舞剑器的曼妙姿态，

---

① 赵晔：《吴越春秋》卷九，江苏古籍出版社，1999年版，第149页。

表达了观赏者的赞叹之情。

除剑以外，诗歌中还有对其他兵器的描绘，如弓、弩、箭等。唐太宗《咏弓诗》："上弦明月半，激箭流星远。落鹰带书惊，啼猿映枝转。"杨师道《奉和咏弓诗》："霜重麟胶劲，风高月影圆。鸟飞随帝辇，鹰落逐鸣弦。"梁宣帝《咏弓诗》："虞人招不进，繁氏久弥工。已悲轩主迹，复挹楚王风。"吟咏弩、箭的作品则有唐代李峤的组诗：

> 挺质本轩皇，申威振远方。机张惊雉雊，玉彩耀星芒。高鸟行应尽，清猿坐见伤。苏秦六百步，持此说韩王。——《弩》
>
> 汉甸初收羽，燕城忽解围。影随流水急，光带落星飞。夏列三成范，尧沉九日辉。断蛟云梦泽，希为识忘归。——《箭》

三、武术题材诗歌的基本主题

武术题材的诗歌通过描写兵器表达诗人内心的情感，形成了具有标志性意义的主题，如建功立业主题、以剑喻友主题。

（一）建功立业主题

张华《博陵王宫侠曲二首·其二》云："雄儿任气侠，声盖少年场。借友行抱怨，杀人租市旁。吴刀鸣手中，利剑严秋霜。腰间叉素戟，手持白头镶。腾超如激电，回旋如流光。奋击当手决，交尸自纵横。宁为殇鬼雄，义不入圜墙。生从命子游，死闻侠骨香。身没心不惩，勇气加四方。"诗中剑侠的剑术可谓高妙绝伦，他行侠仗义，替友抱怨。仗剑游侠的生活危机四伏，生和死在一念之间，剑侠却以为"生从命子游，死闻侠骨香"，誓死不弃仗义行侠。

唐代文人对剑侠很是仰慕，李白便是其中的一位。他在乐府诗《侠客行》中生动刻画了赵国剑客的英勇形象。"赵客缦胡缨，吴钩霜雪明。银鞍照白马，飒沓如流星。十步杀一人，千里不留行。事了拂衣去，深藏身与名。闲过信陵饮，脱剑膝前横。将炙啖朱亥，持觞劝侯嬴。三杯

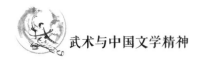

吐然诺，五岳倒为轻。眼花耳热后，意气素霓生。救赵挥金槌，邯郸先震惊。千秋二壮士，烜赫大梁城。纵死侠骨香，不惭世上英。谁能书阁下，白首《太玄经》。"诗中的赵客形象不仅保留了张华笔下剑客的仗义品格，而且具有强烈的政治激情。诗中提到的剑客与信陵君畅谈、向侯嬴讽谏等典故，均与国家兴亡有直接的联系，剑客在这些政治事件中也起到了推动作用。倚剑任侠是诗歌礼赞的精神状态，当其进入诗歌这一正统文学时，就逐渐转化为一种对理想的追求与情感的寄托。诗歌中对剑题材的运用已由表层的剑术描写和中层的侠义声张发展到最高层的酬志壮怀。

（二）以剑喻友主题

一旦有了更为深厚的文化意蕴，剑器在文人心中便开始占据独特的地位。用宝剑比喻诚挚的友情是中国文学中所独有的现象。当其他兵器还在为战场的厮杀作铺垫时，剑就因其深厚的文化意蕴而成为喻友的意象。

鲍照《赠故人马子乔六首》其六曰："双剑将离别，先在匣中鸣。烟雨交将夕，从此遂分形。雌沉吴江里，雄飞入楚城。吴江深无底，楚关有崇扃。一为天地别，岂直限幽明。神物终不隔，千祀傥还并。"鲍照在诗中将自己和故人比作匣中的双剑，以雌雄双剑的分离喻挚友间的离别，一个是"雌沉吴江里"，一个是"雄飞入楚城"。雌雄二剑原本同处一匣，其后悬隔天地，使诗人产生了"神物终不隔，千祀傥还并"的愿望。鲍照所描绘的雌雄双剑源自《吴越春秋》：阖闾聘干将造剑，三月未成，干将之妻莫邪"断发，剪爪，投于炉中。使童女童男三百人鼓橐装炭，金铁乃濡，遂以成剑。阳曰干将，阴曰莫邪。阳作龟文，阴作漫理"[1]。自此剑便带上了生命色彩。文人常将雌雄二剑作为诗歌意象，李商隐就有"挥神锋而剑合阴阳，述雅诰而笔开造化"（《为柳珪上京兆公谢辟启》）的句子，其中的"剑合阴阳"即指雌雄二剑。诗歌对剑的描绘不但写明了剑的功用，还增加了剑的人化、神化意味。

---

① 赵晔：《吴越春秋》卷四，江苏古籍出版社，1999年版，第32页。

第二节　武术与小说

　　作为两种不同的文学体裁，诗歌与小说分别服务于不同的社会阶层。相较于诗歌，小说与武术的关系更为密切。诗歌中以文人诗为主导，所表现的也是文人式的建功立业情怀。而小说从诞生起就流行于市井坊间，其阅读群体主要是平民大众，这便决定了小说中武术题材的书写形态，也促动了武术与小说创作的交往互动。

一、先秦两汉时期的武术与小说

　　早在先秦诸子时期，文作作品中便有了对侠义之士的记载，如《庄子·说剑》《韩非子·五蠹》就生动地刻画了剑侠的形象，《列子·汤问》中也有纪昌学射的故事。这些记载情节离奇、结构完整，已初具武侠小说的雏形。汉代记录武侠事迹的作品相对集中，情节日趋完整，描绘日益生动，如《吴越春秋》中的"越女试剑"：

　　　　越王问曰："夫剑之道则如之何？"女曰："妾生深林之中，长于无人之野，无道不习，不达诸侯。窃好击之道，诵之不休。妾非受于人也，而忽自有之。"越王曰："其道如何？"女曰："其道甚微而易，其意甚幽而深。道有门户，亦有阴阳。开门闭户，阴衰阳兴。凡守战之道，内实精神，外示安仪，见之似好妇，夺之似惧虎。布形候气，与神俱往。杳之若日，偏如滕兔。追形逐影，光若仿佛。呼吸往来，不及法禁。纵横逆顺，直复不闻。斯道者，一人当百，百人当万。王欲试之，其验即见。"越王即加女号，号曰"越女"。乃命五板之堕长高习之教军士。当世胜越女之剑。[①]

---

　　①　赵晔：《吴越春秋》卷九，江苏古籍出版社，1999 年版，第 184~185 页。

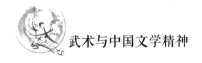

　　越女言及剑术的阴阳之理，以剑道比喻天道，所谓"开门闭户，阴衰阳兴"。这是我国武术史上继《庄子·说剑》之后，再次将阴阳之学与武术技理相结合的例子。"道有门户，亦有阴阳"指越女将剑术技巧与阴阳之道相结合；"内实精神，外示安仪"言内与外的统一；"见之似好妇，夺之似惧虎"指虚与实的辩证之法；"杳之若日，偏如滕兔"言远与近的关系；"追形逐影，光若仿佛"点明攻与守的对立；"呼吸往来，不及法禁。纵横逆顺，直复不闻"指动作上的方圆统一与吐纳上的调和生息。可见先秦时期武术格斗之技艺已颇受重视。

　　学界普遍认为，在描写武术及与之相关事物的小说作品中，文言小说《燕丹子》当属最早。① 该小说创作的具体年代难以考证，一般认为不晚于魏晋。文中描写打斗的篇幅并不多，有"图穷而匕首出。轲左手把秦王袖，右手揕其胸"，"秦王从琴声，负剑拔之……轲匕首掷之，决秦王耳，入铜柱，火出"② 等，但语言简练，把、揕、拔、环、走、提、断、擿等格斗技法逐一展现在读者面前，生动具体。

---

　　① 参见张兵：《武侠小说发端于何时?》，载于《复旦大学学报》，2004 年第 3 期。在此文中，作者一方面指出，可用四个标准来判定"武侠小说"此一小说类型；另一方面还总结出中国最早的武侠小说应属东汉末年成文的《燕丹子》。当言及武侠小说的发端问题时，学术界大致有四种观点，即"先秦说""两汉说""六朝说""唐代说"。先秦说为刘若愚在《中国之侠》中提出的，他指出："把历史上的游侠写进小说，最早大概要数《燕丹子》，有人认为这部小说是公元前三世纪的真品，由太子丹的门客编写。""两汉说"为王海林提出，他在《中国武侠小说史略》中认为汉代《史记》中的《游侠列传》和《吴越春秋》中的《越女试剑》均可视作武侠小说。"六朝说"为崔奉源提出，在《中国古典短篇侠义小说研究》中，他认为魏晋时期的志怪小说已是"很标准的侠义小说"。"唐代说"则是我国台湾地区学者叶洪生在《中国武侠小说总论》中讲到的，在谈及唐代传奇时，叶洪生言武侠小说是伴随着传奇的出现而萌芽的。张兵认为应从"武""侠""小说""独力成篇"四个方面来判定中国武侠小说的源头问题。笔者对此持赞同意见，并沿用张兵的说法，认为中国最早的武侠小说应为《燕丹子》。

　　② 沈伟方、夏启良选注：《汉魏六朝小说选》，中州书画社，1982 年版，第 7 页。

图 2-1　荆轲刺秦王（山东济宁）

（见王洪震：《汉画像石》，新世界出版社，2011 年版）

三、唐宋时期的武术与小说

　　唐代文言小说写作风气盛行，不少文言小说颇具传奇色彩，故这一时期的作品被称为"传奇"。随着武术的介入，这种作品的传奇色彩愈加浓烈。唐传奇中的武侠类小说主要集中于盛唐与晚唐，以晚唐裴铏的文言小说集《传奇》、段成式的《酉阳杂俎》、皇甫氏的《原化记》、康骈的《剧谈录》、袁郊的《甘泽瑶》，以及五代孙光宪的《北梦琐言》等为代表。这些小说集中有大量"剑侠类""豪侠类""盗侠类"专题作品，例如杜光庭的《虬髯客传》、裴铏的《昆仑奴》《聂隐娘》《红线》、段成式的《京西店老人》《兰陵老人》、皇甫氏的《义侠》《崔慎思妾》等，均是古代武侠小说的经典之作。

　　唐传奇中的侠客多以剑为兵器，如聂隐娘精于飞剑之术，连鹰隼都避之不及。飞剑之术的原型应是现实武术中的掷剑之技。《兰陵老人》中的兰陵老人"拥剑长短七口，舞于中庭"[1]，剑光如霹雷横扫，颇具杀伤力。《京西店老人》写韦行规向老人求教技艺，"老人笑曰：'客勿恃弓矢，须知剑术。'"[2] 可知剑术在唐代被视为一种非同寻常的武功。

---

① 蒲载选释：《中国武术故事》，花城出版社，1984 年版，第 66 页。
② 蒲载选释：《中国武术故事》，花城出版社，1984 年版，第 64 页。

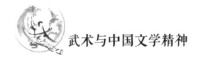

唐代掷剑术盛行,"脱手掷出,剑以剑脊为轴,绕脊旋转而出,旋转有内旋、外旋之分"①。可以推知唐传奇中的侠客所具备的高超的掷剑术并非凭空构想,而是有现实依据的。

轻功是传统气功的一种,与硬功一起构成了我国的传统武术气功。轻功与硬功早在唐代之前就已出现,只是唐代导引行气之术逐渐成熟,传统武术气功才有了更为系统的发展。轻功的存在对当时的武侠小说创作有积极影响。唐传奇《红线》描写红线女身手不凡:"嵩乃返身闭户,背烛危坐,常时饮酒,不过数合,是夕举觞十余不醉,忽闻晓角吟风,一叶坠落,惊而起问,即红线回矣。"②红线轻功了得,倏忽一下就不见了人影。当薛嵩饮酒未酣时,她竟已从魏境转回。红线女如落叶一般由天飘落的轻盈姿态,虽不免有夸张和渲染的成分,但结合唐代轻功的流传与兴盛,这一描写是有一定的现实基础的。

图 2—2 红线

(见王世贞编、任渭长等绘:《中国古代剑侠图传》,北岳文艺出版社,2021 年版)

和唐代一样,在宋代,武术技法和兵器的发展同样影响了小说创作。宋代话本中的草莽英雄惯用朴刀、杆棒,并在悍勇泼辣中透出一丝素朴与真实,恰如后人所总结的:"一是飞剑取人,越诌越神;二是朴

---

① 于志钧:《中国传统武术史》,中国人民大学出版社,2006 年版,第 119 页。

② 蒲戟选释:《中国武术故事》,花城出版社,1984 年版,第 46 页。

实真切，不尚铺张。"① 杆棒即棍，由先秦时期的兵器"殳"发展演变而来。晋代葛洪在《抱朴子外篇·自叙》中讲述了自己练习杖术之事："晚又学七尺杖术，可以入白刃，取大戟。"② 其中的杖术也就是后来的棍术。与杆棒同时流行的兵器还有朴刀。宋代疆域较唐代大为缩小，当时马匹的主产区都受辽、西夏等国的控制，可供军队使用的马匹数量匮乏，这就促使步兵必须加强作战能力，长度缩短且适合步兵作战的兵器——朴刀便应运而生。

当朴刀和杆棒成为宋代的主要兵器时，同时代的话本小说自然会以此两种兵器为表现对象。吴自牧的《梦粱录》中有宋代"小说讲经史"条目，其中就有"朴刀杆棒发迹踪参之事"一条。《醉翁谈录》所载宋代说话名目有灵怪、烟粉、传奇、公案、朴刀、杆棒、神仙、妖术等117种，其中朴刀类的作品有《大虎头》、《李从吉》、《杨令公》、《十条龙》（又名《山亭儿》）、《青面兽》、《李铁铃》、《赖五郎》、《圣人虎》、《王沙马海》、《燕四马八》，杆棒类的作品有《花和尚》、《武行者》、《飞龙记》、《梅大郎》、《斗刀楼》（又名《斗刀楼记》）、《拦路虎》、《离拔钉》、《徐京落章》、《五郎为僧》、《王温上边》、《狄昭认父》。③

三、明清以降的武术与小说

明代，与武术相关的小说承袭了宋代话本的路子，除了故事情节更加市民化和造词用语更加通俗，兵器的发展依旧影响了小说创作。虽然棍术在宋代便已出现，但发展至明代，棍法才在民间普及，并达到高峰。王圻《续文献通考》载"使棍之家三十有一"，其中列有少林棍、梢子棍、阴手短棍、赵太祖腾蛇棍、边拦条子、跨虎条子等。明代还陆续出现了一些棍法理论书籍，以俞大猷的《剑经》和程宗猷的《少林棍法图说》为代表。④ 俞大猷认为："用棍如读四书，钩、刀、枪、耙，

---

① 王海林：《中国武侠小说史略》，北岳文艺出版社，1988年版，第58页。
② 葛洪：《抱朴子》外篇卷五十，中华书局，1954年版，第204页。
③ 参见王海林：《中国武侠小说史略》，北岳文艺出版社，1988年版，第51页。
④ 转引自周伟良：《中国武术史》，高等教育出版社，2003年版，第97页。

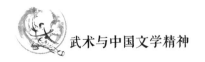

如各习一经。四书既明，六经之理亦明矣。若能棍，则各利器之法，从此得矣。"① 反映在小说中，好斗之士在市井动武较狠中多用杆棒，如《水浒传》第九回"林冲拿着棒，使出山东大擂，打将入来"②，第四十九回写邹渊"会使折腰飞虎棒"，因而"名号出林龙"。③

清代，武侠小说在写作手法上不仅继承了前代的成果，而且还有所创新，呈现出独有的风格，显著的一点便是将传统的武侠小说与公案小说融为一体，代表作有《施公案》《儿女英雄传》《荡寇志》《三侠五义》等。这些小说多从正统观念出发，将侠客拉进官方阵营，充当其羽翼打手，从侧面反映出当时官方政治、道德力量的强大和民间势力的衰落。清代武侠小说还有一个独特之处，即开始将西方技术概念融入作品，使用"机关""消息"等西洋机械工艺创造的新事物，以增加武艺搏斗的曲折性和趣味性。④

随着武术套路和流派的进一步成熟，清代武侠小说有了较大的发展。除了以表现飞剑神侠为主的神幻小说，还涌现出大量杂糅武林史事和真实武技的写实派作品。这些作品有鲜明的特征：一是在描写人物出场时开始采用纪实的手法，即以人物所代表的武术流派或武功为线索，营造出一种真实氛围的写作效果；二是注重以白描的手法描写武术招数。由于有了武术拳谱和器械演练的书面文字为参照，作家们在创作小说时便能有的放矢。

民国时期，"武侠小说风起云涌，几乎占了小说出版数量的大部分"⑤。以上海为中心的南派小说和以北京为中心的北派小说成为现代武侠小说史上的重要流派。南派的代表作家有平江不肖生、文公直、姚民哀、顾明道等，北派作家则有王度庐、白羽、朱贞木、郑证因、还主楼主等。平江不肖生向恺然的《江湖奇侠传》和还主楼主李寿民的《蜀山剑侠传》为民国时期武侠小说的代表作。这个时期的武侠小说在表现

① 李良根注释：《剑经注解》，江西科学技术出版社，2002年版，第1页。
② 施耐庵、罗贯中：《水浒传》，人民文学出版社，1975年版，第126页。
③ 施耐庵、罗贯中：《水浒传》，人民文学出版社，1975年版，第688页。
④ 参见陈山：《中国武侠小说史》，上海三联书店，1992年版，第264页。
⑤ 蔡翔：《侠与义：武侠小说与中国文化》，北京十月文艺出版社，1993年版，第40页。

武艺争斗部分，多以魔幻为主、写实为辅。如《蜀山剑侠传》就把"剑仙"形象刻画得惟妙惟肖，他不仅拥有凡人的剑术，而且能吞剑吐丸，上天入地。这种写作手法是此前的武侠小说中所没有的。当然，民国时期的武侠小说中也不乏重实效技法的作品，如郑证因的《鹰爪王》就是一例。

　　20 世纪 50 年代，金庸的《书剑恩仇录》和梁羽生的《龙虎斗京华》掀起了新派武侠小说的创作热潮。此一时期的优秀作品大多集中在我国香港、台湾地区，主要作家有梁羽生、金庸、倪匡、温瑞安、古龙、卧龙生、诸葛青云、司马紫烟、司马翎等。与前代相比，新派武侠小说的创作背景大为不同，它一方面要同日益强大的西方文化对话，另一方面又要保持五千年的华夏传统。当我们阅读新派武侠小说时，总能触摸到作家强大的民族认同感和自信心。传承千年的中华武术，在作家笔下成为彰显民族性格的媒介。不论是金庸笔下的拳术、梁羽生笔下的剑术，还是古龙笔下的刀术，都被作为传统文化的载体得到了形象的展现。

第三节　武术与戏曲

　　戏曲是中国特有的传统表演艺术，"做、念、唱、打"是戏曲的四项基本功。在这四项基本功中，"做""打"与武术有着直接的关系，"武戏"的形成更是离不开武术。中国传统戏曲除注重表演形式外，戏文创作也极具特色。诗词歌赋与唱腔念白糅合在一起，再配合肢体动作的演绎，戏曲便有了独特的表现手法。由于这种手法的特殊性，在展现武术时，戏曲便与小说、诗歌等文学体裁出现了差异。

　　"戏曲"一词，首倡于王国维。在《戏曲考原》中，王国维言："戏曲者，谓以歌舞演故事也。"[①]"戏曲"专指中国传统戏剧门类，它集歌

---

① 　王国维：《王国维戏曲论文集》，中国戏剧出版社，1984 年版，第 163 页。

舞、诗词于一体。研究戏曲可从表演形式和剧本内容两个方面着手。以往的学者在研究武术与文学的关系时，多集中于小说和诗歌两种文学类型，对戏曲关注较少，仅有刘若愚的《中国之侠》和陈平原的《千古文人侠客梦》稍有论述。刘若愚以"舞台上的游侠"为名，用一个章节的篇幅来分析中国戏曲中的游侠形象。① 他首先从剧本进行梳理，分别罗列了南戏、北戏、传奇、京剧中的游侠形象，其次指出了戏曲和小说在处理同一侠义题材或人物时的不同点。陈平原的《千古文人侠客梦》沿袭了刘若愚的研究方法，以游侠戏曲与游侠诗文为例，总结了文学作品中行侠主题的差异。② 两位学者将武术题材类文学——侠义文学的研究扩展到戏曲领域，也为日后的深入研究留下了更多的探索空间。

由于自身的特点，中国传统戏曲具有舞台表演和文学剧本双重属性。鉴于此，笔者在探寻戏曲中的武术因子时，将对表演形式和曲本内容逐一展开分析。从发生学上来说，中国戏曲首先是一种表演艺术，其文学意义的生成要晚于表演形式。因此，在与传统戏曲结合的过程中，以人体格斗动作为核心的武术最先影响了戏曲的表演形式。③

一、傩舞与武术

"全人类的戏剧，只有一个共同的起源，这就是歌、舞、角抵、模仿、滑稽表演等等的表演艺术。"④ 在本质上，戏曲是一种表演艺术，而要探讨戏曲的表演元素，首要任务就是抓住戏曲的源头。在产生之初，戏曲便与歌舞、百戏等艺术形式紧密相连，而武术又恰好与戏曲的发源有母体上的关联。因此，在归纳作为表演形式的戏曲与武术的关系时，歌舞、百戏便成为阐述的中心。

上古时期，歌舞艺术就已随着劳动的产生而产生，"百兽率舞"和

---

① 参见刘若愚：《中国之侠》，上海三联书店，1991年版，第136页。
② 参见陈平原：《千古文人侠客梦》，人民文学出版社，1992年版，第20页。
③ 本部分内容曾以《中国传统戏曲中的武术因素》为题发表在《河南科技大学学报》2012年第4期，收入本书有删改。
④ 吕效平：《戏曲本质论》，南京大学出版社，2003年版，第22页。

"干舞"便是较早出现在文献中的歌舞形式。随着阶级观念和国家制度的出现，古代歌舞呈现出宫廷与民间两个不同的发展方向。周朝出现了用于夜宴、祭祀、行军等的宫廷歌舞，这些宫廷歌舞主要由"文舞"和"武舞"组成。"文舞"表演时一般以动物羽毛和乐器为道具，"武舞"则以斧、钺、戈等兵器来展示行军作战时的英勇气概。演出时，表演者通常借助舞蹈动作、道具和音乐来表现一定的故事情节，这对后来戏曲的形成有很大的启发。

除宫廷歌舞外，民间团体演出的歌舞也促动了后世戏曲的形成。然而，在对传统戏曲的研究中，民间歌舞的影响常不为学界所重视。针对此种现象，日本学者田仲一成在《中国戏剧史》一书中以中国农村的歌舞表演为着眼点，深入探讨了中国传统戏曲的发展。田仲一成指出，民间社会的傩神武技是向角抵戏、武戏转化的一种原始形态。[①] 在中国的乡村祭祀中，人们多借傩神驱逐瘟疫、灾荒。敬仰与朝拜傩神构成了中国内陆乡村祭祀的核心。在祭祀过程中，头戴狰狞面具的农民代表了下凡的傩神，他们手持武器，驱逐毁坏农田的恶魔，场面甚是热闹。在我国安徽、江西等省份，这种傩神祭祀活动非常兴盛，至今仍活跃于田间地头。傩神表演"终始于夸示武力、斗技的演技"[②]，如安徽省池州市贵池区刘街乡诸村在正月春节期间的祭祀中就有"关公斩妖"的驱恶鬼仪式，其中的傩神分别由三个头戴关羽、周仓、关平面具的人扮演，他们挥舞着武器，和着震天的锣鼓声大唱斩妖除魔。在众多的傩神面具中，还有一种大型的"将军假面"，这种面具主要用在驱除鬼怪的最后舞蹈阶段，需戴在力气巨大的壮汉头上，壮汉挥舞着刀剑边唱边跳，以此宣告整个仪式完满结束。在江西婺源县长径村，傩神在春节期间充当驱除瘟疫的角色。巫师戴上傩神庙中供奉的钟馗面具，挨家挨户捉拿厉鬼。傩神与鬼的打斗情节尤为热闹，吸引了不少乡民前来观看。在表演中，为配合人物的性格和驱鬼的紧张情节，舞者经常舞动刀、剑、枪、矛等武器。所以，田中一成认为傩神假面的演出与中国武术渊源颇深。

---

① 参见田仲一成：《中国戏剧史》，云贵彬、于允译，北京广播学院出版社，2002 年版，第 17 页。

② 田中一成：《中国戏剧史》，云贵彬、于允译，北京广播学院出版社，2002 年版，第 18 页。

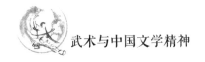

"追傩"即追逐鬼怪的意思。作为傩神驱鬼仪式中的一种，"追傩"在周朝就已产生，无论在宫廷还是民间，此种活动都很受欢迎。各个朝代的追傩表演在人员设计、面具佩戴等方面均有不同程度的变化，但其驱鬼降魔的宗旨始终未变。与宫廷中的追傩仪式相比，活跃于乡村的追傩表演格外引人注目。唐代诗人孟郊在《弦歌行》中写道："驱傩击鼓吹长笛，瘦鬼染面惟齿白。暗中崒崒拽茅鞭，裸足朱裤行戚戚。相顾笑声冲庭燎，桃弧射矢时独叫。"通过这首诗可以看到代表古代武艺的桃弧、射矢礼仪已广泛应用于傩神的驱鬼表演。"桃弧"即桃弓，指用桃木制成的弓形器物，常和棘制的箭形器物配套使用，如《左传·昭公四年》便有"桃弧、棘矢以除其灾"[1] 的记录。古人对桃的驱鬼辟邪功能极为看中，《太平御览》载："东海之中度朔山，山上有大桃，屈蟠三千里。东北间百鬼所出入也，上有二神人，一曰神荼，一曰郁垒，主领万鬼。恶害之鬼，执以苇索以食虎。黄帝乃立大桃人于门户，画神荼、郁垒与虎苇索以御鬼。"[2] 清代，追傩仪式依然是民众庆典的必备节目，如春节时傩队敲锣打鼓、持剑弄戟的欢庆场面：

> 岁聿云暮昼渐长，郁仪驭日行北方。大傩逐疫掌方相，蒙熊涂面朱衣裳。百廿㑊子其盾扬，桃弧棘矢剑戟枪。鼓以大鼖声彭彭，茅鞭倒拽炬火煌。镂锼狰貌凛如霜，食咎食梦鬼为粮。赫然一怒魑魅藏，迎新逐衰受天庆，春满皇都来百祥。（《驱傩行》）

驱傩仪仗队可谓声势浩大，傩队头领率领一百二十名㑊子追傩逐疫，所经之处爆竹声声。傩队成员除了用桃弓、棘箭作为驱鬼道具，还拿着盾、枪、戟、鞭等武器。可以说手持利器降服恶鬼的传统经久不衰。

追傩仪式的核心内容就是傩神同鬼怪格斗。头戴假面、施展拳技的双方在鼓点的伴奏下，将神、鬼矛盾冲突演绎得活灵活现。到了宋代，

---

① 杨伯峻：《春秋左传注》，中华书局，1990年版，第1249页。
② 李昉：《太平御览》卷九六七，中华书局，1960年版，第4289页。

从先秦发展而来的傩神表演逐渐艺术化，傩戏成了"角抵戏"的来源之
一。[1] 例如，此时的戏曲——角抵戏就采用了作勇敢状之嗔拳的表演形
式。"角戏开场曰嗔拳，以队舞曰角抵。嗔拳、卞戏、拍张、浑脱，皆
其类也。《事物纪原》：'江淮俗作诸戏，先必设嗔拳。'《岁时记》曰：
'戴面如戎状，作勇势，曰嗔拳。'又《梦笔录》曰：'唐有嗔面戏，刘
吃陁努能不用手而以足加颈，曰跌打。'"[2] 可以说，追傩仪式中的"嗔
拳"为角抵戏提供了一种表演模式。

二、百戏与武术

"百戏"也称作"散乐"，早在周代就已出现。据《乐府诗集·散乐
附》记载："《周礼》曰：'旄人教舞散乐。'……《唐书·乐志》曰：
'散乐者，非部伍之声，俳优歌舞杂奏。'秦汉已来，又有杂技，其变非
一，名为百戏，亦总谓之'散乐'。自是历代相承有之。"[3] 在汉代，散
乐被归为杂技一类。以"百戏"命名散乐，主要取其"多种集合"之
意。后来，中国戏曲常以"戏"作为俗称，大概也与之有关。

图 2—3　河南密县打虎亭东汉墓壁画角抵图

（见周伟良：《中国武术史》，高等教育出版社，2005 年版）

---

①　参见周贻白：《中国戏剧史》，中华书局，1953 年版，第 21 页。
②　方以智：《通雅》卷三十五，《方以智全书》，上海古籍出版社，1988 年版，第 1090 页。
③　郭茂倩：《乐府诗集》卷五十六，中华书局，1979 年版，第 819 页。

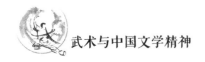

此外，百戏又有"角抵戏"之说。王国维认为："是角抵以角技为义，故所包颇广，后世所谓百戏者是也。"① 角抵，即两人各戴牛角相互抵触，以比试力气和技艺，后来还包括各种杂技。传说角抵戏源自蚩尤氏与黄帝的两族斗争，因蚩尤氏头生角而得名。《述异记》曰："蚩尤氏耳鬓如剑戟，头有角，与轩辕斗，以角抵人，人不能向。今冀州有乐名'蚩尤戏'，其民两两三三，头戴牛角而相抵。汉造角抵戏，盖其遗制也。"② 蚩尤以角抵人，这是上古时期一种原始的战斗形式。秦代，角抵之术发展为民间乐舞的一个传统项目，出现了萌芽状态的戏曲成分，慢慢转变为一种有意识的角力表演。裴骃《史记集解》引应劭语曰："战国之时，稍增讲武之礼，以为戏乐，用相夸示，而秦更名曰角抵。"司马迁注曰："角者，角材也。抵者，相抵触也。"③ 从中可见表现武力的角抵之术开始转化为供人欣赏的娱乐形式——"戏乐"。汉代，宫廷中的角抵演出颇为频繁。据《两汉博闻》载："武帝纪元封三年作角抵戏。"④ 不仅如此，角抵戏还成为夸示国力的一种手段，如《史记·大宛列传》曰：

> 是时上方数巡狩海上，乃悉从外国客，大都多人则过之，散财帛以赏赐，厚具以饶给之，以览示汉富厚焉。于是大觳抵，出奇戏诸怪物，多聚观者，行赏赐，酒池肉林，令外国客遍观各仓库府藏之积，见汉之广大，倾骇之。及加其眩者之工，而觳抵奇戏岁增变，甚盛益兴，自此始。⑤

引文中的"觳抵"即"角抵戏"。汉武帝时国富民强，面对四海归顺的他国臣民，朝廷极尽所能夸耀国力，用财帛以示富裕，用酒肉以示丰硕，而显示国民健壮体格的任务就落到了"觳抵"上。汉武帝征战多

① 王国维：《王国维戏曲论文集》，中国戏剧出版社，1984年版，第7页。
② 任昉：《述异记》卷上，据宋书删本景刊，1904年版，第2页。
③ 司马迁：《史记》卷八十七，中华书局，1959年版，第2560页。
④ 杨侃著，车臣瑞点校：《两汉博闻》第一卷，黑龙江人民出版社，1990年版，第95页。
⑤ 司马迁：《史记》卷一百二十三，中华书局，1959年版，第3173页。

年，深知北方少数民族以武勇为荣，他有意安排了角抵戏，虽然角抵戏中存在类似幻术的奇特节目，但着意于展现大汉子民勇猛劲健的武技表演仍是角抵戏的主要内容。

张衡在《西京赋》中也描绘了百戏中的武技表演："乌获扛鼎，都卢寻橦，冲狭燕濯，胸突铦锋，跳丸剑之挥霍，走索上而相逢。"[①] "扛鼎""寻橦""冲狭""燕濯""跳丸""走索"等都是角力比试的具体项目。"乌获"是秦武王时期的大力士，善长扛鼎。后来，人们便用"乌获"指称古代扛大鼎的力士。"寻橦"指都卢技艺，据《汉书》记载，都卢国的艺人由于体轻而长于攀缘，这同武术中的轻功倒有几分相似。可见角力较量与武技有着极深的渊源。不过，上文所言百戏中的角抵都只是武艺技能的单项表演，没有具体情节，直到"东海黄公"的出现，此种状况才得以改变。

百戏中有两类表演节目同后世成熟的戏曲关系密切，即《西京赋》中所提及的"总会仙倡"和"东海黄公"。"总会仙倡"以歌舞为主，"东海黄公"则以角抵戏为表演内容。葛洪在《西京杂记》中详细记载了"东海黄公"一戏：

> 有东海人黄公，少时为术，能制蛇御虎。佩赤金刀，以绛缯束发，立兴云雾，坐成山河。及衰老，气力羸惫，饮酒过度，不复能行其术。秦末，有白虎见于东海，黄公乃以赤刀往厌之。术既不行，遂为虎所杀。三辅人俗用以为戏，汉帝亦取以为角抵之戏焉。[②]

在论及"东海黄公"时，周贻白总结道："各项技艺，已借故事的情节，由单纯渐趋于综合。后世戏剧，实于此完成其第一阶段。"[③] 这里的"各项技艺"便包含了已融入武术的角抵戏，而技艺与故事情节的结合也就成了中国戏曲的雏形。

---

① 萧统：《文选》卷二，中华书局，1977 年版，第 84 页。

② 向新阳、刘克任：《西京杂记校注》，上海古籍出版社，1991 年版，第 115 页。

③ 周贻白：《中国戏剧史》，中华书局，1953 年版，第 38 页。

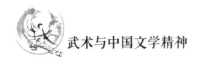
三、历代戏曲对武术的接受

到了唐代，戏曲分为歌舞戏和参军戏两种。作为戏曲表演形式中的一个积极因素，角抵戏时常依据故事情节而穿插其中，通过格斗的方式展现强烈的戏剧冲突。此种表演样式在日后成为我国传统戏曲武戏的材料来源。可见在中国传统戏曲的发展进程中，武术对戏曲的表演形式具有一定的借鉴作用。

宋代剑舞流行，史浩在《剑器舞》中对剑舞进行了详细的描绘：

二舞者，对厅立祒上，（下略）乐部唱【剑器曲破】作舞，一段了。

二舞者同唱【霜天晓角】

莹莹巨阙，左右凝霜雪。且向玉阶掀舞，终当有用时节。唱彻，人尽说，宝此刚不折，内使奸雄落胆，外须遣豺狼灭。

乐部唱曲子，作舞《剑器曲破》一段。舞罢，二人分立两边。别二人汉装者出，对坐。桌上设酒果。竹竿子念：

伏以断蛇大泽，逐鹿中原，佩赤帝之真符，接苍姬之正统。皇威既振，天命有归，量势虽盛于重瞳，度德难胜于隆准。鸿门设会，亚父输谋，徒矜起舞之雄姿，厥有解纷之壮士。想当时之贾勇，激烈飞扬，宣后世之效颦，回翔宛转。双鸾奏技，四座腾欢。

乐部唱曲子，舞《剑器曲破》一段。一人，左立者，上祒舞，有欲刺右汉装者之势；又一人舞进前，翼蔽之。舞罢，两舞者并退，汉装者亦退。复有两人唐装者出，对座，桌上设笔、砚、纸，舞者一人换妇人装，立祒上。竹竿子念：

伏以云鬟耸苍璧，雾縠罩香肌，袖翻紫电以连轩，手握青蛇而的皪，花影下游龙自跃，锦祒上跄凤来仪，逸态横生，瑰姿谲起。领此入神之技，试为骇目之观。巴女心惊，燕姬色沮。岂唯张长史草书大进，抑亦杜工部丽句新成。称妙一时，流芳万古。宜呈雅态，以洽浓欢。

乐部唱曲子，舞《剑器曲破》一段，作龙蛇蜿蜒曼舞之势。两人唐装者起，二舞者，一男一女，对舞，结《剑器曲破》彻，竹竿子念：

项伯有功扶帝业，大娘驰誉满文场，合兹二妙甚奇特，欲使嘉宾酹一觞。霍如羿射九日落，矫如群帝骖龙翔，来如雷霆收震怒，罢如江海含晴光。歌舞既终，相将好去。

念了，二舞者出队。①②

这出戏的主要内容是楚汉相争，包括斩蛇起义、鸿门宴等情节。依据竹竿子的念白，故事情节大致展开，随后伴有曲子、舞蹈。由于故事内容有武技成分，相应的舞蹈动作就离不开武术。剑器与情节吻合，故此戏取名为"剑舞"。按段安节《乐府杂录》所载，剑器舞应归于"健舞曲"。方以智《通雅》云："《剑器》乃武舞之曲名。健舞，武舞也。"③宋代的大曲《剑器舞》因用剑作舞，又称《剑舞》，在大曲演奏时乐部仍唱《剑器曲破》，可知宋代《剑器舞》与唐代《剑器舞》在内容上有承继关系。④

元代，由于演员演技的发展和专业分工的需要，北杂剧中有了做工戏、唱工戏、武打戏的分类。元代武打戏俗称"脱膊杂剧"，其中有筋斗、抢背、刀枪把子、二人或多人徒手打斗等武打场面。北杂剧中的武打戏是对早期戏曲中角抵戏的继承和发展。由元代开始，武戏逐渐成为传统戏曲的一种固定表演类型。在初期，武戏的经典剧目主要有"单鞭夺槊""三战吕布"等，多通过程式化的武术动作来丰富剧情，凸显人物。

明代，弋阳腔的出现使武戏有了进一步的发展。弋阳腔常在民间广场演出，武打技艺被作为人物动作的一种舞台表演手段，双方的交战直接呈现在舞台上，如《摆花张四姐思凡》一剧中关于武打场面的描写：

---

① 王国维：《王国维文集》第二卷，中国文史出版社，1997年版，第226～227页。
② 引文中黑体字为唱词，非黑体字为念白和场面描写。
③ 转引自常任侠：《常任侠文集》第二卷，安徽教育出版社，2002年版，第379～380页。
④ 参见常任侠：《常任侠文集》第二卷，安徽教育出版社，2002年版，第398页。

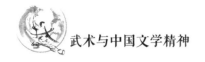

"铺设人物兵马旗帜戈甲战斗击刺之状，洞心骇目，可喜可愕，亦有足观者。"① 这种直观的动作展现，除了借助表演时特殊武打程序的编排外，还需要演员有较高的形体技巧。此阶段武打表演的另一个成就是武打技艺与人物性格的联系更为紧密，促使了武打戏的行当化，出现了武生、武旦、武净、武丑的初步分类。

作为舞台表演的戏曲，其原始形态的艺术性主要通过一些"质"的方面来体现，其一便是优美的运动线条。② 除运动线条之外，戏曲在视觉上的审美诉求还包括服装样式、舞台设计、色彩搭配等，在营造运动线条的美感时，大量借助了武术动作，这在清代戏曲中体现得尤为集中。清代中叶，地方戏曲逐渐繁盛。"清代地方戏的武戏表演，在广泛吸收了杂技、武术、拳击等民间技艺后也进一步戏剧化，武打动作成为角色舞台行动的有机组成部分，成为生活中打斗动作的舞蹈化的舞台表现形式。"③ 如徽剧《青龙棍》中的"舞棍"表演、《快活林》中的"对拳"表演便充分展示了民间武打的动作美。《打店》一剧中武松与孙二娘的对打更是精彩绝伦：孙二娘"上打飞脚……坐地听，又摸生脚，踢跌出门，飞脚下……"，再"持刀上，插地坐起，看两角，将刀拨门，直刺进去，生跳下，用扭打，刀各落地""生、贴打黑拳一路，生踢贴下，生摸出门拾刀，贴持棍上，打落刀，生踢落贴棍……"④ 此时的武戏结合音乐、舞蹈，将单纯的武打动作进行艺术化处理，再以程式化的形式体现出来。可以说中国戏曲中的武戏与文戏表演模式在清代真正定型。

乾隆五十五年（1790）徽班入京，为京剧的诞生奠定了坚实的基础。戏曲表演分"唱""念""做""打"，其中的"做""打"同武术紧密相连。随着京剧的发展，"做""打"艺术更为细腻、专业。京剧中的"生""旦""净""丑"四个行当中又都有偏重"武打"的分支，即"武生""武旦""武净""武丑"。

---

① 《曲海总目提要》卷四十，人民文学出版社，1959年版，第1859页。
② 参见吕效平：《戏曲本质论》，南京大学出版社，2003年版，第233页。
③ 徐沛：《中国戏曲表演史论》，文化艺术出版社，2002年版，第41~42页。
④ 徐沛：《中国戏曲表演史论》，文化艺术出版社，2002年版，第42页。

行文至此，需要探讨一下戏曲中的"程式化"问题。戏曲作为传统舞台表演门类，对生活素材的处理有其独到之处，主要指艺术化的处理。戏曲通过一定的程式来达到艺术化的效果，观众在欣赏戏曲时能看到程式化的夸张的动作或神态，这也是戏曲艺术高于生活的一种表现。可见武戏中的程式化动作不可能完全等同于原生态的武打格斗。诚然，创作者对生活素材进行了艺术加工，原始素材的意义却不能被抹杀，从原始素材入手来分析武术与武戏的关联性很有必要。

武戏中的武打由三种基本功组成，即毯子功、筋斗功和把子功。筋斗功的常有功法为小翻、倒踢、前钵、蝶子、蛮子。毯子功即滚、翻、跌、打等动作，又可分为软毯子功（小毛、倒毛、窜毛、抢背、扑虎、按头、叠筋等）和硬毯子功（虎跳、小翻、前空翻、后空翻、漫子等）。把子功即拿把子的功法。把子指刀、枪、棍、剑等武器，持这些武器武打的功夫便称作把子功。把子功包括枪小五套、拳小五套、大小快枪、大刀枪、双刀、勾刀、棍棒枪、枪架子和各种兵器的下场花等套路表演。戏曲武打场面一般以把子功为主，以筋斗功和毯子功为辅，这是因为手持刀枪剑戟的把子功能更好地表现戏曲中的战争场面。在练习以上三种基本功时，还应有取自武术的程式动作加以辅助，如腿功（有压腿、踢腿、撕腿、搬腿、飞脚、旋子、飘腿、双飞燕、倒踢紫金冠等）、腰功（压腰、下腰、涮腰）等。

戏曲表演为何要大量借用武术中的格斗技法呢？要说明这一点，需提及动作对戏曲艺术的重要性。中西方学者一致认为动作在戏剧中占有举足轻重的地位。英国戏剧理论家马丁·艾思林（Martin Esslin）高度评价了动作对戏剧的影响，他说："希腊语中戏剧（drama）一词，只是动作（action）的意思。戏剧就是摹拟的动作、仿效的动作，或人的行为的再现（除了前面提到过的抽象动作的少数极端例子）。关键的是着重强调动作。……戏剧之所以成为戏剧，恰好是由于除言语以外那一部分，而这一部分必须看作是使作者的观念得到充分表现的动作（或行动）。"[1] 在中国的传统戏曲表演中，展现人物动作的重任主要由"做"

---

① 马丁·艾思林：《戏剧剖析》，罗婉华译，中国戏剧出版社，1981 年版，第 6 页。

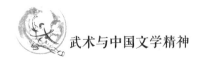

和"打"承担，而"打"与武术格斗技法的关系更为紧密。

传统戏曲中的武打技法大量借鉴了武术中的徒手和器械武打套路。在经过节奏、舞蹈等艺术化手段加工之后，武打技法便成为展现戏剧情节和刻画人物性格的主要手段。例如，《长坂坡》中有这样一出戏，即表现赵云为救糜夫人，试图突破曹军重围的鏖战场面。戏中人物一方是赵云，另一方是曹操大将张郃、许褚、文聘、曹洪、张辽、乐进、李典七人。为了强调双方对峙的紧张程度，舞台上的曹军将领使用了"快枪""大刀枪""双刀枪"等把子，双方打斗又借用了"硬抢背""大推磨"等武打手段。这种设计将赵云勇猛突围的形象及双方紧迫危急的对决场面表现得活灵活现。

在表演上，武术与戏曲紧密结合，不仅如此，武术家也同戏曲有着千丝万缕的联系。京剧中的武戏主要有武生三大流派，代表人物分别是俞菊笙、黄月山、李春来。明清以来，练武者聚集于镖局，通常为各地商号或行商提供保护，镖师们的拳脚功夫非同一般。清末，源顺镖局和会友镖局曾名噪一时，这些镖局的成员中有许多就是京剧武行的演员。不仅如此，会友镖局的创办人大刀王五还在程长庚的"三庆班"同武生们切磋武艺。这些武艺高强的镖师们有的成了著名的戏曲演员，谭鑫培就是其中的代表。谭鑫培在成为戏曲演员前曾是一名镖师，擅长刀法。在出演《翠屏山》一剧时，他充分发挥专长，其扮演的拼命三郎石秀深入人心。以前的演员仅是持刀摆个架势，谭鑫培却实打实地练了一套少林六合门的六合刀法。因此，他在演出后总是能赢得满堂彩。

虽然武戏在表现武打动作时进行了艺术化处理，但最初戏曲中的武打动作也是讲究逼真和勇猛的。武生大家杨小楼曾向八卦掌第二代传人学习掌法，也练过通臂拳、六合刀的功夫。在演出中，他将习得的功法融入身段表现。八卦掌的扣步、摆步、跨步进退有序。杨小楼将这些技法用于圆场中，使武戏表演取得了巨大成功。在武戏界，以表演绿林好汉著称的盖叫天练武最为用心。盖叫天青年时代曾拜南直隶镖师刘四爷为师，习得了六合刀、三节棍等武技。

我国具有文学性质的戏曲主要指宋元杂剧和明清传奇。王国维在《宋元戏曲考》中指出，元代杂剧已具备现代意义上的戏剧特征，开我国成熟戏曲之先河。

　　我国戏剧，汉魏以来，与百戏合，至唐而分为歌舞戏及滑稽戏二种；宋时滑稽戏尤盛，又渐借歌舞以缘饰故事；于是向之歌舞戏，不以歌舞为主，而以故事为主，至元杂剧出而体制遂定。南戏出而变化更多，于是我国始有纯粹之戏曲。①

　　从元代杂剧开始，中国戏曲便初具规模，其后的明清传奇以及清代中叶兴起的地方戏曲都承继了中国戏曲艺术的文学特点，一并组成了中国戏曲剧本领域的三大阵营。文学剧本是戏曲的蓝本，故事、情节与人物便是剧本的基本组成要素，没有这些的话，任何表演都只能是空中楼阁。加之"曲"的存在，戏曲本身始终洋溢着诗歌式的抒情与浪漫，所以我们不能忽略戏曲中的语言文字。剧本与武术的关联主要体现在对兵器的吟咏、对武打场面的描写、对侠义精神的彰显。

　　就借兵器抒情而言，戏曲中单独吟咏兵器的篇幅远不及诗歌，但戏曲也有其特点。元代康进之的杂剧《梁山泊黑旋风负荆》第四折写李逵违反军令状，宋江欲斩其首但始终不忍，故李逵拔宋江之剑意欲自杀：

　　（末）罢，罢，罢，他杀不如自杀，借哥哥剑来，待我自刎而亡。（宋江）也罢，小偻罗，将剑来递与他。（末做接剑科）这剑可不元是我的？想当日跟着哥哥打围猎射，在那官道傍边，众人都看见一条大蟒蛇拦路；我走到跟前，并无蟒蛇，可是一口太阿宝剑。我得了这剑献与俺哥哥悬带。数日前，我曾听得支楞楞的剑响，想杀别人，不想道杀害自己也！

　　【步步娇】则听得支楞楞宝剑声鸣，使我心惊骇。好剑也，可端的利水吹毛快。似这般好器械，一柞来铜钱，恰便似砍麻秸。②③

---

① 王国维：《王国维戏曲论文集》，中国戏剧出版社，1984年版，第108页。

② 引文中黑体字为唱词，非黑体字为念白。

③ 傅惜华等编：《水浒戏曲集》第一集，上海古籍出版社，1985年版，第43~44页。

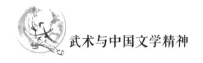

此处追述了宋江的太阿宝剑的历史。太阿剑原为蟒蛇所变，灵气与生俱来。太阿剑一遇不祥之事便能发出"支楞楞"的鸣音，恰好预示了李逵即将面临的杀身之祸。在该段唱词和念白中，作者仅描绘了宝剑的外部特征，对宝剑与人物性格的关系着墨较少。这一现象在明传奇《林冲宝剑记》中有了改变：

【醉江月】（生上引唱）晓风吹雨战新荷，可惜明珠迸碎。闲启宝匣看古剑，紫电照人睛碧。偕褐妖狸，渡河胡马，眼见的太平非昔日。空怀忠义气，为君等闲流涕。

…………

此剑是祖公公林和靖传留，乃朝廷所赐之宝。香檀橱龙鳞密砌珠，沙鱼鞘虎口双骤雨。世无麟血倩谁磨？背有龙纹光自吐。五陵侠客袖中携，万乘高皇马上取。①

与小说中安分守己、唯唯诺诺的性格不同，戏曲中的林冲心怀大志、愤世嫉俗、血气方刚。此剧第四折开场即表明了林冲的内心世界。林冲持剑追怀，想到祖上英烈曾擎宝剑立功扬名，而自己却毫无建树，满怀壮志无从伸张：

【懒画眉】太平不用买吴钩，抛掷床头紫电流，等闲期斩月支头。恐失英雄手，反惹慵夫刻画舟。

（白）（歌曰）丰狱尘埋兮光犯斗，青天暗露兮悲风吼。午夜悬门兮魑魅走，为主提归兮豪侠手。五陵游兮藏入袖，三尺芒兮破穷寇。倚天兮撑白昼，沉渊兮化龙斗。剑兮剑兮等高价，人兮人兮奈时候！……

【前腔】吁嗟。想那李广难封，冯唐易老，堪怜世道衰绝。宝剑尘埋，空将骥伏监车。顷越。孙阳欧冶而今远，乱纷纷不辨龙

---

① 傅惜华等编：《水浒戏曲集》第二集，上海古籍出版社，1985年版，第10页。

蛇。论功劳赤心报国，总是饶舌。（生唱）①

如同诗歌中的剑器一样，戏曲中的宝剑也开始着意于角色情感的铺张。

第四节 文学体裁与武术的关系

不同的文学体裁在处理同一题材时有着不同的表现方式，具体到文学与武术，笔者认为诗歌、小说、戏曲这三种中国传统文学体裁，在理解和展现武术方面各有鲜明的特点。

如前文所言，剑器与中国传统诗歌渊源颇深，剑术是诗人竞相吟咏的对象。杜甫在《观公孙大娘弟子舞剑器行》一诗中曾追忆公孙大娘的剑术：

> 昔有佳人公孙氏，一舞剑器动四方。观者如山色沮丧，天地为之久低昂。㸌如羿射九日落，矫如群帝骖龙翔。来如雷霆收震怒，罢如江海凝清光。绛唇珠袖两寂寞，晚有弟子传芬芳。临颍美人在白帝，妙舞此曲神扬扬。与余问答既有以，感时抚事增惋伤。先帝侍女八千人，公孙剑器初第一。五十年间似反掌，风尘澒洞昏王室。梨园子弟散如烟，女乐余姿映寒日。

杜甫幼时在郾城观赏到公孙大娘的卓绝剑艺，时隔五十余年，于夔府又巧遇公孙大娘嫡传弟子李十二娘上演剑舞。"㸌如羿射九日落"，公孙大娘用剑术中的挑、刺、挂等技法快速挥剑，观看者唯见剑光闪烁，犹如后羿将九日射落。"矫如群帝骖龙翔"则描绘了公孙氏的舞剑姿态柔中显刚，具有矫若游龙的阳刚之美。"来如雷霆收震怒，罢如江海凝

---

① 傅惜华等编：《水浒戏曲集》第二集，上海古籍出版社，1985年版，第11页。

71

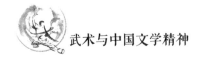

清光"一句从公孙氏剑舞的动势和收势下笔，剑舞之时，声势浩大，剑影翻腾，如雷霆狂吼；剑收罢之际，戛然而止，人剑合一，似怒海停歇。如此波澜起伏的剑舞难怪令观者如山，让天地低昂。该诗在用词达意和凸显主题方面堪称剑术诗歌的传世佳作，但在剑术描写上略显简单，即诗人较少用具体剑术和技法入诗，对剑法的描绘也多以旁观者的感受加以烘托。可见在剑器题材的处理方面，传统诗歌并非集中于武艺技法的细节描写。

中国传统诗歌对剑器外延意义的歌咏远胜于对剑器、剑术技巧本身的描绘。原因有二。其一，体裁特点使然。作为抒情类传统文学体裁，诗歌在壮志酬情上有着天然的优势。加之建功立业、报国图存等主题与诗歌的紧密结合，古代文人更侧重于对剑器外延意义的生发。因此诗歌作品中关于剑器的外形描绘以及剑术、剑技的吟诵均不甚凸显、集中。其二，用字炼意的限制。诗歌均以韵文构成，即便是对仗要求不严的散体，如乐府诗等也都难以不受韵脚的规范。详细的剑术描写和生动的格斗场景需要细腻的语言和跌宕的情节。由于诗歌用语的特殊性，其无法胜任展现剑术技法的任务。当市井通俗文学兴起时，小说作者便拾起了原本不为诗人所重视的部分，将传统武术中的高妙剑术和掣剑任侠的剑客形象逐一呈现在读者面前。

小说这一体裁在表现武术题材方面有着得天独厚的优势。以武艺展示为例，小说可谓极尽语言文字之能事。与诗人笔端的剑术相比，小说作品中的剑术描写不论花样形式还是技巧招式均细致周到。剑术的演练与表现往往是武侠小说的重头戏。如《荡寇志》第十八回"演武厅夫妻宵宴 猿臂寨兄弟归心"就描写了陈丽卿和祝永清二人共同舞剑的美妙场面：

> 二人放开步位，理开解数，竟是一对穿花蛱蝶，寒光四射。厅上厅下无不喝采。舞够多时，希真笑道："收了吃酒罢。"二人那里肯住，各要显本事，渐渐的盖紧来，呼呼呼的只听得风雨之声。少刻，化作两道白光：一边白光里影着一个猩红美女，一边白光里罩

定一个玉琢英雄，风车儿般旋转。众人看得眼都花了。①

　　此处主要是从整体上表现剑术，小说作者使用了一些表意形容词来描绘对决双方的技艺，如陈、祝二人似"一对穿花蛱蝶，寒光四射"，挥剑声如雨，剑法快似白光。

　　剑术比斗的抽象描绘是武侠小说对传统武术套路的一种展现方式。当然小说家们不满足于此，他们还利用武术中的具体招式将剑术表现得淋漓尽致。如《三侠五义》第二十二回"第金銮殿包相参太师　耀武楼南侠封护卫"中展昭受仁宗皇帝的邀请到耀武楼展示武艺，他演绎的头一个绝技就是剑术：

　　　　展爷谢恩下了丹墀，早有公孙策与四勇士俱各暗暗跟来，将宝剑递过。展爷抱在怀中，步上丹墀，朝上叩了头。将袍襟略为掖了一掖，先有个开门式，只见光闪闪，冷森森，一缕银光翻腾上下。起初时身随剑转，还可以注目留神；到后来竟使人眼花缭乱。其中的削砍劈剁、勾挑拨刺，无一不精。合朝文武以及丹墀之下众人，无不暗暗喝彩。……展爷这里施展平生学艺，着着用意，处处留心，将剑舞完，仍是怀中抱月的架式收住，复又朝上磕头。见他面不更色，气不发喘。②

　　剑法讲究颇多，就演练形式而言，有个人单练、双人对练和集体演练三种，按练习的内容分又有单剑、双剑、双手剑、穗剑（长穗剑和短穗剑）等。此处展昭向仁宗皇帝展示的是单剑技法。单剑指一手持剑（多为右手正握剑）进行套路演练的剑术，剑法要领为击、刺、格、洗、劈、砍、撩、提、抽、带、崩、点、削、拨等。引文中讲到展昭"削砍劈剁、勾挑拨刺，无一不精"，描绘的是具体剑术技法。如此设计使读者对人物武艺的高强有了具象的把握，比诗歌要细致。

---

① 俞万春：《荡寇志》，华夏出版社，1995 年版，第 181 页。
② 石玉昆：《三侠五义》，华夏出版社，1998 年版，第 110~111 页。

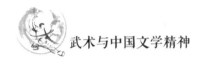

　　除剑法的详细描写外，小说还提到了展昭使剑中的"开门式""怀中抱月"等招式。这些招式均来自现实中的剑术套路，可见作者借用了生活中的武术套路来刻画南侠剑术的精湛。剑术套路由于派别的不同，招式的样法和组合也有差异。但是各派剑术都有基本的招式，如"怀中抱月"势、"仙人指路"势、"白蛇出洞"势、"太公钓鱼"势、"青龙入海"势、"乌龙摆尾"势等。引文中展昭先是以"怀中抱月"为起势，最后又以此为收势。一起一收，开合有序，完全符合传统武术的始终有序之理。

　　较之诗歌与小说，戏曲在武术技法的表现上具有真实性和直观性。文学语言仅是一种观念性的语言，它在传达感情、表现情境方面总是逊色于以感观直接性为特色的舞台语言，即动作语言。戏曲表演艺术克服了文学语言的间接性和曲折性，利用舞台语言的优势，以形式上的感官享受弥补了观念上的理解复杂性。因此，中国戏曲通过演员的唱、念、做、打，将音乐、舞蹈、武术、杂技等糅为一体，实现了传情达意的直接性。苏联戏剧家奥布拉兹卓夫在考察了中国古典戏曲之后认为："它与任何一种欧洲的戏剧样式不同之处，首先在于它是一种复杂的综合性的戏剧，它把许多完全不同的戏剧表现手段有机地溶合成了一个整体。"①

　　用详细的文字来表现某一武打场面，此种情形未曾出现在中国传统戏曲剧本当中。相反，戏曲仅以简单的"科"来表示角色动作，原因在于戏曲将展示武打细节的工作让位给了实在的、生动的舞台武戏表演。有学者指出，中国戏曲的一大特性为其表演上的"肉身性"。② 舞台上的戏曲演员通过身段、姿态、表情、动作，再配上极具抒情性的宾白、歌唱来演绎戏曲故事。在以语言和动作为核心内容的传统戏曲中，演员的"肉身"作用占重要地位。可以认为在表现武术时，戏曲艺术多凭借程式化的肢体语言，诗歌、小说则多借助语言文字。

　　文学作品的创造性发挥在于意义的生成，武术除了展示格斗技法，

---

① C. 奥布拉兹卓夫：《中国人民的戏剧》，林耘译，中国戏剧出版社，1985年版，第28页。

② 参见吕效平：《戏曲本质论》，南京大学出版社，2003年版，第278页。

还能形成以之为核心的文化内涵，其中最引人注目者莫过于"侠义"精神的建构。将"侠""义"二字相提并论者，为唐人李德裕。《豪侠论》言："夫侠者，盖非常人也。虽然以诺许人，必以节义为本。义非侠不立，侠非义不成，难兼之矣。"① 李德裕解释"侠义"，实则是为了凸显侠的伦理含义。由于"义"的加入，"侠"的实现则趋于合理。后世文人和学者在阐释侠义精神时各有侧重，综合起来主要有二：其一，将侠义品格与儒家之理想人格关联，提倡建功立业、为国赴躯的义勇，体现为一种上层社会贵族英雄的性格；其二，将侠义概念与个人行为相结合，主张报恩仇、除奸邪，极力张扬个性，代表的是一种下层阶级苍莽英雄的性格。前者常出现在传统诗歌中，后者则构成了武侠类小说所集中表现的对象。

诗歌与小说在建构各自的侠义世界时，体现出表意上的不同。自从《诗经》在六艺中占据一席之地以后，诗歌便被尊为雅正文体。在吟诵侠义精神的诗歌当中，建功立业、报国图强等主题居多。受儒家入世精神的影响，诗人总是将个人前途与国家命运紧密相连，此种心理也直接影响了他们的诗歌创作，如将古之侠客与自己比照，以侠客的边缘化处境及满腔热忱等暗示自身。

边塞诗人在吟咏侠客的过程中大都积极用世，在追求功名的同时一并抒发豪情壮志。诗人"潜藏着儒家的伦理观念和政治情怀，当个人的功名气节和国家的安危治乱，乃至民族的生死存亡融为一体的时候，一己的政治抱负便会升华为'投笔从戎'的壮烈行为和'以身殉国'的忧患意识"②。岑参大喝一句——"功名只向马上取，真是英雄一丈夫"（《送李副使赴碛西官军》），壮烈与豪迈之情溢于言表。

然而，小说中的侠士却是另一番风貌。诗歌中仗剑行侠的宗旨在小说中似乎就有了不同的理解。有研究者指出，历史和传承使中国的侠文化具有世俗性和复杂性的特点。作为一种行为范式，中国的侠文化侧重于"下位的世俗文化"，因而小说中侠客的活动结果常体现为辅佐卿相，

---

① 李昉：《文苑英华》卷七百五十九，中华书局，1966 年版，第 3978 页。
② 陈炎：《中国审美文化史》，山东画报出版社，2001 年版，第 139～140 页。

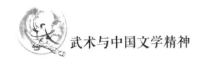

其活动场所也相应地限于下层社会。[①]

《七剑十三侠》开篇即言剑侠之除暴安良的本领。"只是世上有三等极恶之人，王法治他不得"，第一等恶人是贪官污吏，第二等是势恶土豪，第三等是假仁假义之徒。此三等恶人为百姓所痛恨，但"幸亏有那异人侠士剑客之流去收拾他。这般剑客侠士，来去不定，出没无踪，吃饱了自己的饭，专替人家干事。或代人报仇，或偷富济贫，或诛奸除暴，或锉恶扶良"[②]。以上对侠客行侠原则的总结，可以看作武侠小说中诠释侠义精神的代表性文字。与诗歌中立功加爵的个人奋斗目标不同，小说中的剑侠集中表现为报个人恩仇、除恶扬善。但此种侠义性格在小说中也并非一成不变，只是在小说的发展过程当中，由于侠客鲜明的个性魅力及同读者审美心理的契合而始终为人们所关注。

侠义小说在宋明时期迎来了发展的高峰，其白话形式更是被后世尊为经典。当时的白话小说主要由话本或拟话本演变而来，其中的说书艺人便成了武侠小说的主要创作者。他们在整理前朝话本的基础上融入了个人情感，并对创作技巧加以完善，最终将完整的故事整合为一部部优秀的侠义小说作品。这些创作者在解读侠义内涵时，其审美取向和价值观是关键因素。笔者认为这两个因素的产生条件有二，即市民经济的影响和读者鉴赏的兴趣指向。

宋明时期市民经济发达，出版业的兴盛给小说创作带来了极大的动力。当时瓦舍勾栏遍布街头，艺人摆摊设点招徕观众。在此种背景下，文学作品也开始成为商品，说书艺人也自然而然地开始关注平民市场。说书艺人与平民相处甚密，有的本身就是来自下层社会，与世俗文化有着天然的联系。都市文化的兴盛使平民群体受到了小说作者的重视。平民具有与传统文人截然不同的审美趣味，为迎合这一点，武侠小说中的侠义精神多倾向于对个人利益的维护、除暴安良等。对诗歌中的侠士来说，以上种种并非其人生目标，而小说创作者与读者对此却钟爱有加。小说创作者熟知平民心中的侠客形象，也乐于为他们建构平民的英雄

① 参见韩云波：《中国侠文化：积淀与承传》，重庆出版社，2004年版，第34页。
② 唐芸洲：《七剑十三侠》，齐鲁书社，1993年版，第2页。

世界。

在武术技法的表现和武术文化内涵的彰显方面，诗歌、小说、戏曲三种文学体裁各有不同的侧重点。小说、戏曲能极大地展现武术的技艺功法，但二者又因文字语言与肢体语言的差异而呈现出不同的审美情趣。相对于武术深层文化的表现，诗歌与小说则显示出文本创作上的优越性。以侠义精神为核心，诗歌倾向于入世进取、报国图存的精神抒写，小说则更多地表现出除暴安良、快意恩仇的平民英雄情怀。总而言之，通过梳理文学作品，不难发现，武术与文学不仅各具特征，而且还能互相渗透，互相观照，既有相通点，又有差异。

武术在发展进程中自身便包含很多极具美感的因素，如各种各样的兵器、徒手套路、对打演练等。这些既构成了武术的基本要素，又因其具有超脱格斗竞技的审美属性而为文学所吸纳和发扬。可以说，在中国文学的历史长河中，武术呈现出一种文学化的走向，主要表现为两个方面：其一，中国文学根据自身的需要，对武术加以选取改造，使得不同文学体裁中的武术呈现为不同的风貌；其二，经过文学的长期浸淫，武术的艺术之美愈加浓烈。可见，同为"六艺"之一的武术与文学，即使在分属不同的领域之后，仍然保持着相互影响、相互促动的关系。

第三章　武术与中国文学的体道运思

　　每一种文明都有其认知世界的基本观点，这恰如德国历史学家斯宾格勒（Oswald Spengler）提出的"象征"，也似法国思想家福柯（Michel Foucault）所言的"共识"。在论及中国传统思想精髓时，葛兆光曾参考以上学者的意见，提出"终极依据"的概念。他认为，"道"作为一种理论体系，构成了中国思想的终极依据。① "有物混成，先天地生，寂兮寥兮，独立不改，周行而不殆，可以为天下母。吾不知其名，字之曰道，强为之名曰大。"② 《荀子·哀公》云："大道者，所以变化遂成万物也。"③ 既然万物生灵都由"道"变化而来，那么武术与文学自然也离不开"道"。

　　作为"道"的衍生物，武术与文学无不受到"道"的规范和影响；反过来，武术与文学也能够从各自的领域来演绎"道"。当我们分析武术与文学的内在关系时，"道"便成为二者在哲学意义上的沟通点。武术与文学都是"道"的物质承载者，关于文学与"道"的关系，历代学人早有成熟的思考和论述，相较而言，对武术体道思维的研究则尚显不足。鉴于此，以文学为参照，从武术的角度来考察中国传统的体道思维便是本章拟重点解决的问题。以武演"道"，不仅可以廓清武术的艺术属性，同时也能为武术与文学的沟通架起一座桥梁。武术如何传承"道"的内涵，武术在演绎"道"时的生成机制，是本章要探讨的问题。

　　虽然"道"具有广大悉备的特性，人们却可从天道、人道和技艺之

---

　　① 参见葛兆光：《中国思想史·导论》，复旦大学出版社，2005年版，第40页。
　　② 老聃撰，王弼注，楼宇烈校释：《老子道德经注校释》，中华书局，2008年版，第62～63页。
　　③ 王先慎撰，沈效寰、王星贤点校：《韩非子集解》卷二十，中华书局，2013年版，第355页。

道三个层面加以体悟和把握。宇宙的规律统摄天地万物，代表了天道的内涵。孔子善谈人道，常以人伦关系解析"道"，确立了人文之学和德性之学。庄子认为可以由"技"通达于"道"，也就是所谓的"技进乎道"。①

第一节　天地之道

《淮南子·原道训》云："夫道者，覆天载地，廓四方，柝八极，高不可测，包裹天地，禀授无形。"② 张双棣注曰："天地、无形皆道之受事。"③ "道"之内涵可谓广矣。为便于人们感知与把握，"道"又可具化为天地万物之规律。古人便从原始宇宙论的角度解析"道"，对天地大道进行了细致的考量。《周易·系辞上》曰："是故，形而上者谓之道，形而下者谓之器。"④ 属于形而下的武术既有器的技术属性，又蕴含着"道"的哲学意义。受中国传统哲学思维影响的武术，在诞生之初便与"道"有着密切的联系。天地之道乃宇宙之根本，万物生灵均受其影响和制约。武术与文学共同孕育于中国传统文化的母体，二者无不体现出天地之道的内质。本节将从天道这个层面展开论述，以勾勒武术与宇宙大道的关系。

一、太极

中国古人在追问"道"的源头时提出了"太极"的概念。"太极"一词始见于《周易·系辞上》："易有太极，是生两仪，两仪生四象，四

---

① 本部分内容曾以《由技入道——论中国武术之体道思维》为题发表在《上海体育学院学报》2010 年第 4 期，收入本书有删改。

② 刘安：《淮南子》卷一，中华书局，1954 年版，第 1 页。

③ 张双棣撰：《淮南子校释》，北京大学出版社，1997 年版，第 4 页。

④ 阮元刻：《十三经注疏》，上海古籍出版社，1997 年版，第 83 页。

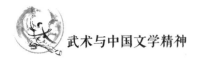

象生八卦。"① "易"中有太极,太极又衍生出两仪、四象、八卦等具体的物象。《周易》是中国古人沟通天地奥秘的法典,从中我们能够探寻先祖对天地之"道"的理解。王弼引道家思想对此加以注解:"夫有必始于无,故太极生两仪也。太极者无称之称,不可得而名,取有之所极况之太极者也。"② 这里王弼主要以有无观贯通于太极学说。

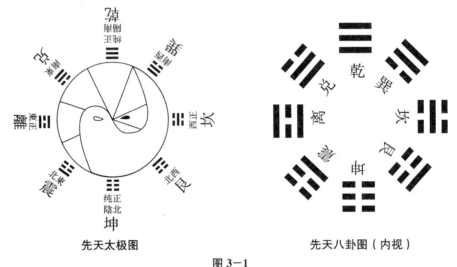

先天太极图　　　　　　　　　　先天八卦图(内视)

图 3—1

(见杨成寅:《太极哲学》,学林出版社,2003 年版)

宋明理学提倡从"理"的角度解析"道":

> 问:"太极不是未有天地之先有个浑成之物,是天地万物之理总名否?"曰:"太极只是天地万物之理。在天地言,则天地中有太极;在万物言,则万物中各有太极。未有天地之先,毕竟是先有此理论。"③

朱熹认为:"'一阴一阳之谓道',太极也。"④ 在朱熹的心中,"道"

---

① 阮元刻:《十三经注疏》,上海古籍出版社,1997 年版,第 82 页。
② 阮元刻:《十三经注疏》,上海古籍出版社,1997 年版,第 82 页。
③ 黎靖德:《朱子语类》卷一,中华书局,1986 年版,第 1 页。
④ 黎靖德:《朱子语类》卷七十四,中华书局,1986 年版,第 1897 页。

为总和天地万物之理，太极则被视作"道"之"同体而异名"的存在物。① "正所以见一阴一阳虽属形器，然其所以一阴而一阳者，是乃道体之所为也。故语道体之至极，则谓之太极；语太极之流行，则谓之道。虽有二名，初无两体。"② （《朱文公文集·答陆子静》）由此可知，太极是朱熹哲学逻辑中的最高概念。

在中国传统文学理论中，人们对太极学说的理解与运用主要来自辩证统一思想。古代文论批评家深受太极对立统一精髓的影响，将此种运思方式推衍到对文学本质、文学风格、文学思想以及作家个性等话题的讨论上来。

就文学本质而言，刘勰《文心雕龙·原道》开篇即言"太极"："人文之元，肇自太极，幽赞神明，易象惟先。庖牺画其始，仲尼翼其终。而乾坤两位，独制文言。言之文也，天地之心哉！"③ 刘勰认为，"人文"源自"太极"，乾坤、阴阳等辩证范畴也由太极衍生而来。与此相类，与太极相关的辩证思想还体现在"一分为二"或"一分为多"的文论阐述中。

在文学风格的探讨上，刘勰提出"八分法"，即"典雅""远奥""精约""显附""繁缛""壮丽""新奇""轻靡"。这种分类法与太极八卦之数紧密相连，并开中国文学风格说之先河。那么，诸种风格是如何彰显于文学作品的呢？"夫情动而言形，理发而文见，盖沿隐以至显，因内而符外者也。"（《文心雕龙·体性》）刘勰通过"情"与"形"、"理"与"文"、"隐"与"显"、"内"与"外"四组概念，总结出文学风格是一个辩证统一的结合体，它存在于作品外在形式与内在含义的协调合一之中。

当品评文学作品的审美意蕴时，《文心雕龙·宗经》提炼出六种意义类型："一则情深而不诡，二则风清而不杂，三则事信而不诞，四则义直而不回，五则体约而不芜，六则文丽而不淫。"刘勰通过六组表意范畴提出个人的文学理想，分别为"深"与"诡"、"清"与"杂"、

---

① 参见张立文：《中国哲学范畴发展史》，中国人民大学出版社，1988年版，第44页。
② 朱杰人、严佐之、刘永翔：《朱子全书》第十二册，安徽教育出版社，2002年版，第1568页。
③ 刘勰撰，范文澜注：《文心雕龙注》，人民文学出版社，1958年版，第2页。

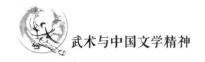
"信"与"诞"、"直"与"同"、"约"与"芜"、"丽"与"淫"。这六组范畴两两相对,构成了十二个美学价值取向,呈现出互为比照的态势。这里刘勰仍旧是依托太极阴阳对立的思维模式构拟文学作品的意义类型。

针对创作主体的个性才情分类及成因,刘勰同样也是依据太极二分法、四分法的思维展开,对作家作了以下划分,"才有庸俊,气有刚柔,学有浅深,习有雅郑"①。"才""气""学""习"为作家创作个性的结构类型,为四分法逻辑;"庸俊""刚柔""浅深""雅郑"为主体才性的八种类型,为四分法之从属分类。

在与太极的关系中,武术表现得更为具体、形象,它往往从内在机理和操作应用上对太极学说加以周密的阐释。中国武术强调以武演"道",在诠释"道"的过程中常借助太极思想:

> 自伏羲画卦,阐明阴阳,而中国,已寓于其中。嗣更命阴康作大舞,以宣导湮郁。黄帝作《内经》,采按摩导引诸法,均本太极之理,为无形之运动。华佗本吐故纳新,熊经鸟申,作五禽经,以授吴普。是时已开姿势运动之先河矣。②

太极拳被誉为中国传统拳术之尊,其产生之初便受太极理论的指导。在参悟神明之余,阴康作大舞,黄帝修《内经》,华佗操五禽戏,太极拳乃成。以上引文引自许禹厚编撰的《太极拳势图解》一书。该书共分为上、下两编,上编主要归纳了太极拳理之精华,下编具体解析太极拳术之运动技巧。上编分章详述了太极拳的基本问题,包括"太极拳之意义""十三式名称之由来""太极拳合于易象之特点""太极拳之流派""太极拳经详注"等六个部分。总之,太极拳取"道生太极"之意,且试图通过形而下的姿势运动来演绎形而上的天道。

清人王宗岳所撰《太极拳谱》一书一经完成便迅速在武林中传阅普

---

① 刘勰撰,范文澜注:《文心雕龙注》,人民文学出版社,1958年版,第505页。
② 许禹厚:《太极拳势图解》,杨澄甫等:《太极拳选编》,中国书店,1984年版,第111页。

及。该拳谱以太极学说为蓝本，记录了拳法宗旨与格斗思维，是后人研习拳经的基础。武林人士认为《太极拳谱》为太极拳术的演练和传播起到了理论指导作用。《太极拳论》言："太极者，无极而生，阴阳之母也。"① 许霭厚注曰：

> 太极者，无极而生。
>
> 太，大也，至也；极者，枢纽根底之谓。太极，为天地万物之根本，而太极拳，则为各拳之极至也。无极而生者，本于无极也。此拳重在锻炼精神，运动作势，纯任自然，不甚拘于形式。以虚无为本，而包罗万象，故曰"无极"。②

拳家认为，太极是天地万物的源头。由此可推知太极拳应归为各拳术之宗。武学之人将太极统领万物说与太极拳术尊贵论联系在一起，沟通了太极学说的哲学意义与武学内涵。"无极"又与太极并生，其虚无之本质正如太极拳之运动体势——毫无局促、一任自然。为了进一步说明太极拳与太极学说的内在关系，许霭厚将周敦颐的《太极图说》作为附录，其文如下：

> 易也者，包罗万象者也。而其扼要之哲理，不出太极一图，太极拳之言阴阳虚实刚柔动静之处，无不则之。但世传太极图有二，一为周莲溪所遗，一则俗传之双鱼形图也。双鱼形图除可借表明双搭手时之阴阳虚实盈缩进退外，余无可取。至周氏图则所具之理甚奥，其图说一篇，几可为习太极拳者所取法焉。③

世间万物之哲理均可归为太极思维。太极拳所提倡的格斗攻守法因循太极运动之规律，实现了拳术之至理与道之奥妙的沟通。周莲溪所绘

---

① 王宗岳等：《太极拳谱》，人民体育出版社，1991年版，第24页。
② 许霭厚：《太极拳势图解》，杨澄甫等：《太极拳选编》，中国书店，1984年版，第114页。
③ 许霭厚：《太极拳势图解》，杨澄甫等：《太极拳选编》，中国书店，1984年版，第108页。

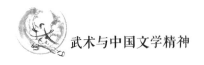

太极图被拳家奉为宝典，充分说明太极阴阳图对太极拳术的理论指导作用。

在解析天道的过程中，假借太极学说不啻一个良好的途径。中国武术倡导因道入技，各拳术招式无不透露出以理先行的特征。太极拳"势势之中，着着之内，均含一圆形，故假借太极之理以说明之。而以阴阳动静刚柔进退等喻其作用焉，非如世俗卜筮迷信者所谓太极也"①。太极拳以圆形为其标志性动作，从起手到收招，每势中必含阴阳太极之图形，所谓"天地为一大太极，人身为一小太极，人身为太极之体，不可不练太极之拳"②。依托太极之理诠释人体运动之奥妙，再由身体之技术体验宇宙之规律，便构成了武术与天道的相互融通。

圆通道人在《大道论》开篇即言道与太极的关系："夫道者，统生天、地、生人、生物而名，含阴阳、动静之机，具造化玄微之理。……太极为有名，有名者，万物之母。因无名而有名，则天生、地生、人生、物生矣。"③太极为万物之根本，宇宙之开始，太极之下衍生出阴阳。阴阳二物，交替往复，太极之妙，尽在其中。"易有太极，是生两仪"，宋代理学家朱熹认为"两仪者，━为阳而━━为阴"。太极不离阴阳，阴阳归于太极，二者密切关系的形象标志首推内含阴阳鱼的太极图。"乾坤其易之门邪？乾，阳物也，坤，阴物也。"④（《周易正义》卷六）乾坤蕴于易之中，而阴阳转换即为乾坤之表征。太极之中含阴阳，阴阳之中蕴变化，万物生生之道由此形成。《吴越春秋》中载有越女论剑："其道甚微而易，其意甚幽而深。道有门户，亦有阴阳。开门闭户，阴衰阳兴。凡守战之道，内实精神，外示安仪。见之似好妇，夺之似惧虎。布形候气，与神俱往。杳之若日，偏如滕兔。追形逐影，光若仿佛。呼吸往来，不及法禁。纵横逆顺，直复不闻。斯道者，一人当百，百人当万。"⑤越女向吴王展示剑法的精妙之理，其中便以阴阳互换作

① 许禹厚：《太极拳势图解》，杨澄甫等：《太极拳选编》，中国书店，1984年版，第107页。
② 杨澄甫：《太极拳使用法·大小太极解》，杨澄甫等：《太极拳选编》，中国书店，1984年版，第356页。
③ 徐兆仁：《太极道诀》，中国人民大学出版社，1990年版，第27页。
④ 阮元刻：《十三经注疏》，上海古籍出版社，1997年版，第89页。
⑤ 赵晔：《吴越春秋》卷九，江苏古籍出版社，1999年版，第184~185页。

为阐述的核心。"道有门户，亦有阴阳"，剑术之道有如天地之大道，始终不能脱离阴阳之理。阴衰阳兴，动静得当，攻守往复。如能掌握此道，便可"一人当百，百人当万"。

太极阴阳说讲求事物之间的"关系"，其中包含两个层面的内容：第一，"关系"中的事物主要由两方面构成，阴阳即为关系中的两对因素；第二，"关系"中的双方呈现出互为依存、互为对应的关系，二者缺一不可。"阳变阴合，而生水火木金土，五行顺布，四时行焉。五行一阴阳也，阴阳一太极也，太极本无极也。"①（《太极图说》）阴阳者，变化之母体。在提出阴阳为太极的具象表征时，古人实质上是找到了万物生成与对立统一的本质联系。中国武术强调万物之定理应合于人体运动之规则，其中之一便是将阴阳之理物化到人的身体之内，从而巧妙地完成了天道的诠释工作。

> 《中庸》云："道不远人，人之为道而远人。"天地之间，万物之理，皆道之流行分散耳。人为一小天地，亦天地间之一物也。故我身中之阴阳，即天地之阴阳也，万物之理，亦即我身中之理也。《大学》注云："心在内而理周乎物，物在外而理具于心。"《易》注云："远在六合以外，近在一身之中，远取诸物，近取诸身，天地之大，六合之远，万物之理，莫不在我一身之中。"②

透过天人之道的沟通，我们可以建立一套有关武术的阴阳理论体系。武术强调阴阳辩证，要求"动静结合""刚柔互补""快慢相间"等。在武术格斗的具体技法中，以上辩证思想主要由虚实、开合、进退、起伏、攻守、内外、始终等形式体现。就太极拳理而言，阴阳辩证之法促成了一整套完备的阴阳互换功法。与太极拳一样，八卦掌也将阴阳辩证之法作为拳术理论的核心内容。八卦掌有"八转"之义，主要以"走圈转掌"来演绎阴阳之理，即"滚转之转为阳转，钻转之转为阴转；

---

① 周敦颐：《元公周先生濂溪集》卷四，《四库全书存目丛书》史部第 82 册，齐鲁书社，1996年。

② 孙禄堂：《孙禄堂武学录》，人民体育出版社，2001 年版，第 313 页。

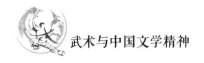

挣转之转为阳转，裹转之转为阴转；按转之转为阳转，弹转之转为阴转；坐转之转为阳转，顶转之转为阴转"①。阴阳配合，内外浑一，刚柔、虚实、显藏、前后之法均包含了阴阳合一的道理。

在以外家拳著称于世的少林拳法中，同样也秉承着变更相生的观点。《少林寺短打身法同宗拳谱》记载："人一身仁立之间，须要配合阴阳，方知阴来阳破，阳来阴破之妙。若不明阴阳，则无变化之妙，而有呆钝之嫌。先贤曰：'敌未交手，便知胜败'，乃明阴阳之理也。"② 少林拳术虽然不似太极拳、八卦掌那样鲜明地标举阴阳辩证之法，但在解析与传授自家功法时，仍旧借用了阴阳互为的传统思想。据此可知，少林拳法在精神层面也离不开辩证思维的指导。

二、气论

中国古人在辨析"道"时也试图引入物质存在的概念，"气"便是其中之一。在中国古代哲学思想中，气乃最细微的流动的物质，也是物体存在的基本形式。中国之气论，可以作为西方原子论之比照物来理解。③《国语·周语一》中有对气论的最早记载："夫天地之气，不失其序。若过其序，民乱之也。"④ 此处所言之气指的是气的等级秩序。随后又形成了"六气"说。《左传·昭公元年》载："天有六气，降生五味，发为五色，征为五声，淫生六疾。"⑤ 古人把世间万物以"味""色""声""疾"等范畴进行归类，气便是统领诸类别的关键。

以上是从自然界的角度来说明气与道的关系，此外还有以人体生理来说明气的论述。孟子首开人体学意义上的气论，《孟子·公孙丑上》曰："夫志，气之帅也；气，体之充也。……志壹则动气，气壹则动志也，今夫蹶者趋者，是气也，而反动其心。"⑥ 孟子将身、心与志、气

---

① 田迴：《阴阳八卦掌　蟒形掌》，人民体育出版社，1995年版，第31页。
② 张孔昭：《少林正宗拳经》，北京师范大学出版社，1988年版，第19～20页。
③ 参见张岱年：《中国哲学大纲》，中国社会科学出版社，1982年版，第39页。
④ 徐元诰：《国语集解》周语一，中华书局，2019年版，第26页。
⑤ 杨伯峻：《春秋左传注·昭公元年》，中华书局，1990年版，第1222页。
⑥ 焦循：《孟子正义》卷三，中华书局，1954年版，第115～116页。

贯通，试图以人体物质指代宇宙精神概念。对气的集中探讨还出现在孟子"浩然之气"的论说中，《孟子·公孙丑上》云："我善养吾浩然之气。……其为气也，至大至刚，以直养而无害，则塞于天地之间。其为气也，配义与道，无是，馁也。是集义所生者，非义袭而取之也。"① 孟子的"浩然之气"是对人体物质之气的一种推进，它逐渐与精神之"义"融合。庄子以为气是生命的标志，万物的运动变化都离不开气的生成。如《庄子·知北游》云："人之生，气之聚也；聚则为生，散则为死。若死生为徒，吾又何患！故万物一也，是其所善者为神奇，其所恶者为臭腐，臭腐复化为神奇，神奇复化为臭腐。故曰：'通天下一气耳。'圣人故贵一。"② 人的死生犹如气之散聚，散则为死，聚则为生。作用于人身之气同样存在于世间万物之中，其往复变化，运动不息，正是天道的反映。《管子·枢言》云："有气则生，无气则死。"③《管子·内业》又云："凡物之精，此则为生。下生五谷，上为列星。……精也者，气之精者也。……凡人之生也，天出其精，地出其形，合此以为人。"④ 管子认为，万物生命的根源在于精气。此种道之始端学说在先秦流行一时，体现了当时的人对世界的一种朴素思考。

宋代哲学家张载继承了前人观点，提倡以气言道，其主要通过"太和"概念阐明气与道的关系。《张子正蒙注·太和篇》载："太和所谓道，中涵浮沉，升降、动静相感之性，是生絪缊、相荡、胜负、屈伸之始。……散殊而可象为气，清通而不可象为神。不如野马絪缊，不足谓之太和。语道者知此，谓之知道。"⑤ 张载假借庄子之野马絪缊来比喻游动在宇宙之间的气，认为气总太和，太和成道。张载之气论后学也有继承，如清代学者戴震就侧重于从气化过程来论证道的形成。他说："道，犹行也；气化流行，生生不息，是故谓之道。"⑥ 气化运行，乃生生不止，这是天道的真理。

---

① 焦循：《孟子正义》卷三，中华书局，1954 年版，第 117~118 页。
② 郭庆藩撰，王孝鱼点校：《庄子集释》卷七，中华书局，1961 年版，第 733 页。
③ 戴望：《管子校正》卷四，中华书局，1954 年版，第 64 页。
④ 戴望：《管子校正》卷十六，中华书局，1954 年版，第 268~272 页。
⑤ 王夫之：《张子正蒙注》卷一，中华书局，1975 年版，第 1~3 页。
⑥ 戴震：《孟子字义疏证》卷中，中华书局，1961 年版，第 21 页。

　　气被用来解释天地万物的本质规律，包含人体的生理变化和养生原则。中国传统武术将气的思想贯穿于具体的体用实践，以武释道，总结了大量的养练经验。以气释道，借气养生，这是中国武术气用理论的基本准则。气是万物运行之定理，人居天地之间，自然受到气的影响。武术练气学说的形成与传统医学、养生学关系甚密。"气慧者，身自清。气即人身之时、神表也。有何难知？特患心不精定耳。进气是修道第一步要紧功夫。"① 在武术习练中，古人多方面探讨并实践了气学理论。传统武术主要从以气养生、以气运身、调息、调气等方面来演绎气，如太极拳常以心气为主，终不离修养之术。先天之气与后天之气组成了传统气论的两大部分。先天之气常以"元气"称之，指人从母体获得的能量之气。元气因其自带属性被推崇为生命源泉的象征。后天之气相对于先天之气，作为先天之气的补充被养生学和医学人士所看重。中国传统医学认为，人体的健康程度由先天之气决定。先天之气由于外界因素的影响而常有不足，病痛随之产生，此种情形下，需要通过各种途径加以调养和增补，这便产生了后天之气。通过肢体运动和意念修为，使外界自然之气汇入体内，从而达到物我和一，这样就构成了中国传统武术之气用理论思维。②

　　气为万物生存之表征，在自然，它涵盖发展变化之规律；在人体，它构成五脏六腑和四肢百骸之基础。在具体的技法展示方面，中国武术理论常以"意与气合""气与力合"为主要手法。

　　首先是"意与气合"。以意行气，即将意与气结合。武术侧重意识的引导作用，以意领气，气随意行，再配合肢体动作，使得气息在周身流动畅通。意气相合之功，可以通过意念调节呼吸之法实现，亦能借助熟练的技法动作加以完成。太极拳讲究动作的"松腰沉肩"，其中的"沉"就出自气息的吐纳。

　　　　松腰者，拔腰之反也。拔腰有提气之弊，故宜戒之。松腰，则

---

① 徐兆仁：《太极道诀》，中国人民大学出版社，1990 年版，第 23 页。
② 参见张志勇：《中国武术思想概论》，河南大学出版社，1998 年版。

气自下沉，能使两足增力，下盘稳重，且上下肢之虚实变化。……松腰可使腹式呼吸增其容量，即拳术家所谓"沉气功夫"也。[①]

　　若使气充于体内，放松姿态是基本做法。松腰之法能让体内之气自然下沉，足力增加，这便是拳家之"沉气功夫"。此法同样存在于外家拳中，如长拳之"提、托、聚、沉"四法。"提"，乃高起吸气；"沉"，乃低伏呼出；"托"，乃固定姿势；"聚"，乃发力攻击。体内之气随动作而运行，依意识而周流，此为武术意气合一、内外协调的主要特征。

　　其次是"气与力合"。格斗终究为武术的本质属性，锻炼力量自然也是练武者日常练习的内容。中国武术把练力与养气相结合，总结出"气与力合"的经验。"气与力合"指内气、内意、内劲三者合一。在思想意识的统摄下，配合呼吸吐纳之法，让全身的内气运行，以气催力，沟通体内与体外。形意拳有"内三合""外三合"之理，即"心与意合""意与气合""气与力合"之内三合，以及"肩与胯合""肘与膝合""手与足合"之外三合。在内、外三合的定理当中，围绕形与意、内与外、周身上下和谐统一的宗旨，达到"心气一发，四肢皆动"的运动效果。在整理张三丰太极炼丹秘诀的过程中，后人曾录有《超凡入圣法》一篇，其中云："大道本无体，寓于气也。其大无外，无物可容。大道本无用，运于物，其深莫测，无理可究。以体言道，道始有外内之辨。"[②]张三丰认为天道寓于气中，其形貌体征无迹可寻，但若以体论道，则可用内与外的关系来辨识。此处的"体"可以作身体讲。用身体言道，便可视道为身体之内与身体之外的和谐统一。道，原是一种抽象的概念，在剖析其内涵时，人们总是利用具象智慧予以阐发。因气入道，借助人身的体验通达道的境界，构成了武术与天道的互通。气与力合，主要由拳法之势加以展现。明代陈王廷之《拳经总歌》云："夫拳术之为用，气与势而已矣！然而气有强弱，势分刚柔。气强者取乎势之刚，气弱者取乎势之柔。……然刚柔既分，而发用亦有别。四肢发动，气行诸外，

　　①　徐致一：《太极拳浅说》，杨澄甫等：《太极拳选编》，中国书店，1984年版，第27页。
　　②　徐兆仁：《太极道诀》，中国人民大学出版社，1990年版，第176页。

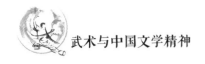

而内持静重，刚势也；气屯于内而外现轻和，柔势也。"① 陈氏太极拳突出了"势"的作用，用势的刚柔阐释气与力的和谐，说明了身体内外的辩证统一关系。具体而言，刚柔指气行四肢则为刚势，气积腹内则为柔势。中国武术倡导气用思想，气与力共同研习，实质上指出了二者互相依存的内在关系。传统武术家在把握万物之道的基础上，能结合人体之特征，将拳理与哲理融为一体，从而完成了格斗与养生的有机统一。

另外，气之清浊也是武家在日常习练过程中所关注和钻研的内容。

> 何谓清浊？升而上者为清，降而下者为浊，清气上升，浊气下降，清者为阳，浊者为阴，要者阳以滋阴，阴以滋阳，统言为气，分言为阴阳。气不能无阴阳，即人不能无动静，口不能无呼吸，鼻不能无出入，乃对待循环者。然则气分为二，实主于一，学贵神通，慎勿谬执。②

中国武术的气用思想还以"养练"结合为表现方式。"养"，即结合人体气运变化对身体进行调养；"练"，即在身体活动中结合人体生理规律进行的健体强身、提高人体机能的运动行为。练气的途径有二。其一，修养内体，使气血贯通于全身经脉、四肢五体，从而形成周身通畅、形精不枯的状态。其二，练气与练功兼备，所谓练气以固形，强体以致用。具体到武术技法理论，练气之说又包括动静双修之功。我国的养气之道内容丰富，在传统气功技法中，如"导引术""行气""五禽戏""八段锦"，以及各种内家拳法都有细致入微的记载。

气，被视作宇宙生命的物质能量。万物存在依靠气的运行，人体活动更是须臾不能离开气。道，为天地本源之概念。在解释道的内涵时，中国武术以体用思想为发端，并结合人身的物质与精神体验，形成了以武释道的行为方式。

---

① 王宗岳等：《太极拳谱》，人民体育出版社，1991 年版，第 264 页。
② 孙禄堂：《孙禄堂武学录》，人民体育出版社，2001 年版，第 323 页。

三、象数

在对"道"的体认过程中，中国古人还提出了"象"的概念。《周易》："天垂象，见吉凶。圣人象之，河出图，洛出书，圣人则之。易有四象，所以示也。"① "易者，象也。"② 象，直接承继了天地之精髓。作为《周易》的一个重要组成部分，象具有两种内涵：其一为天象，其二为象征。③ 天象主要指作为实体而出现的万物之象。如《周易·系辞上》云："法象莫大乎天地，变通莫大乎四时，悬象著明莫大乎日月。"④ 象最早是作为天地的形象而出现的，所谓"在天成象，在地成形，变化见矣"⑤。象与形并置，在天成日月星辰之形，在地则为山川草木之貌。"古者庖牺氏之王天下也，仰则观象于天，俯则观法于地。观鸟兽之文，与地之宜。"⑥ 自然界之风雨雷电、鸟兽虫鱼，社会的农耕狩猎、商贸战争，生理上的组织器官、喜怒哀乐等，无不由具体实在的象构成。另外，"象"又包含象征之意。《周易·系辞上》曰：

> 圣人设卦观象，系辞焉而明吉凶，刚柔相推而生变化。是故，吉凶者，失得之象也；悔吝者，忧虞之象也；变化者，进退之象也；刚柔者，昼夜之象也；……是故，君子居则观其象而玩其辞，动则观其变而玩其占，是以自天佑之，吉无不利。⑦

圣人由观万物之象来推导世间之理，"象"之"象征"的含义由此产生。"象"主失得、悔吝、吉凶、进退、昼夜，人生之命运尽在象的掌握中，以卦象预知未来的模式便成为《周易》的一大内容。《周易·

---

① 阮元刻：《十三经注疏》，上海古籍出版社，1997 年版，第 82 页。
② 阮元刻：《十三经注疏》，上海古籍出版社，1997 年版，第 87 页。
③ 参见张岱年：《中国古典哲学概念范畴要论》，中国社会科学出版社，1989 年版，第 106 页。
④ 阮元刻：《十三经注疏》，上海古籍出版社，1997 年版，第 82 页。
⑤ 阮元刻：《十三经注疏》，上海古籍出版社，1997 年版，第 76 页。
⑥ 阮元刻：《十三经注疏》，上海古籍出版社，1997 年版，第 86 页。
⑦ 阮元刻：《十三经注疏》，上海古籍出版社，1997 年版，第 76~77 页。

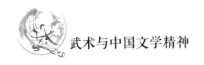

系辞上》曰："圣人立象以尽意，设卦以尽情伪。"① 古人设象以言天地之事，其中的卦象便由自然界之象演化而来。由于具有象征功能，"象"常被视为一种极为重要的表意形式。宗白华云："象即中国形而上之道也。象具有丰富之内涵意义（立象以尽意），于是所制之器，亦能尽意，意义丰富，价值多方。宗教的，道德的，审美的，实用的溶于一象。"②"象"的功能由抽象的天地之道扩展到宗教、道德、审美等具体领域。

中国古代文论常将"象"置于"言"与"意"的三位一体框架中，即所谓的"言""象""意"。"圣人以有见天下之赜，而拟诸其形容，象其物宜，是故谓之象。"（《周易·系辞上》）清晰地说明了象和语言的关系。面对万物奥理，圣人仔细观察，而后用语言文字加以比拟形容，这就是所谓的卦象。《周易》之"卦象"逐渐被中国文人赋予"意"的内涵，由此本只是图形符号的"卦象"便与文学作品中具有象征意味的"象"连接起来。"拟诸其形容"，描述的是"卦象"的外在形象特征，"象其物宜"，则指外形具象可感，并具有表意性和暗示性。

此后，孔子对《周易》"卦象"与文学之"象"的阐发又加深了人们对该命题的理解。《周易·系辞上》："子曰：'书不尽言，言不尽意。'然则圣人之意，其不可见乎？子曰：'圣人立象以尽意，设卦以尽情伪。系辞焉以尽其言，变而通之以尽利，鼓之舞之以尽神。'"

就文学创作而言，"象"沟通了"言"与"意"。作家借助语言文字营造意象或形象，进而表达丰富的意蕴；读者通过阅读语言文字，在内心构建意象，试图还原作家的思想情感。王弼在《周易略例·明象》中对"言""象""易"三者的逻辑关系有精到的论述：

> 夫象者，出意者也；言者，明象者也。尽意莫若象，尽象莫若言。言生于象，故又寻言以观象；象生于言，故可寻象以观意。意以象尽，象以言告，故言者所以象，得象以忘言；象者所以意，得意以忘象。③

① 阮元刻：《十三经注疏》，上海古籍出版社，1997年版，第82~83页。
② 宗白华：《宗白华全集》第一卷，安徽教育出版社，1994年版，第611页。
③ 陈良运：《中国历代文章学论著选》，百花洲文艺出版社，2003年版，第187页。

　　王弼不仅揭示了"言""象""易"互生互长的内在联系，还展现了"象"所具备的艺术特征。"象"居于"言"和"意"之间，犹如一座桥梁，为二者的信息交往提供了多种可能，这样的可能最终促成了文学作品审美意义的多重与多解。"象"为"言""意"提供了解释的空间，然而在把握意义的同时又要懂得忘记"象""言"。因此，在鉴赏文学作品时，要依托"象""言"进入"意"的思维空间，而要真正延伸对"意"的阐释时却要舍弃"象"与"言"。这种由语言、意象、含义所造成的模糊和多义看起来充满悖论，实则为中国文艺创作开启了一扇无限可能的门。

　　将"象"之艺术意蕴拓展开来的当属刘勰。他提出"四象精义以曲隐"，要求文学创作"隐义以藏用"，从而达到"深文隐蔚，余味曲包。辞生变化，有似变爻"的美学境界。可见中国文学侧重从语言文字、意义呈现的美学角度来诠释"象"的内涵，是一种心理层面的、间接的艺术传达方式。

　　对于"象"与道的体认关系，中国武术有其独特的呈现方式。"所以拳术之道，体用俱备，数理兼该，性命双修，乾坤相交，合内外而为一者也。"① 拳家根据八卦卦象的象征作用，将拳势比作卦形，其法有三，下面分述之。

　　首先是由卦配"象"。拳术大师孙禄堂在对八卦拳的形体名称进行说明时言：

　　　　古者庖牺氏之王天下也，仰观象于天，俯观法于地，观鸟兽之文，与地之宜，近取诸身，远取诸物，于是始作八卦，以通神明之德，以类万物之情，是以八卦取象命名，制成拳术。②

　　《周易》认为八卦象征着人体的生命系统，如头为乾卦、腹为坤卦、足为震卦、股为巽卦、耳为坎卦、目为离卦、手为艮卦、口为兑卦。如

---

① 孙禄堂：《孙禄堂武学录》，人民体育出版社，2001年版，第298页。
② 孙禄堂：《孙禄堂武学录》，人民体育出版社，2001年版，第127页。

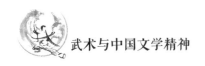

果八卦掌在拳中，那么头为乾、腹为坤、肾为坎、心为离、尾闾第一节到第七节大椎为巽、项上大椎为艮、腹左为震、腹右为兑，以上便是身体八卦的名目。拳术创立者将八卦中的卦象与人体四肢结合，在动作技巧、走位转掌等方面进行了切实的应用。

其次是依卦性立"象"。古人仰观天文，俯察地理，遂成八卦。八卦各卦形属性迥异，拳家依据卦性创编了拳术掌法。八卦掌有掌式八种，即"乾卦狮形学""坤卦麒麟学""坎卦蛇形学""离卦鹞形学""震卦龙形学""艮卦熊形学""巽卦风形学""兑卦猴形学"。此八种拳式学理均以卦象属性为基准，拳式含卦象，卦象喻拳式。乾卦乃纯阳之性，刚健有为，其对应物是狮子。乾卦，属天之象，拳式归为狮子掌。狮子性格凶猛，有百兽之王的尊称。拳式具体有"金龙合口式""狮子张嘴式""白猿拖刀式"。该卦形为☰，内外上下一气，有乾三连之形。配以卦形，该拳式凭两手极力伸出，喻万法之端。坤卦，乃地之象，拳式属返身掌。其对应物为麟，麟为仁兽，能飞身变化，灵敏聪颖。坤卦卦形为☷，内外上下合顺，有坤六断的外形，故而取其顺势返身旋转之巧。拳式细化为"麒麟吐书式""大鹏展翅式""白鹤独立式"。坎卦，乃水之象，拳式主顺式掌。坎卦卦形为☵，外柔顺，内刚健，有丹田气足之形，内外如水，曲流绵延。其对应物为蛇，蛇乃毒物，活泼玲珑。拳式细化为"白蛇吐信""双头蛇缠身"，故而拳之形式以顺势掌为主。离卦，属火之象，掌式为握形。该卦卦形为☲，故而拳式外刚健，内柔顺，心中有空虚之象。其对应物为鹞，鹞善于翻飞，有穿林之巧。因此，拳式以"大蟒翻身式"为主。震卦，属于雷之象，掌式为平托形。震卦卦形为☳，其性主动，对应物形为龙。龙是鳞虫之长，有缩骨之能，变化莫测，堪称飞腾之象。具体拳式有"乌龙盘柱""青龙戏珠"。艮卦，属山之形，故而取背身掌作为主要拳式。艮卦卦形为☶，上刚健，中下柔顺，体现为静止的状态。该卦象对应物为熊，熊之性格迟钝，但不失威严，有竖项之力。熊形拳式中有"背身之勇""拔数之能""抖搜之法"。巽卦，属风之象，故其拳式以风轮掌为主，对应于物取风形。风为羽虫之尊，以展翅之形态著称。具体到拳式则有"点头式""挟人法"。此拳上刚健，下柔顺，与巽卦卦形☴吻合。兑卦，属水泽之象。兑卦为坤卦之末阴，末阴主消化，因此居于正西金旺之方位。兑卦卦形为☱，上柔顺，中下刚健，呈现缩短之象。根据兑卦卦象的性质，其与猴相类。猴善灵巧，能缩力纵山。拳式有"白猴献果""猴儿啃桃"。

最后是依卦形附"象"。朱熹《右卦歌》曰："乾三连、坤六断、震仰盂、艮覆碗、离中虚、坎中满、兑上缺、巽下断。"[①] 此歌诀形象地说明了八个卦象的外部特征。武术为格斗之法，对卦形的把握唯有通过肢体躯干。譬如，八卦之坎卦卦形为☵，表现的是外虚内实之象。在拳家看来，小腹为坎，因此，必须小腹饱满，内郁肾水，如此才能丹田内气充足。

八卦掌名师孙福全曾回忆，自己初学拳术时总能假易理而释拳法，这对他日后的辉煌武学造诣有着重要的影响。"易之为用，广大精微，上自内圣外王之学，下迨名物象数之繁，举莫能外。而于修身治己之术，尤为详尽。……余自幼年即研究拳术，每欲阐易之义蕴一一形之于拳术。"[②] 可见八卦的形象思维深深地影响了中国拳术的形成。

天道与"数"不可分离，老子认为"道生一，一生二，二生三，三生万物"，世界之本源亦可由"数"来阐明。"数"的概念集中出现在《周易》中，所谓易象、易理、易数并置。《周易·系辞上》云："天数二十有五，地数三十，凡天地之数五十有五。此所以成变化而行鬼神也。"[③] 天地被归纳为可数之数，这是古人认知世界的一种方法。"数"的出现又往往和"象"联系在一起。图书学派代表人物刘牧在其著作《易数钩隐图》序言中说："象者，形上之应。原其本，则形由象生，象由数设。舍其数，则无以见四象所由之宗矣。是故仲尼之赞《易》也，必举天地之极数。"[④] 可见数对象具有非常的意义。作为《周易》的诠释方法，象与数的并置最早可追溯到春秋时期，据《左传·僖公十五

---

① 牛钮、孙在丰：《日讲易经解义·朱子图说》，见《文渊阁四库全书》37 册，台湾商务印书馆，1983 年版，第 218～219 页。

② 孙禄堂：《孙禄堂武学录》，人民体育出版社，2001 年版，第 120 页。

③ 阮元刻：《十三经注疏》，上海古籍出版社，1997 年版，第 80 页。

④ 朱彝尊：《经义考》卷十六，见《文渊阁四库全书》677 册，台湾商务印书馆，1983 年版，第 171 页。

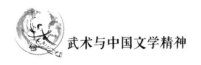

年》记载："龟，象也；筮，数也。物生而后有象，象生而后有滋，滋生而后有数。"①《周易》常借助数的变化来体现道之内涵，譬如利用奇（阳或一、三、五、七、九）、偶（阴或二、四、六、八、十）来说明卦爻、河图、洛书中的奥秘。天地以数相配，所谓："参伍以变，错综其数。通其变，遂成天下之文；极其数，遂定天下之象。非天下之至变，其孰能与于此。……天一，地二；天三，地四；天五，地六；天七，地八；天九，地十。"② 八卦掌不但借取了八卦卦象的外形，而且还引入了"数"的概念。"游身八卦连环掌"为八卦掌的一种，它取法于数理，立体于卦形。"按身体言内有八卦，按四肢言外有八卦。以八卦之数，为八卦之身，以八卦之身，练八卦之数。此八卦拳术，所以为形体之名称也。"③ 若从身体四肢而言，腹部为无极，肚脐为太极，两肾为两仪，两胳膊、两腿为四象，两胳膊、两腿各两节为八卦。两手、两足总共二十个指头。手、足四拇指均为两节，合为八节。十六指为，每指头均为三节，合为四十八节，加上两胳膊、两腿八节，以及四大拇指的八节，总共为六十四节，这恰好吻合六十四卦之数。所谓无极生太极，太极生两仪，两仪生四象，四象生八卦，八八六十四卦之数目也。以上四肢八卦的名称，都以人体器官为喻，真正体现了"近取诸身"的思想。

数字"五"源自五行学说，《说文解字》曰："五，五行也。从二，阴阳在天地之间交午也。"段注云："古之圣人知有水火木金土五者，而后造此字也。"④ 古人在解释"五"时常援引五行的概念，"五"与五行密切相关。五行的完整定义可见于《尚书·洪范》："初一曰五行……五行：一曰水，二曰火，三曰木，四曰金，五曰土。水曰润下，火曰炎上，木曰曲直，金曰从革，土爰稼穑，润下作咸，炎上作苦，曲直作酸，从革作辛，稼穑作甘。"⑤ 拳家五行学说认为，以五行结合拳式与身体，且用之阐明拳理和锻炼方法。首先是以五行的性能、形态、方位

① 杨伯峻：《春秋左传注》，中华书局，1990 年版，第 365 页。
② 阮元刻：《十三经注疏》，上海古籍出版社，1997 年版，第 81 页。
③ 孙禄堂：《孙禄堂武学录》，人民体育出版社，2001 年版，第 128 页。
④ 许慎撰，段玉裁注：《说文解字注》，上海古籍出版社，1981 年版，第 738 页。
⑤ 阮元刻：《十三经注疏》，上海古籍出版社，1997 年版，第 188 页。

为准则，将拳式配合五行的内容。例如，形意拳中的"劈、崩、钻、炮、横"就是与五行相匹配而形成的。其次是将五行辩证思想作为格斗攻防的技术理论。比如引入五行思想，即金生水，水生木，木生火，火生土，土生金；金克木，木克土，土克水，水克火，火克金。五行是古人认识自然物质属性和基本规律的一种象数思维模式，武术拳法创制者将天地之五行运用到人体生理层，再由人体运动上升到格斗技艺层，如此便推衍出武学格斗思想。

"十三势"堪称太极拳理之核心："十三势者，掤、捋、挤、按、采、挒、肘、靠，此八卦也；进步、退步、右顾、左盼、中定，此五行也。掤、捋、挤、按，即坎、离、震、兑四正方也。采、挒、肘、靠，即乾、坤、艮、巽四斜角也。进、退、顾、盼、定，即金、木、水、火、土也。"① 太极拳十三势实为十三种技法，不仅包含八卦、五行的定理，还将二者所体现的数理思维也融入其中。因为八门五步为该拳的要诀，八五相加为十三，所以命名为"十三势"。太极拳强调数的概念，常源于道教思想。道教之太极道诀认为："以象生形，因形立名。有名则推其数，有数则得其理。盖高上虚无，无物可喻。所可比者，如人之修炼。节序无差，成就有次。"② 至高之道原本虚无，难以譬喻，当"象""数"进入理论推导的过程时，这个诠释的难题就可迎刃而解。在数的运用方面，太极拳还有其他表现方式。该拳中有"十要"之说，即在具体的习练中讲究虚灵、含拔、松腰、定虚实、沉坠、用意不用力、上下相随、内外相合、相连不断、动中求静。对入门学习者而言，此十要乃切记之事。

身体是人类感知与认识世界的主体，它同人类的整个思维演进过程密切相关。在人身与天地数理的关系上，汉代儒学名家董仲舒就曾明确提出自己的观点，《春秋繁露·人副天数》载：

　　是故人之身，首岌而员，象天容也。发，象星辰也。耳目戻

---

① 徐兆仁：《太极道诀》，中国人民大学出版社，1990 年版，第 130 页。
② 徐兆仁：《太极道诀》，中国人民大学出版社，1990 年版，第 176 页。

戾，象日月也。鼻口呼吸，象风气也。胸中达知，象神明也。腹胞实虚，象百物也。百物者最近地，故要以下，地也。天地之象，以要为带。颈以上者，精神尊严，明天类之状也。颈而下者，丰厚卑辱，土壤之比也。足布而方，地形之象也。……天地之符，阴阳之副，常设于身，身犹天也。数与之相参，故命与之相连也。天以终岁之数，成人之身，故小节三百六十六，副日数也；大节十二分，分副月数也；内有五藏，副五行数也；外有四肢，副四时数也；……行有伦理，副天地也。此皆暗肤着身，与人俱生，比而偶之弇合。于其可数也，副数。不可数者，副类。皆当同而副天，一也。是故陈其有形以著其无形者，拘其可数者以著其不可数者。以此言道之亦宜以类相应，犹其形也，以数相中也。[1]

在古人看来，道之抽象思维可由具体的物象来诠释，比如人体。人的存在被具化为客观的身体，人与自然的关系又被具化为身体与世界的关系。在此基础上，中国古人建立了由身体经验和世界经验相统一的价值识别体系。[2]《周易》之"观物取象"便是身体与外部世界沟通的初始方法。恰如葛兆光所言，中国传统思维模式原本就是生发于周遭的具体事物，只是在形成某一理论概念之后，人们却淡忘了它的来源之所。因此，我们在体认"道"时，不妨将之还原到本初状态，以对物象的感知视角来重新理解事物的规律。而武术也正是通过这种直接体验的方式，对"道"进行了独到的阐释。

第二节　人伦之理

在天地而言天道，在人则言人道，人道与天道共同作用于人类的行

---

① 董仲舒：《春秋繁露》卷十三，上海古籍出版社，1989年版，第75页。
② 参见刘成纪：《汉代美学中的身体问题》，武汉大学博士学位论文，2005年，第39页。

为规范。劳思光认为，"孔子不崇神权，亦不取原始宇宙观念"，"只以人之自觉为人生活动之唯一基石"。① 因此，孔子之人伦观念一直是儒家思想的核心内容。到了汉代，董仲舒将天、人关系置于一体，认为"仁义制度之数，尽取之天"②（《春秋繁露·基义》）。在"七教"（父子、兄弟、夫妇、君臣、长幼、朋友、宾客）与阴阳五行配合的基础上，董仲舒又提出了象征天之"阴阳""五行"与指代人之"三纲""五常"的逻辑范式。程颐言："道未始有天人之别，但在天则为天道，在地则为地道，在人则为人道。"③ 人伦道德源自天，人性因其独特性而体现道。将哲学意义上的"道"下达于人自身，以人伦观念理解"道"，便成了中国传统思想中一个极为重要的视角。天、人对应，将天之道与人之道归结在一起，就构成了中国儒家伦理制度的坚实前提。个体之人通过行为处事而把握"道"，按照人与天地定理的关系培养主观意识和精神境界，这是人道之主旨。中国武术在长期的发展中强调人道的修养与锤炼，习练者始终以戒约训条来规范用武动机并协调人际关系，对中国传统道德体系的构建做出了自己的贡献。

一、德

上言天道，下言地道，中言人道。人立于天地之间，在把握道的过程中，古人常"近取诸身"，因而由人及道就构成了中国哲学中一个极具特色的思维范式。《老子·象元》言：

> 有物混成，先天地生。寂兮寥兮，独立不改。周行而不殆，可以为天下母。吾不知其名，字之曰道，强为之名曰大。大曰逝，逝曰远，远曰反。故道大，天大，地大，王亦大。域中有四大，而王居其一焉。人法地，地法天，天法道，道法自然。④

---

① 劳思光：《新编中国哲学史》第一卷，广西师范大学出版社，2005年版，第106页。
② 董仲舒：《春秋繁露》卷十三，上海古籍出版社，1989年版，第74页。
③ 程颐、程颢：《二程遗书》，上海古籍出版社，2000年版，第221页。
④ 老聃撰，王弼注，楼宇烈校释：《老子道德经注校释》，中华书局，2008年版，第62~64页。

老子以为，道乃世间万物之初始，它无时无刻不存在于人类四周。其中，道的存在方式有三种，即天道、地道、王道。天地之道，一定程度上可以归为以自然界为主的宇宙运行规则。王道则可认为由君王政权所象征的人之道。在天、地、人与道的关系梳理上，老子采取了一种逐渐回溯，且最终导向宇宙本根的逻辑运思方式。老子由人而推衍出地之道、天之道，以及最终之大道。从人身着手，到达终极之道，这是老子学说对人道的充分肯定。

孔子专言人道，所谓"天道远，人道迩"。天地之道离世人遥远，于是孔子由人道论起。孔子对人道的关注在荀子那里得到了极大的扩充，《荀子·儒效》云："道者，非天之道，非地之道，人之所以道也。"① 《中庸》对人道的探讨更为细致："天命之谓性，率性之谓道，修道之谓教。道也者，不可须臾离也，可离非道也。是故君子戒慎乎其所不睹，恐惧乎其所不闻。莫见乎隐，莫显乎微，故君子慎其独也。"② 道由性导出，那么人道即可通过性来体悟，所谓天道人道一以贯之。道是万物存在之根本，它普遍地存在于人们的日常生活当中。君子强调从自身做起，以德行修道。道之根本，为德行素养之源头，德行又为道之根本的体现，由此道便具有了人伦道德之意。

一定程度上人道修为被具化成人生理想的营建。人生理想为人生之最高规约，人生之精神极致便是人道之境界。孔子以仁人之学创建儒家学说，仁、义、诚、信、礼等范畴直接构成了人道世界。孔子以"仁""义"释道，将道视作仁，取道便谓之义。③ 汉代董仲舒强调人与天的沟通，《春秋繁露·人副天数》曰："天地之精，所以生物者，莫贵于人；人受命乎天也，故超然有以倚。物疾莫能为仁义，唯人独能为仁义；物疾莫能偶天地，唯人独能偶天地。……偶天之数也，形体骨肉。偶天地之厚也，上有耳目聪明，日月之象也。"④ 人乃天地之精华、万

---

① 王先谦撰，沈啸寰、王星贤点校：《荀子集解》卷四，中华书局，1954年版，第77页。

② 广等纂修：《四书大全》第一册，山东友谊出版社，1989年版，第327~336页。

③ 参见张岱年：《中国哲学大纲》，中国社会科学出版社，1982年版，第255页。

④ 董仲舒：《春秋繁露》卷十三，上海古籍出版社，1989年版，第75页。

物之灵长，唯有人才能参悟天地大道，而人们又往往通过仁义来体道。

《周易·说卦》云："昔者圣人之作《易》者，将以顺性命之理，是以立天之道，曰阴与阳；立地之道，曰柔与刚；立人之道，曰仁与义。"① 天、地、人，乃道之三体。天地之道蕴于阴阳、刚柔之中，人道则源自仁义相济。人道与仁义相关，这也对德行作了进一步的解析。借助自身之德行来上达天地大道之终极，这是古人实现天、人贯通的极好途径。《管子·心术上》云："德者，物得以生，生知得以职道之精，故德者得也。得也者，其谓所得以然也。"② 个人通过内心的体验把握人道，再由人道加以实践，从而涤荡心灵、培养情操，这是武术诠释人道的过程。武德的传播还以其他形式出现，舞蹈艺术便是一种。夏朝之"大夏乐"，周朝之"大武舞"，均以战争武事为题材。时至汉代，以歌颂为武德行的"武德舞"正式出现。

在人道的理解上，荀子继承了孔子的学说，并开创了以人胜天的有为思想。"道者非天之道，非地之道，人之所以道也。"③ 此种思想凸显了人于世间的价值、地位，是对人道学说的一种高扬。荀子的有为思想直接影响了后世的践形理论。由人生论而演化出的践形论，主要是从个人形体发展的角度来阐发人生之道。王夫之在《思问录》中语："'立人之道曰仁与义'，在人之天道也。'由仁义行'，以人道率天道也。'行仁义'则待天机之动而后行，非能尽夫人之所以异于禽兽者矣。天道不遗于禽兽，而人道则为人之独，由仁义行，大舜存人道圣学也，自然云乎哉！"④ 人道之独特在于能尽仁义，能自觉主动地规范行为，从而领导自然之道。王夫之在《周易·无妄》中继续辨析说："是故圣人尽人道而合天德。合天德者，健以存生之理。尽人道者，动以顺生之几。"⑤ 生命的健康与延续是完成人道的途径，生机勃勃乃为人道之契机，更是上达天德之理。

---

① 阮元刻：《十三经注疏》，上海古籍出版社，1997年版，第93~94页。
② 戴望：《管子校正》卷十三，中华书局，1954年版，第220~221页。
③ 王先谦撰，沈啸寰、王星贤点校：《荀子集解》卷四，中华书局，1954年版，第77页。
④ 王夫之：《思问录 俟解》内篇，中华书局，1956年版，第5页。
⑤ 陈玉森、陈宪猷：《周易外传镜诠》，中华书局，2000年版，第268页。

践形观集中于探讨实践行为与人生之道的关系，对于践形观的解读，颜元可谓自成一家。他说："故空静之理，愈谈愈惑，空静之功，愈妙愈妄。吾愿求道者尽性而已矣，尽性者实征之吾身而已矣，征身者动与万物共见而已矣。吾身之百体，吾性之作用也，一体不灵则一用不具。天下之万物，吾性之措施也，一物不称其情则措施有累。身世打成一片，一滚做功，近自几席，远达民物，下自邻比，上暨庙廊；粗自洒扫，精通爨理，至于尽伦定制，阴阳和，位育彻，吾性之真全矣。"①求道应通过身体力行，空静妙想只是无妄之功。天下万物是施行道的具体物质对象，而相对于人生，身体便成了载道之实物。由近及远，由此及彼，从身边日常活动管窥人生大道，这是践形论的核心思想。人道关注人类本身，将天地之理以人生修为加以诠释。所以，践形论集中于探寻人生之道的物质属性，它把抽象理念与形体的充分发展结合到了一处。

二、艺之德

中国古人以为，六艺亦有其德，而源出六艺的武术同样受到艺之德行的规范。徐干在《中论·艺纪》中言：

> 艺之兴也，其由民心之有智乎？造艺者将以有理乎？民生而心知物，知物而欲作，欲作而事繁，事繁而莫之能理也。故圣人因智以造艺，因艺以立事；二者，近在乎身，而远在乎物。艺者，所能旌智饰能，统事御群也，圣人之所不能已也。艺者，所以事成德者也；德者，以道率身者也。艺者，德之枝叶也；德者，人之根干也。斯二物者，不偏行，不独立。木无枝叶，则不能丰其根干，故谓之瘣人；人无艺，则不能成其德，故谓之野。若欲为夫君子，必兼之乎！先王之欲人之为君子也，故立保民，掌教六艺：一曰，五礼；二曰，六乐；三曰，五射；四曰，五御；五曰，六书；六曰，

---

① 颜元：《颜元集》存人编卷一，中华书局，1987年版，第129页。

九数。①

艺是由内心之智所产生的一种创造行为，圣贤之人因智而造艺，由艺而立事，艺、智均与周身万物紧密相连。艺能统率诸事，之所以能成事，乃德行的造化。天地之道诉之于身，而立人道德行。艺与德犹如树干与枝叶的关系，德为树干，统领艺，艺如枝叶，展现德之面貌。二者互为补充，缺一不可，故君子必艺德兼备。

其实，孔子早就有了对艺、德关系的成熟思考。《论语·述而》云："志于道，据于德，依于仁，游于艺。"② 一心向道，应以德为依据，以仁为准绳，这些又正好可以通过"艺"切实完成。"艺，则礼乐之文，射、御、书、数之法"，艺，指孔子教育弟子的六项知识，分别为礼、乐、射、御、书、数。就儒家而言，此六门知识"皆至理所寓而日用之不可阙者也"③。孔子借助礼、乐、射、御、书、数来教育贵族子弟，同时此六项课程也以"道"为准则，与德行相类。德、仁、艺三者共同构建了人之道。

以道制文，以文通道。古人如此表述道与文的关系。"君子进德修业，忠信，所以进德也，修辞立其诚，所以居业也。"（《周易·乾·文言》）明确提出在撰写语言文字时应强调德行，作家的品德会增进语言的表达能力与社会效应。《周易》以九个卦象来阐述品德的重要性，分别为："德之基也；和而至；以和行。"（《履》）"德之柄也；兼而光；以制礼。"（《谦》）"德之本也；小而辨于物；以自知。"（《复》）"德之固也；杂而不厌；以一德。"（《恒》）"德之修也；先难而后易；以远害。"（《损》）"德之裕也；长裕而不毁；以兴利。"（《益》）"德之辨也；穷而通；以寡怨。"（《困》）"德之地也；居其所不迁；以辨义。"（《井》）"德之制也；称而隐；以行权。"（《巽》）以上论述完整地构筑了包括品德之本体、表象、作用的道德评价体系。高尚的品德是语言修辞的坚实基础。"有德者必有言"（《论语·宪问》），"文德之操为文"（《论衡·佚文

---

① 徐干撰，黄素标点：《中论》，泰东图书局，1929年版，第27~28页。
② 刘宝楠：《论语正义》卷八，中华书局，1954年版，第137页。
③ 《新编诸子集成》第二册，四川人民出版社，1998年版，第13页。

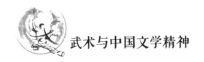
篇》）讲的就是这个道理。

文学载道说由来已久，"文以立德"即为其一重要内容。《论语·学而》曰："弟子入则孝、出则弟，谨而信，泛爱众而亲仁。行有余力，则以学文。"① 强调以仁爱为行为规范，先德而后乃成文。

刘勰《文心雕龙·征圣》亦云：

> 夫鉴周日月，妙极机神；文成规矩，思合符契；或简言以达旨，或博文以该情，或明理以立体，或隐义以藏用。……书契断决以象夬，文章昭晰以象离，此明理以立体也。四象精义以曲隐，五例微辞以婉晦，此隐义以藏用也。故知繁略殊形，隐显异术，抑引随时，变通会适，征之周孔，则文有师矣。②

文章之学，须以圣人之理为规范。文依卦象所成，因理而有体式。《易经》四象昭示文之精微与曲隐，《春秋》五例暗含文之婉转隐义。周公孔子的德行始终影响文的形成，其意到，其文成矣。

王充对德与文之关系有另一层解释。《论衡·书解》言："夫文德世服也，空书为文，实行为德，著之于衣为服。故曰：德弥盛者，文弥缛，德弥彰者，人弥明。大人德扩，其文炳，小人德炽，其文斑。官尊而文繁，德高而文积。……且夫山无林则为土山，地无毛则为泻土，人无文则为朴人。土山无麋鹿，泻土无五谷，人无文德，不为圣贤。"③ 人的德行决定了文的优劣。德盛则文炳，德炽则文斑，无德之文不为圣贤之作。

李翱《寄从弟正辞书》云：

> 夫性于仁义者，未见其无文也；有文而能到者，吾未见其不力于仁义也。由仁义而后文者，性也，由文而后仁义者，习也，由诚明之必相倚尔。贵与富在乎外者也，吾不能知其有无也，非吾求而

---

① 刘宝楠：《论语正义》卷一，中华书局，1954 年版，第 10 页。
② 刘勰撰，范文澜注：《文心雕龙注》，人民文学出版社，1958 年版，第 15～16 页。
③ 王充：《论衡》，中华书局，1954 年版，第 274 页。

能至者也，吾何爱而屑屑于其间哉？仁义与文章生乎内者也，吾知其有也，吾能求而充之者也，吾何惧而不为哉？①

李翱将德行作了细分，认为仁义为文德之表征。"由仁义而后文者，性也，由文而后仁义者，习也，由诚明之必相倚尔。"仁义为文之本性，文乃因仁义所习得，二者必相倚靠。文章内含仁义，则能充其体魄，成就伟业。

以艺、德两方面的内部要素为着眼点，徐干进一步评述了二者之间的关联点：

> ……故君子非仁不立，非义不行，非艺不治，非容不庄，四者无怨，而圣贤之器就矣。……故恭恪廉让，艺之情也；中和平直，艺之实也；齐敏不匮，艺之华也；威仪孔时，艺之饰也。通乎群艺之情实者，可与论道；识乎群艺之华饰者，可与讲事。……先王之贱艺者，盖贱有司也。君子兼之，则贵也。故孔子曰："志于道，据于德，依于仁，游于艺。"艺者，心之使也，仁之声也，义之象也。②

"射"为六艺之一种，指古代的射箭技法。射箭技艺盛行于西周和春秋时期，而后又作为军事武艺的常规项目保留下来。孔子将"射"置于六艺之中，主要目的是期望借此重振西周的礼教制度。

> 孔子观于乡射，喟然叹曰："射之礼乐也，何以射，何以听，修身而发，而不失正鹄者，其唯贤者乎？若夫不肖之人，则将安能以求饮？诗云：'发彼有的，以祈尔爵。'祈，求也，求所中以辞爵。酒者所以养老，所以养病也。求中以辞爵，辞其养也。是故士使之射而弗能，则辞以病，悬弧之义。"于是退而与门人习射矍相

---

① 《四部丛刊初编》卷一一九，商务印书馆，1989年版。
② 徐干撰，黄素标点：《中论》，泰东图书局，1929年版，第28～30页。

105

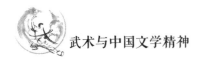

之圃，盖观者如堵墙焉。射至于司马，使子路执弓矢，出列延，谓射之者曰："奔军之将，亡国之大夫与为人后不得入，其余皆入。"盖去者半，又使公罔之裘序点扬觯而语曰："幼壮孝悌，耆老好礼，不从流俗，修身以俟死者，在此位。"盖去者半。序点扬觯而语曰："好学不倦，好礼不变，耄期称道而不乱者在此位。"盖仅有存焉。射既阕，子路进曰："由与二三子者之为司马，何如？"孔子曰："能用命矣。"①

孔子观看乡射时，感叹其不合周礼，因此带领学生举行了一次盛大的射箭比赛。前来观看者多如堵墙，孔子以礼制等级择取围观人等。引文提到，败军之将、亡国大夫、奴仆不许观看，而唯有守孝青年、遵礼好学老人才能获许入场。孔子把礼制道德融入射箭技能，从而达到以技显德、由德入道的境界。将礼、德的道理通过射艺进行诠释，这是孔子所倡导的方法。此种思想在荀子那里得到了进一步的发扬。

对六艺的重视是颜元践形观的一项主要内容，他认为：

> 内笃敬而外肃容，人之本体也，静时践其形也。六艺习而百事当，性之良能也，动时践其形也。絜矩行而上下通，心之万物皆备也，同天下践其形也。②

道不能离开事物，施行絜矩践一己之形，更是能达到人生之道。习练六艺，可通百事，这是践形的体现。颜元通过实践重新阐释了儒家经典中关于社会实践的内容，如《周礼·大司徒》所言"以乡三物教万民，而宾兴之。一曰六德，知、仁、圣、义、忠、和；二曰六行，孝、友、睦、姻、任、恤；三曰六艺，礼、乐、射、御、书、数"。③颜元将具体的实践落实到抽象的伦理教化，认为"人之为学，必认定子、臣、弟、友；必认定子、臣、弟、友是所以为道，六艺是所以尽子、

---

① 孔子撰，王肃注：《孔子家语·观乡射》卷七，上海古籍出版社，1990年版，第74～75页。
② 颜元：《颜元集》，中华书局，1987年版，第676页。
③ 阮元刻：《十三经注疏》，上海古籍出版社，1997年版，第707页。

臣、弟、友之道。"① 一方面，伦理道德是六艺的核心；另一方面，六艺的习得也是体现圣贤之道的最佳途径。颜元又言："盖吾子之所谓道，即指德行兼六艺而言。所谓学，即指养德修行习六艺而言。"② 道蕴于德行六艺之中，学习礼、乐、射、御、书、数是完成人生之道的必由之路。

既然学习六艺是对人道的有形实践，那么，武术在秉承此种德行传统之余，更是全方位表现了儒家之德艺双修思想。孔子以仁为其人生理想，《论语·颜渊》云："樊迟问仁，子曰爱人。"己欲立而立人，己欲达而达人，这是圣贤爱人的途径。仁人之心还体现在礼的制定上：

> 颜渊问仁，子曰："克己复礼为仁。一日克己复礼，天下归仁焉。为仁由己，而由人乎哉？"
> 颜渊曰："请问其目。"子曰："非礼勿视，非礼勿听，非礼勿言，非礼勿动。"
> 颜渊曰："回虽不敏，请事斯语矣。"③

以礼修身，使行为规范有礼的约束，这便能达到仁的境界。自律己身，合于礼制，才能自立而立人。传统的仁爱美德直接影响了等级宗法制度，该制度在武术中的传承从未断绝。各武术门派均有崇敬先祖的传统，往往以"创"和"传"的方式展现。武术拳种派系的命名能极好地说明此点。如：拳术中有宋太祖拳、张飞拳、唐王拳、木兰拳、孙膑拳等；剑术中有伍子剑、孟德剑、夏禹剑等；刀术中有项羽刀、二郎刀等；枪术中有梨花枪、杨家枪、戚家枪、岳家枪等。将崇拜先人的理念纳入实际的武术技法创编，这是传统武术尊礼重教的现实化做法。它不仅以技艺和道德的互相体认来规范行为，更是进一步提升了德行思想。

---

① 颜元：《颜元集》，中华书局，1987 年版，第 639 页。
② 颜元：《颜元集》，中华书局，1987 年版，第 222~223 页。
③ 刘宝楠：《论语正义》卷十五，中华书局，1954 年版，第 262 页。

图 3-2 抱拳行礼图

（见张山主编：《中国太极推手》，人民体育出版社，1999 年版）

传统武术具有丰富的礼仪，以最典型的"抱拳礼"为例（如图 3-2
所示），左掌象征德、智、体，屈指意味着不骄纵、不自负，少林拳第
一势"请手"中"左手作半合掌是为善手"便是如此。右拳象征勇武强
大，"右手抱拳，是为恶手"。在行抱拳礼时，大致有三种拳掌握法。其
一，左掌掩右拳相抱，这意味着不以武凌弱，应节制用武。其二，左掌
右拳拢屈，两臂屈圆，比喻五湖四海皆弟兄，天下武林归为一家，应以
武会友。其三，"左拳、右拳，两臂微提。由外向前，右手为拳台。拳
背朝上，虎口向内。左手作半合掌，五指朝上，大指在内，表示敬
礼"①。

"武"，在其成字之时便与德行关联。《说文解字》释："武，楚庄王
曰：'夫武定功戢兵，故止戈为武。'"段注："宣十二年《左传》文，此
櫽栝楚庄王语以解武义。庄王曰：'于文止戈为武，是仓颉所造古文也。
只取定功戢兵者，以合于止戈之义也。'文之会意已明，故不言从止
戈。"② 又："戢，藏兵也。"段注："《周颂·时迈》曰：'载戢干戈，载
櫜弓矢。'传曰：'戢，聚也；櫜，韬也。'聚与藏义相成，聚而藏

---

① 金陵金佳福、维扬金一明合编：《少林拳图解》，武侠社，1935 年版，第 20 页。

② 许慎撰，段玉裁注：《说文解字注》，上海古籍出版社，1981 年版，第 632 页。

之也。"①

以道德阐释宇宙之规则，这是人道的特点。武术生根于整个中华传统文化圈，在承载和体现人道方面有其独到之处。人道讲求德行的修身，武术则是提倡武力决定胜负，其中的争斗欲念极为强烈。用兵作战，血雨腥风，这是武事有悖于道德之根本所在。武力与道德的矛盾早为人所洞悉："兵者，凶器也；争者，逆德也。"② 又："善为士者不武，善战者不怒，善胜敌者不兴，善用人者为之。是谓不争之德，是谓用人之力，是谓配天古之极。"③ 战争给人类带来了无尽的灾难，古代兵家由此认识到了武、德关系的背反规律。然而，中国古人却能够将武术纳入道德的范围，完美地实现了二者的调和。

从广义来说，武德指包含于军事作战和民间武术中的用武品德。正如前文所言，古代武术是军事作战中的一种重要技能，武术在其发展过程中便与用兵思想有着密切的联系，因此以个人习战为主要形式的民间武术，在德行操守方面与军事武备有了思想上的承继关系，古代哲人言武德必从争战论起，便是这个原因。

武德的形成，最早可上溯至用兵思想。远在黄帝时期就已出现了武德的雏形，据《史记·五帝本纪》载："轩辕乃修德振兵，治五气，艺五种，抚万民，度四方，教熊罴貔貅驱虎，以与炎帝战于阪泉之野。"④如果说黄帝只是传说中的人物，其言论难以作为信史的话，那么春秋时期楚庄王的行武之德确是真实可信的。《左传·宣公十二年》载："夫武，禁暴、戢兵、保大、定功、安民、和众、丰财者也。……武有七德，我无一焉，何以示子孙？"⑤ 为武应该具备七种德行，即禁止暴力、收敛兵战、保卫天下、设立武功、安定子民、和睦民众、丰富资财。可见，先秦时期，古人对行武用兵的德行规定就已有了初步的思考。此后，将"武""德"并用为一词的说法也陆续在文献中出现。如《国

---

① 许慎撰，段玉裁注：《说文解字注》，上海古籍出版社，1981年版，第632页。

② 《尉缭子》卷二，上海古籍出版社，1990年版，第8页。

③ 老聃撰，王弼注，楼宇烈校释：《老子道德经注校释》，中华书局，2008年版，第171～172页。

④ 司马迁：《史记》卷一，中华书局，1959年版，第3页。

⑤ 杨伯峻：《春秋左传注》，中华书局，1990年版，第745～746页。

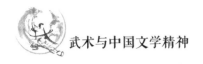

语·晋语九·昭公》："有孝德以出在公族，有恭德以升在位，有武德以羞为正卿，有温德以成其名誉。"① "武""德"由此开始联用为一个词，且与孝德、恭德、温德并置，共同构成了中国古人的四大德行。《尉缭子·兵教下》云："所以开封疆，守社稷，除患害，成武德也。"②《史记·秦始皇本纪》载："皇帝哀众，遂发讨师，奋扬武德。义诛信行，威烨旁达，莫不宾服。"③ 这里提到的武德均指军人兵战之操守与德行。

由于武术在技能上的独特性，对习武德行的规定就显得尤为必要。德技并举是所有习武之人终生的追求。《少林寺戒约》载："传授门徒，宜慎重选择，如确系朴厚忠义之士，始可以技术相传。惟自己平生之得力专门手法，非相习久而相知深者，不可轻于相授，至吾宗之主旨，更宜择人而语，切无忽视。"④ 如此戒规，可见恪守德行对习武的重要性。武艺既已练就，便不得恃强凌弱，不可以众欺寡。"济危扶倾，忍辱度世，吾宗即皈依佛门，自当仍以慈悲为主，不可有恃强凌弱之举。"⑤ 中国拳法讲究含蓄和沉稳，这完全符合传统的道德审美教育需要。武术演练提倡意、气、力与手、眼、身、法、步合一的整体思想内容，构成了中华武术内以修德明性、外以健身强体的基本特征。武术在技、道、德、艺诸方面有成熟的思考，武术技法、德行修为，加上艺术审美的修饰，使得中国武术呈现出技、艺、德的和谐统一。

《论语·宪问》曰："仁者必有勇。"⑥ 武勇之德是仁所必备的。戚继光《拳经捷要篇》云："既得艺，必试敌，切不可胜负为愧为奇，当思何以胜之，何以败之，勉而久试。怯敌还是艺浅，善战必定艺精。古云：'艺高人胆大。'信不诬也。"⑦ 实战格斗，务必勇敢当前，怯敌艺浅均是落败的主要原因。胆量和勇气不但成就了高超的武术技艺，更为武者的德行注入了旺盛的生命力。程宗猷《耕余剩技》云：

① 徐元诰：《国语集解》卷十五，中华书局，2019年版，第449页。
② 《尉缭子》卷五，上海古籍出版社，1990年版，第15页。
③ 司马迁：《史记》卷六，中华书局，1959年版，第249页。
④ 无谷、刘志学：《少林寺资料集》，书目文献出版社，1982年版，第253页。
⑤ 无谷、刘志学：《少林寺资料集》，书目文献出版社，1982年版，第253页。
⑥ 刘宝楠：《论语正义》卷十七，中华书局，1954年版，第301页。
⑦ 戚继光：《纪效新书》卷十四，人民体育出版社，1988年版，第308~309页。

手中整则胆练，而欲骋于敌。意气清则心练，而知忠于上，心练则智出，心胆俱练则兵与时俱无不合。而练心胆，则又在练器艺为要耳。①

练胆练勇，乃驰骋沙场之法宝。胆盛助艺精，胆、心、艺，三位合一矣。练武之人着重以武练艺，以武练志，以武练心，目的是要培养勇猛不屈的精神品格。何良臣曾论及胆气与武艺的关系："前之所以教练武艺节，制行列者，总为强胆作风之根本。兵无胆气，虽精勇，无所用也，故善练兵者，必练兵之胆气。"② 武家常以"艺"与武术相连，且认为武术在技、艺、德层面拥有共同的话题。

三、和

《论语·子路》云："君子和而不同，小人同而不和。"③ 儒家将"和"作为人的道德修养之最高境界。此外又有"礼之用，和为贵。先王之道，斯为类，小大由之。有所不行，知和而和，不以礼节之，亦不可行"。礼仪的设定最终是为了形成一个和睦的人际环境，所以仁义道德的终极意义也可视作"和"。在论及"和"时，儒家有"中和"之说：

夫先王之制音也，奏中声以为节，流入于南，不归于北。夫南者生育之乡，北者杀伐之城。故君子之音温柔居中，以养生育之气。忧愁之感不加于心也，暴厉之动不在于体也。夫然者，乃所谓治安之风也。小人之音则不然。亢丽微末，以象杀伐之气。中和之感不载于心，温和之动不存于体。夫然者，乃所以为乱之风。昔者舜弹五弦之琴，造《南风》之诗，其诗曰："南风之薰兮，可以解吾民之愠兮；南风之时兮，可以阜吾民之财兮。"唯修此化，故其兴也勃焉。德如泉流，至于今。王公大人述而弗忘，殷纣好为北鄙

---

① 转引自无谷、刘志学：《少林寺资料集》，书目文献出版社，1982年版，第239页。
② 何良臣：《阵纪注释》卷一，军事科学出版社，1984年版，第22页。
③ 刘宝楠：《论语正义》卷十三，中华书局，1954年版，第296页。

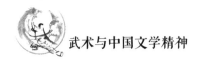

之声，其废也忽焉。至于今，王公大人举以为诫。夫舜起布衣，积德含和，而终以帝。纣为天子，荒淫暴乱，而终以亡，非各所修之致乎？①

以上引文出自《孔子家语》，儒家后学在追索孔子学说时，以生动的行文展示孔子的言行与思想。孔子耳闻子路的琴声，对冉有阐明中和之音。君子以温柔敦厚为德，气因中和为贵。储德而含和，可以养成温柔之性格，让人排除忧愁，远离暴戾，乃成和谐之貌。古时乐、诗相连，中和之理想自然被纳入诗歌教化。《礼记正义·经解》录孔子语："入其国，其教可知也。其为人也，温柔敦厚，《诗》教也。"孔颖达疏："'温柔敦厚'，《诗》教也者。'温'，谓颜色温润；'柔'，谓情性和柔。《诗》依违讽谏，不指切事情，故云'温柔敦厚'是《诗》教也。"② 诗教以温柔敦厚为标准，又以达到中和状态为其终极境界，这是古人对文学中和说的美好构图。

中和观构成了贵"和"思想的主要部分，《中庸》说的就是儒家"中和"观：

> 喜怒哀乐之未发，谓之中；发而皆中节，谓之和。中也者，天下之大本也，和也者，天下之达道也。致中和，天地位焉，万物育焉。③

喜怒哀乐乃人之常情，但要调节适中，符合礼节，才能谓之"中和"。无所偏倚，守而不失，是天地之位。由此万物能安其位，促其生。其实，中和乃有"和谐"之意味。孔子云："敬而不中礼谓之野，恭而不中礼谓之给，勇而不中礼谓之逆……礼乎礼，夫礼所以制中也。"④（《礼记正义》卷五十）对人尊敬而不合礼节，这是粗野的行为；对人恭

---

① 孔子撰，王肃注：《孔子家语·辨乐解》，上海古籍出版社，1990年版，第88页。
② 阮元刻：《十三经注疏》，上海古籍出版社，1997年版，第1609页。
③ 胡广等纂修：《四书大全》第一册，山东友谊出版社，1989年版，第343~346页。
④ 阮元刻：《十三经注疏》，上海古籍出版社，1997年版，第1613页。

敬却不合礼仪，仅仅是形式的给予；勇猛而不以礼调节，则是逆道之举。唯有"制中"才能发挥好礼的作用，方为和谐而不偏倚。中和而不偏倚，这是儒家道德学说的修身境界。孔子以为"宽柔以教，不报无道。……故君子和而不流，强哉矫！中立而不倚，强哉矫！国有道，不变塞焉，强哉矫！国无道，至死不变，强哉矫！"（《中庸》）注曰："中立而不倚强哉矫者，中正独立而不偏倚，志意强哉，形貌矫然。……此抑女之强也。"①（《礼记正义》卷五十二）孔子要求子路以宽柔之道义和合顺之礼仪来面对威胁，压抑刚猛的血气，报之以德义，这才是真正的勇武。以仁义德行为处世方式，倡导无过无不及的思想，是儒家体道的核心内容。

在追求"中和"之道时，古代哲人展现的是一种生活体验和艺术体悟。《左传·昭公二十年》对"中和"所统摄的具体内容作了细分："大小，短长，疾徐，哀乐，刚柔，迟速，高下，出入，周疏，以相济也。君子听之，以平其心。心平德和，故《诗》曰：'德音不瑕。'……若以水济水，谁能食之？若琴瑟之专壹，谁能听？同之不可也如是。"②此种对立中形成和谐的观点来源于《周易》："物相杂，故曰文"，"一阴一阳之谓道"。

在孔子之后，季札完善了"中和"的文艺思想，这从《左传·襄公二十九年》之"季札观乐"中可见一斑：

使工为之歌《周南》《召南》，曰："美哉！始基之矣，犹未也。然勤而不怨矣。"为之歌《邶》《墉》《卫》，曰："美哉，渊乎！忧而不困者也。吾闻卫康叔、武公之德如是，是其《卫风》乎？"为之歌《王》，曰："美哉！思而不惧，其周之东乎？"为之歌《郑》，曰："美哉！其细已甚，民弗堪也，是其先亡乎！"为之歌《齐》，曰："美哉！泱泱乎！大风也哉！表东海者，其大公乎！国未可量也。"为之歌《豳》，曰："美哉！荡乎！乐而不淫，其周公之东

---

① 阮元刻：《十三经注疏》，上海古籍出版社，1997 年版，第 1626 页。
② 阮元刻：《十三经注疏》，上海古籍出版社，1997 年版，第 2093 页。

乎？"为之歌《秦》，曰："此之谓夏声。夫能夏则大，大之至也，其周之旧乎？"为之歌《魏》，曰："美哉！沨沨乎！大而婉，险而易行，以德辅此，则明主也。"为之歌《唐》，曰："思深哉！其有陶唐氏之遗民乎？不然，何忧之远也？非令德之后，谁能若是？"为之歌《陈》，曰："国无主，其能久乎？"自《郐》以下无讥焉。为之歌《小雅》，曰："美哉！思而不贰，怨而不言，其周德之衰乎？犹有先王之遗民焉。"为之歌《大雅》，曰："广哉！熙熙乎！曲而有直体，其文王之德乎？"为之歌《颂》，曰："至矣哉！直而不倨，曲而不屈，迩而不逼，远而不携，迁而不淫，复而不厌，哀而不愁，乐而不荒，用而不匮，广而不宣，施而不费，取而不贪，处而不底，行而不流，五声和，八风平，节有度，守有序，盛德之所同也。"①

论者在鉴赏音乐作品时，采用了概念范畴之间对待生义的方式展开述评，它们是"勤而不怨""忧而不困""思而不惧""乐而不淫""思而不贰""怨而不言""曲而直体""直不而倨""曲而不屈""复而不厌""哀而不愁""乐而不荒""广而不宣""取而不贪""行而不流"。这些评述以对立统一的艺术要素来鉴别和品评音乐作品，在分析时秉承"执其两端，用其中"的思维理路，以"中和"作为价值理想。季札的此种文学艺术思想深刻地影响了后世的文艺创作。

"中和"理论直接渗透到中国传统武家的人生理念当中。练武之人常要求以德义齐身，极力反对血气刚猛、逞强斗狠。武林有言"抑其血气之刚"，一方面指人的生理运行规则，另一方面讲道德理性。血脉气运要合理地控制和调整，这与道德理性的节制一样，唯有趋于中和才能使技法得以展现。

《中庸》云："天命之谓性，率性之谓道，不动是未发之中也。"动作能循环三体式之本体，是已发之和也。和者是已发之中也。将

---

① 阮元刻：《十三经注疏》，上海古籍出版社，1997年版，第2006~2007页。

所练之拳术，有过犹不及而之气质仰而就，仰而止，教人改气质复归于中，是之谓教也。[①]

人体动作遵循天命之性格，"和"乃道的特征之一，因此"教人改气质复归于中"，便成了武术教习之目的。

拳术之道往往合于中庸之道。以中正为契机，至易至简，不偏不倚，和而不流。在论述养气之法时，少林寺妙兴大师给出了八种方法——明生死、洞虚幻、悟真假、澄心志、密思虑、绝情欲、屏嗜好、戒暴怒。少林拳法更加着意于正气的修炼，鲜明而直接地将养气之法同道德品性联系起来。在解释浩然之气时，妙兴大师透露出外家拳之智慧："技击之道，尚德而不尚力，重守而不重攻。盖德化则心感，力挟则意违，守乃生机，攻乃死机。彼攻我守，则我之心闲，我之气敛，我之精神勇力皆安适宁静。于是乎生机蓬勃，任人之攻，无所患也。"[②]技击之主旨，在于以德先行，德化心感，乃成生机。生机既成，始有气聚，故而制胜无敌，实乃真谛。以道入武，由德成气，技艺相化，心感而动。

如果少林拳法倾向于浩然之气的外显，那么太极拳则侧重于浩然之气的内敛。太极拳是中国传统武术拳种中拳系最为丰满、体势最为完善的一种，因而其拳理论述便显得尤为系统与成熟。在太极拳理中，"中正之气"属该拳德技兼备的核心内容。"以心中浩然之气，运于全体，虽有时形体斜倚，而斜倚之中，自有中正之气宰之。"[③] 陈氏太极拳侧重"浩然之气"对习武之人的作用，此浩然之气，仍源自孟子之道德学说。《孟子·公孙丑上》曰："我善养吾浩然之气。……其为气也，至大至刚，以直养而无害，则塞于天地之间。其为气也，配义与道，无是，馁也。是集义所生者，非义袭而取之也。行有不慊于心，则馁也。"[④]浩然之气是孟子对体气的营建，它存在于天地之间，更是人生正气的体

① 孙禄堂：《孙禄堂武学录》，人民体育出版社，2001 年版，第 320 页。
② 无谷、姚远：《少林寺资料续编》，书目文献出版社，1982 年版，第 481 页。
③ 《陈氏太极拳拳论》，见《太极拳全书》，人民体育出版社，1988 年版，第 265 页。
④ 焦循：《孟子正义》卷三，中华书局，1954 年版，第 117～118 页。

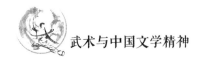

现。太极拳家援用此概念，认为中正之气运诸周身，以至于能进入心静身正之和谐状态。拳技、练气、修德，三者合一，唯此艺德乃备。太极拳理中的"中气"概念客观存在，且具体可感：

> 中气最难名，即中气所行之路处亦最难名，无形无事，非用功夫久不能知也。所以不偏不倚，非形迹之谓，乃神自然得中之谓也。即四肢中所运之中气亦即中气之旁流，非另有一中气。此处不偏，而后四肢之中皆不偏，虽心体形迹呈多偏势，而中气之流于肢体中者自是不偏，此意第可神而明之。①

中气难以言说，因为行气之途径最难理解。虽然此气非形迹可寻，但它不偏不倚，畅通于四肢体内，因而"中气"之名乃成。除中气之外部形态外，其内在属性也为拳家所看重。"气非有两，其柔而劲者为中气，一味硬者为横气。其为用也，不偏不倚，畏中气之用，非中气之体，中气之体即吾心中阴阳用也，即孟子所谓的配道义浩然之气也。"②拳家有气之柔硬说，取二者之中间者便成中气。人体运动技法之中气运行涵盖了心中的"正气"，即浩然之气。由此可知太极拳将刚柔变化与道德品性连接了起来。

第三节　技道之思

武术是一种通过与敌人对决而获得生存可能的格杀技巧，其本质属性决定了它的技术性能。然而，在传统思维模式的影响下，中国武术逐步由技进入艺，再由艺上升为道。这个渐进的体道过程堪称武术的技艺之道。

---

① 顾留馨：《太极拳术》，上海教育出版社，1982年版，第409页。
② 顾留馨：《太极拳术》，上海教育出版社，1982年版，第410页。

一、"技""道"言说

"能有所艺者，技也"，这是从一般层面论及技术、技能。"进乎道"者乃技之最高境界，体道也成了技的最终归宿。"技进乎道"是庄子将"体道"过程投之于现实生活的一条途径。《庄子·天地篇》云："能有所艺者，技也。技兼于事，事兼于义，义兼于德，德兼于道，道兼于天。"[①] 庄子在此指出了技艺与道的关系，认为万物之术均属于技艺的范畴，形而下的技术可以通过事、义、德、道来沟通天地宇宙。"通于天地者，德也；行于万物者，道也；上治人者，事也；能有所艺者，技也。"[②] 庄子采取了逆反溯源的思考方式，全面勾勒了技与道的关系。技艺微术能体现宇宙之大道，而道又潜藏于具体的技艺事物当中，由此推之，以"进乎道"为代表的逻辑命题，使得技术概念在庄子学说中的成立具备了可能性。

庄子承继老子道家学说，运用当时的手工技能和生活实践来阐发道。因此，由技入道成为庄子理论的标识性喻理方式。"庄子思想正是从那些形形色色、千姿百态的自然事物和生产、生活经验中导引出来、生长出来。其中，最为独特而重要的是，《庄子》中最高'得道'的精神境界，总是由最高的手工劳动的工艺境界得出的。"[③] 在各种工匠艺人中，庄子赞赏得道之人和得道之技。庄子言说道，常把视角投注于具体的技艺，最为典型的例子莫过于"庖丁解牛"。《庄子·养生主》载：

> 庖丁为文惠君解牛，手之所触，肩之所倚，足之所履，膝之所踦，砉然响然，奏刀騞然，莫不中音。合于《桑林》之舞，乃中《经首》之会。
>
> 文惠君曰："嘻，善哉！技盖至此乎？"
>
> 庖丁释刀对曰："臣之所好者道也，进乎技矣。始臣之解牛之

---

① 郭庆藩撰，王孝鱼点校：《庄子集释》卷五，中华书局，1961 年版，第 404 页。
② 郭庆藩撰，王孝鱼点校：《庄子集释》卷五，中华书局，1961 年版，第 404 页。
③ 崔大华：《道家思想及其现代意义》，载于《文史哲》，1995 年第 1 期。

时，所见无非全牛者。三年之后，未尝见全牛也。方今之时，臣以神遇而不以目视，官知止而神欲行。依乎天理，批大郤，导大窾，因其固然。技经肯綮之未尝，而况大軱乎！良庖岁更刀，割也；族庖月更刀，折也。今臣之刀十九年矣，所解数千牛矣，而刀刃若新发于硎。彼节者有间，而刀刃者无厚；以无厚入有间，恢恢乎其于游刃必有余地矣，是以十九年而刀刃若新发于硎。虽然，每至于族，吾见其难为，怵然为戒，视为止，行为迟。动刀甚微，謋然已解，如土委地。提刀而立，为之四顾，为之踌躇满志，善刀而藏之。"

文惠君曰："善哉！吾闻庖丁之言，得养生焉。"[1]

通过庖丁解牛这则寓言故事，庄子展现了一幅技进乎道的生动画面。在技渐进乎道的过程中，主体经历了人、物对立到人、物合一的衍变。这个过程包含了"有"与"无"的变化，而"技术"在其中起到了重要的媒介作用。在技与道的关系处理中，庄子始终没有脱离技，唯有将技运用得游刃有余，方能达到道的精神世界。"提刀而立，为之四顾，为之踌躇满志"，这是由技入道的自由境界。解牛之技合乎音律与舞姿，便能进入艺术的领空。"艺术是一种技术，古代艺术家本就是技术家（手工艺的大匠）。……然而他们的技术不只是服役于人生（像工艺），而是表现着人生，流露着情感个性和人格的。"[2] 宗白华指出了艺术源自技术，又承载着个人情感的规律。其实此处还透露了一个信息，即以文学创作为代表的技艺无不合于道的规范。"文"属于"艺"的范畴，庄子否定追求功利之小"艺"，却不否定能进乎道的大"艺"。道为天地万物之本源，"艺""文"皆受其影响和支配。推衍开来，合道之"文"便舍弃了小技之嫌，并成为庄子演绎道的对象。

除此以外，对文道关系说，古人还从技术层面作了一系列的思考。修辞是文学创作活动中的一项基本技能，以诗歌而言，各种"式""格"

---

① 郭庆藩撰，王孝鱼点校：《庄子集释》卷二，中华书局，1961年版，第117~119页。
② 宗白华：《美学散步》，上海人民出版社，1981年版，第24页。

"法"构成了诗歌创作中不可或缺的技术指标。这些技法包括语言运用、形式构建、诗境营造等。早在魏晋时期，传统文人便已普遍认识到技术在诗歌创作中所发挥的积极作用。陆机《文赋》云：

> 其为物也多姿，其为体也屡迁……。或辞害而理比，或言顺而义妨……或文繁理富，而意不指适……或托言于短韵，对穷迹而孤兴……或寄辞于瘁音，徒靡言而弗华……①

此段文字说明了"言""辞""韵""音"对作品风格的建构性意义。与陆机相类，刘勰在《文心雕龙》中对文学创作规律进行了分门别类的整理，见于《声律》《章句》《丽辞》《比兴》《夸饰》《事类》《练字》七个篇章。音韵的锤炼在唐代发展至高峰，诗歌在字法、句法、章法、声律、对偶等方面均进行了努力的实践。江西诗派秉承杜甫重诗法的创作传统，在诗歌技法方面展开了多方面的实践，为宋代诗歌技法的繁荣做出了极大的贡献。时至清代，又出现了以翁方纲的肌理说和沈德潜的格调说为代表的诗法论述。但是，过度注重创作技法容易陷入藩篱。有鉴于此，以韩愈为代表的古文运动提倡以明道来作文。"文辞，艺也；道德，实也。笃其实，而艺者书也。"② 文辞之学仅属于工具的层面，停留于此不免落入陋习。因此，超越技艺，以道为文，才是为文者之正道。

庄子寄道于技，所喜好者并非具体之技，而是由技升华而来的道。庄子以为，道应在修道过程中予以形象的体现，所以他将道投射到技艺的层面。我们能在庄子寓言中看到大量的技道之例，如庖丁解牛、轮扁斫轮、痀偻拒机、伛偻承蜩、津人操舟、丈夫游水、东野驾车、无人施射、匠人捶钩，等等。与中国文学一样，中国武术也秉承了技进乎道的思维方式。如前文所言，武术与"六艺"颇有渊源，而"六艺"之技道思维自然也影响了中国武术。"六艺"涵盖了礼、乐、射、御、书、数

---

① 萧统：《文选》卷十七，中华书局，1977年版，第241~242页。
② 周敦颐：《通书》，见《诸子集成续编》第二册，四川人民出版社，1998年版，第136页。

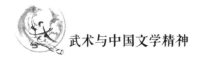

六种才能，儒家从中抽取出精要，形成了一套完善的修身理论。六艺之射、御是武术技艺中的传统项目，它们以肉身演练为表现形式，并上升到对道的体验。如韦政通所言：

> 六艺在孔子的时代，本是贵族子弟以及家臣、邑宰的基本教养和技能，在贵族或只是一种生活方式，在家臣、邑宰则是"通礼乐以相赞诸侯贵族，精射御以争战防卫，习书数以管理贵族之家或庄园"。为了谋生或有机会出仕，孔子也以六艺教弟子，但孔子所要培养的人才，不只是家臣、邑宰，他理想中的人才，是"以道事君，不可则止"的"大臣"（11·24）；为了这种需要，于是孔子将六艺之教，从文化教养和技能的层次，提升到"辅仁"、修德的层次。提升以后的六艺，或如徐干（171—218）所说："礼以考敬，乐以敦爱，射以平志，御以和心，书以缀事，教以理烦。"①

其中论及六艺的"提升"作用，这个"提升"的说法恰好说明六艺由物质技术层面上升到精神载道层面的转变过程。六艺中的每项技能均有双重性质，即物质属性和精神境界。六艺之重要性由此彰显，在后人看来，六艺竟可与天地等同：

> 说者曰："射、御、书、数，曰艺可也。礼、乐之妙，与天地同流，古之所谓贤圣，亦由通于此而已。名为一艺，用以教人，何也？"曰："通乎天地者，礼、乐之理也；可以教人者，礼、乐之法也。六艺之礼乐，如此而已。"②

下面来看一下六艺中的射与御是如何由技进乎道的。越国射箭名家陈音如此描述射之道："夫射之道，身若戴板，头若激卵。左足蹉，右

---

① 韦政通：《孔子成德之学及其前景》，见《中国思想传统的创造转化：韦政通自选集》，云南人民出版社，2002 年版，第 164 页。

② 王与之：《周礼订义》卷十六，见《文渊阁四库全书》93 册，台湾商务印书馆，1983 年版，第 264～265 页。

足横，左手若附枝，右手若抱儿。举弩望敌，翕心咽烟。与气俱发，得其和平。神定思去，去止分离。右手发机，左手不知。一身异教，岂况雄雌！此正射持弩之道也。"① 射手在射箭时应容貌闲和，忌弓胜力，所谓"射以和容为上，主皮次之"便是其道理。明代唐顺之在《武编》中将"治心调摄古法"奉为射之至要，即"得之于心，应之于手，盖心一不治则射无中理"②。为能进入体道之态，射手更应遵守"十诫"原则，即不可他想、不可他忧、不可奔走而至、不可醉、不可饥、不可饱、不可怒、不可不欲射、不可射多而好不止、不可争奋。持弓，搭箭，注的，以心运之，始能渐入佳境。

古时战事纷纷，作战交通工具多以马车为主。先秦时御术就已作为培养贵族子弟的课程而备受重视。《韩非子·喻老》篇中记载了御车能手王子期对御技之理的言说：

> 赵襄主学御于王子期，俄而与子期逐，三易马而三后。襄主曰："子之教我御术未尽也。"对曰："术已尽，用之则过也。凡御之所贵，马体安于车，人心调于马，而后可以进速致远。今君后则欲逮臣，先则恐逮于臣。夫诱道争远，非先则后也。而先后心皆在于臣，上何以调于马，此君之所以后也。"③

赵襄王向御车高手王子期求艺，学成后与之比试御车本领，结果总是不及王子期。赵襄王以为王子期保留了技艺，但王子期却指出术已全授，只不过襄王没能体悟到御道之所在。御技的核心在于人、马、车三者的整体协调性，襄王以功利居上，心系外物，与体道之旨相悖，故总是不能达到御技的最佳状态。同样，《列子》中也有关于御车之术的描写：

---

①　赵晔：《吴越春秋》卷九，江苏古籍出版社，1999年版，第151页。

②　唐顺之：《武编》前集卷五，见《文渊阁四库全书》727册，台湾商务印书馆，1983年版，第417页。

③　王先慎撰，钟哲点校：《韩非子集释》，中华书局，1954年版，第122~123页。

泰豆叹曰："子何其敏也？得之捷乎！凡所御者，亦如此也。曩汝之行，得之于足，应之于心。推于御也，齐辑乎辔衔之际，而急缓乎唇吻之和，正度乎胸臆之中，而执节乎掌握之间。内得于中心，而外合于马志，是故能进退履绳而旋曲中规矩，取道致远而气力有余。诚得其术也，得之于衔，应之于辔；得之于辔，应之于手；得之于手，应之于心。则不以目视，不以策驱；心闲体正，六辔不乱，而二十四蹄所投无差，回旋进退，莫不中节。然后舆轮之外可使无余辙，马蹄之外可使无余地，未尝觉山谷之崄，原隰之夷，视之一也。吾术穷矣，汝其识之！"①

泰豆氏告诉求教者造父，御术之旨在于心与物合一。推及御车之技术，则应对使用衔辔、执节等了然于心。在内求心知，在外合马志，如此便能进退自如，得其真道。此则故事充分诠释了庄子的技道理论，其中的"得心应手"一词在日后也成了形容技道合一的固定用语。

在中国传统武术中，内家拳法理论多侧重于技与道的探讨与经营，其中尤以太极拳和形意拳为突出。太极拳以传统太极学说为理论依据，在技道修为方面堪称武林奇观。"学太极拳，为入道之基，入道以养心定性、聚气敛神为主。故习此拳，亦须如此。"② 入道之门可谓多矣，研习太极拳不啻为一法。太极拳倡导心、性、气、神的统一，唯有如此才能体察道之"奥义"。③

"太极拳者，殆技而进乎道者也。以静待动，以柔克刚，不矜才不使气。雍容大雅，行所无事，而应敌制胜，莫测端倪，不可思议。"④ 拳术为人体格斗技艺，纯以动作演练为主。太极拳因技入道，以道制敌，在动静、刚柔、神气各方面无不彰显出内在气韵。太极拳承接道家思想精髓，寓内在抽象原理于外在形体技巧，充分显示了蕴道于技的传

① 杨伯峻：《列子集释》卷五，中华书局，1979年版，第185~186页。
② 徐兆仁：《太极道诀》，中国人民大学出版社，1990年版，第132页。
③ "奥义"，主要指与"道"处同一级别的物质本源性概念，它在技与道的沟通中所形成。该词常出现在剑道、茶道、弓道中。参见奥根·赫立格尔：《弓与禅》，百花文艺出版社，2006年版。
④ 徐致一：《太极拳浅说》序，见杨澄甫等：《太极拳选编》，中国书店，1984年版，第5页。

统思维。

太极拳之练法共分三个层次，第一步功为"轻灵"，第二步功为"贯串"，第三步功为"虚静"，唯"虚静"乃太极拳最显精微之处。太极拳共有架子七十余式，而重复之处就有一半之多，所以实际练习的架子仅三十余式。对于"轻灵"和"贯串"，武家常以"有形之功"相称，初学者一般花两个月的时间便能习得。而"无形之功"——"虚静"却需依个人资质加以领会，其成就时间无法度量。所以，拳家认为习练至第三个月，学习者已略知运用心气之法，且内神外形渐渐相合，至此才是真正步入拳术之门。在练习之初，"轻灵"与"贯串"二功夫可以从有形处着手，然虚静乃用意不用力之功夫，故而"当于无形中求之也。虚静者，即实中求虚，动中求静之谓也。初练时，势势揆其用意，是从实处练也。今当并此形迹而泯之，故谓之实中求虚。太极拳开式时，曰由静而动，收式时，曰由动而静。今则式式之中，处处皆当作由动而静，想务使一切姿势皆有动即是静，静即是动之意，故谓之动中求静"①。动静之转换，暗合神明之旨归，这是由技体道的一种升华，更是人体肉身与精神境界的美妙结合。于无形之中求真道，于动静之中显奥义，这是太极拳体道之一法。与此相类，"懂劲"也为拳家阶及神明的蹊径之一。"人刚我柔谓之走，我顺人背谓之粘。又曰：由着熟而渐悟懂劲，由懂劲而阶及神明。走也，粘也，皆当于劲中求之。必也感觉灵敏，无有窒碍，而后可谓之懂劲。"② 由懂劲渐入，听任自然，随机而发，便能体悟神明。其中之神妙，唯有用老子思想来佐证。因而，拳家如此总结："与老子所谓常无欲以观其妙，常有欲以观其徼之旨，正无以异。拳家论劲，至此境界，亦可谓臻无上上乘矣。"③

形意拳中有"武艺"与"道艺"之分，"求武艺者，重力而轻意，重刚而轻柔，重阳而轻阴，重魄而轻魂；求道艺者，则重意而轻力，重

---

①　徐致一：《太极拳浅说》，见杨澄甫等：《太极拳选编》，中国书店，1984年版，第57~58页。

②　许禹厚：《太极拳势图解·序》，见杨澄甫等：《太极拳选编》，中国书店，1984年版，第91页。

③　许禹厚：《太极拳势图解·序》，见杨澄甫等：《太极拳选编》，中国书店，1984年版，第91页。

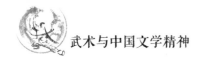

柔而轻刚，重阴而轻阳，重魂而轻魄"①。拳家高手往往不以外在体魄为先，他们重视精神的修养而非单纯的体魄锻炼。圣贤之人重视精神，可以由精神驾驭体魄；勇力之人恰好相反，常倡导体魄而忽视精神。这不仅表明了形意拳家求艺之二途，更彰显出武技与武道的不同境界。

> 道艺之用者，心中空空洞洞，不勉而中，不思而得，从容中道，而时出之。拳无拳，意无意，无意之中是真意。心无其心心空也，身无其身身空也。②

含道之技艺，表现为空空洞洞，毫无所思。有无之间显真意，技道之间求境界。拳经有云："所谓空而不空，不空而空，是谓真空，虽空乃至实至诚也。"应用到实际格斗之中，则指当对手朝己袭来，内心无意抗击他，只是随意应战。拳家认为静为本体，动为作用，由静感受动之意义，故而无可无不可。"此是养灵根而静心者所用之法也。夫练拳至无拳无意之境，乃能与太虚同体，故用之奥妙而不可测，然能至是者鲜矣。"③

能参透拳术之奥妙者少之又少，然而这并不妨碍习武者穷其一生去追求。

> 器上而通乎道，技精而入乎神，惟得天下之至正，秉天下之真精者，乃能穷神而入妙，察微而阐幽。形意之用，器也、技也；形意之体，道也、神也。器技常人可习，而至道神，大圣独得而明。④

形意拳在用为器、为技，在体则为道、为神。将体用之说纳入拳术技道之理，这是形意拳诠释技道之理的极好证明。

---

① 曹志清：《形意拳理论研究》，人民体育出版社，1993年版，第1页。
② 孙禄堂：《孙禄堂武学录》，人民体育出版社，2001年版，第301页。
③ 孙禄堂：《孙禄堂武学录》，人民体育出版社，2001年版，第301页。
④ 曹志清：《形意拳理论研究》，人民体育出版社，1993年版，第321页。

二、由技入道

在阶及神明的过程中，古代哲人又提出了具体之法，首先便是
"忘"。《庄子》中对"忘"的理解与阐释最为深刻，如《达生》所云：
"忘足，屦之适也；忘要，带之适也。"① 由"忘"乃能"适"，"适"是
足与屦、腰与带之间相互契合的完美境界。又如《大宗师》云："颜回
曰：'堕肢体，黜聪明，离形去知，同于大通，此谓坐忘。'"② 庄子用
孔子与颜回的对话来解释"忘"的概念，颜回先是"忘仁义"，继而
"忘礼乐"，然后"忘"。《齐物论》中的南郭子綦也颇具"忘"的本色：
"南郭子綦隐机而卧，仰天而嘘，荅焉似丧其耦。颜成子游立侍乎前，
曰：'何居乎？形固可使如槁木，而心固可使如死灰乎？今之隐机者，
非昔之隐机者也。'子綦曰：'偃，不亦善乎，而问之也！今者吾丧我，
汝知之乎？'"③ 庄子认为通过"忘"能使心灵澄净，且由此体道，进而
又指出了"忘"对道的构建作用，并将此种思想融入寓言故事，如《庄
子·达生》载：

> 梓庆削木为鐻，鐻成，见者惊犹鬼神。鲁侯见而问焉，曰：
> "子何术以为焉？"对曰："臣工人，何术之有！虽然，有一焉。臣
> 将为鐻，未尝敢以耗气也，必斋以静心。斋三日，而不敢怀庆赏
> 爵禄；斋五日，不敢怀非誉巧拙；斋七日，辄然忘吾有四肢形体
> 也。当是时也，无公朝，其巧专而外骨消；然后入山林，观天性；
> 形躯至矣，然后成见鐻，然后加手焉；不然则已。则以天合天，
> 器之所以疑神者，其是与！"④

梓庆削木成鐻，观者惊为鬼神，其精湛程度难以言表。在与鲁侯

---

① 郭庆藩撰，王孝鱼点校：《庄子集释》卷七，中华书局，1961年版，第662页。
② 郭庆藩撰，王孝鱼点校：《庄子集释》卷三，中华书局，1961年版，第284页。
③ 郭庆藩撰，王孝鱼点校：《庄子集释》卷一，中华书局，1961年版，第43~45页。
④ 郭庆藩撰，王孝鱼点校：《庄子集释》卷七，中华书局，1961年版，第658~659页。

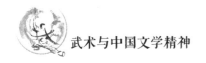

的对话中，梓庆言明"忘"于技道的作用。斋戒数日，为的是剔除杂念，忘记功名，忘记自我，排除外物于己心的制约。在此基础上，用无碍之心体会、参悟对象，直至自由的创作境界。可见，"忘"是入道的一个重要步骤。

《庄子·大宗师》中载有南伯子问道于女偊的寓言：

> 南伯子蔡问乎女偊曰："子之年长矣，而色若孺子，何也？"曰："吾闻道矣。"南伯子蔡曰："道可得学邪？"曰："恶！恶可！子非其人也。夫卜梁倚有圣人之才而无圣人之道，我有圣人之道而无圣人之才，吾欲以教之，庶几其果为圣人乎！不然，以圣人之道告圣人之才，亦易矣。吾犹守而告之，三日而后能外天下；已外天下矣，吾又守之，七日而后能外物；已外物矣，吾又守之，九日而后能外生；已外生矣，而后能朝彻；朝彻，而后能见独；见独，而后能无古今；无古今，而后能入于不死不生。杀生者不死，生生者不生。其为物，无不将也，无不迎也；无不毁也，无不成也。其名为撄宁。撄宁也者，撄而后成者也。"①

女偊认为，要得道必须有个渐进的过程，即"外天下""外物""外生"三个阶段，如此才能企及"朝彻"，契合于道。"外"者，无非"忘"的另一种表现形式，只有除却人生之外甚或人自身的东西，方能体悟真道。在具体的文学创作过程中也可借助"忘"。刘勰《文心雕龙·神思》云："是以陶钧文思，贵在虚静，疏瀹五藏，澡雪精神。"②其中"疏瀹五藏，澡雪精神"就直接来源于《庄子·知北游》："孔子问老聃曰：'今日晏闲，敢问至道。'老聃曰：'汝斋戒，疏沦而心，澡雪而精神，掊击而知。'"③内心阻碍得以去除，心灵得以净化，均为酝酿文思之法宝。刘勰以"心斋"和"坐忘"来阐明文学创作中的运思问题。通过斋戒，摒弃杂念，进入虚静，而后达到道。正如《文心雕龙·

---

① 郭庆藩撰，王孝鱼点校：《庄子集释》卷六，中华书局，1961年版，第251～253页。
② 刘勰撰、范文澜注：《文心雕龙注》，人民文学出版社，1958年版，第493页。
③ 郭庆藩撰，王孝鱼点校：《庄子集释》卷七，中华书局，1961年版，第132页。

神思》所言："故寂然凝虑，思接千载，悄然动容，视通万里。"这里就生动地描绘了创作构思的过程。

可以说，文学、武术由技入道的途径是极为相似的，二者均注重内在心境的修行。而以外家功法著称的少林拳术在技、道方面也有同样的思考：

> 或问曰：均一人也，始未学艺，或能胜人。及既学，反不能胜，何也？余曰：此非学不学之故。人当未学时，一旦遇敌，无可思索，突然而进，气奋手快，故偶而胜。及既学后，一心欲求胜，一心要全名，一心恐不能胜，思虑迟疑，反为人所胜矣。所谓相打忘记跌法，此也。惟练习精熟，心手相应，来快去速，则万全矣。①

应战时学拳者之所以失败，是因为没有脱离心中技的藩篱。既未学艺，心中无所牵绊，敌来便战，故而有获胜的可能。一旦技艺学成之后，求胜之心、名利之意占据整个身心，如此顾虑滋生，反为对方所牵制，终究难逃败绩。要学习"相打忘记跌法"，学艺之后能忘记具体的招式，不局限在规矩的制约中，这样才能达到万全之境。

明朝武将戚继光在《纪效新书》中言枪法之奥义，以为精熟枪法之后能忘技者乃上层。他说："夫长枪之法始于杨氏，谓之'梨花'，天下咸尚之。其妙在于熟之而已。熟则心能忘手，手能忘枪，圆神而不滞。又莫贵于静也，静则心不妄动而处之裕如，变幻莫测，神化无穷。"②唯"忘"才能不受法之局限，也才能应用自如。然而戚继光感叹世间练习者往往只能取其皮毛，其原因就在于习武者不懂得有所忘，也就难以由技进乎道。以武术而言，"忘"不仅能完善技术，更能锤炼习武者的精神。忘记手中之技，这是入道途径之一。

中国传统武术有"置心物中"的思维模式，它着意于直觉把握对

---

① 无谷、刘志学：《少林寺资料集续编》，书目文献出版社，1982年版，第325页。
② 戚继光：《纪效新书》卷十，人民体育出版社，1988年版，第193页。

象，这种思维方式的形成与"忘"的理念密不可分。以直觉考察对象，就需具备人、物合二为一之整体观。武术技法的最高层面不是单纯的技艺格斗，而是摆脱具体的动作招式，使物我合一，达到"有招处即为无招，无招处即是有招"的境界。从招数的有形演变到无形，其中就需要有"忘心"的心理过程。武术用语中有"以心使动""身能动心""以气摧力""意动身随"等，这些术语没有直观的模式和具体的动作以供效仿，故而此种演习方式极具模糊性，唯有倚借整体与全局的思维模式方能达成。武术理论家将道家的"忘"纳入其中，通过"忘"招数、"忘"自身，从而进入无招胜有招的最高境界。所谓武学之最高境界，实质上就是指透过武术技艺层面的演练上升到体道之精神境界。除武技之外，更重要的是心性修养和感受能力。受道家思想影响的此种武术追求，归根结底就是对一种旁若无人、无所畏惧、至刚至大的精神境界的向往。所以，"忘"为中国武术的静态类型理论奠定了深厚的基础。

如果将"忘"视作一种体道方式的话，那么，其结果导向便可用"无"来表示。道教撰写太极道诀时常以析道为先，其中便存在对"无"的论说：

> 玉书曰："大道无形，视听不可以见闻；大道无名，度数不可以筹算。资道生形，因形立名。名之大者，天地也。天得乾道而积气以覆于下，地得坤道而托质以载于上。"[1]

无名为大道，以道生形，因形立名。无，为始、为母，道由此而生。《庄子·人间世》云："若一志，无听之以耳而听之以心，无听之以心而听之以气！听止于耳，心止于符。气也者，虚而待物者也。"[2] 庄子强调无我、无物，然后才能"虚而待物"，阶及神明。

武家重视"无"，以为武道之最高境界在于"无"，"有"仅是浅层之术。有形、有相、有名、有声之用，总是不及无形、无相、无名、无

---

① 徐兆仁：《太极道诀》，中国人民大学出版社，1990年版，第159页。
② 郭庆藩撰，王孝鱼点校：《庄子集释》卷二，中华书局，1961年版，第147页。

声之体。形意拳者，分别以明劲（有形之用）和暗劲、化劲（无形之体）表示技进乎道的阶段性过程。何为化劲？阴阳混成，内外如一，用神化之，直指无形无声之德。武技之形趋于无，无所谓形意、八卦、太极之分。此时，诸象皆空，混混沦沦，一浑气然。《孟子》曰："大而化之之谓圣，圣而不可知之之谓神。"丹书载："神形俱杳，乃与道合真之境。"拳经又录："拳无拳，意无意，无意之中是真意。"① 由此方能以不见为章法，以不动应万变，以无为成大道矣。

与化劲类似，内劲也常被喻为体道之拳劲。形意拳家郭云深谈及内劲时说："其拳术最初积蓄之真意与气，以致满足，中立而不倚，和而不流，无形无相，此谓拳中之内劲也（内家拳术之名即此理也）。"② 拳术积蓄了人体之真意和气，而它们又表现为无形无相，这便是内劲的由来。郭云深继而推导，内家拳之命名源于内劲。内劲之提出并非毫无根由，且看拳论："夫道一而已矣，在天曰命，在人曰性，在物曰理，在拳术曰内劲。"③ 古人在创立内家拳术时潜心玩味，依道入拳理，身体力行，以期回复万物之本真性征。在武家看来，技、道之微妙可以通过内劲加以体验。无拳，无意，才是武术之真意，其中的奥妙领悟构成了修道之法。

> 至虚真性，恬淡无为。神合乎道，归于自然。当此之际，以无心为心，如何谓之应物？以无物为物，如何谓之用法？真乐熙熙，不知己之有身，渐入无为之道，以入希夷之城，斯为入圣超凡之容。④

无心为心，无物为物，这是道家修身养气之法。浑然不知一己之身，渐入真道之内，是超凡圣人所处的状态。"养灵根而动心者，敌将

---

① 孙禄堂：《孙禄堂武学录》，人民体育出版社，2001 年版，第 292 页。
② 孙禄堂：《孙禄堂武学录》，人民体育出版社，2001 年版，第 289 页。
③ 孙禄堂：《孙禄堂武学录》，人民体育出版社，2001 年版，第 265 页。
④ 徐兆仁：《太极道诀》，中国人民大学出版社，1990 年版，第 176 页。

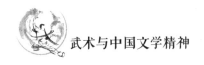

也；养灵根而静心者，修道也。武艺虽真窍小真，费尽心机校劳神。"①修道养心与武艺小技能有如此密切的关系，纯是技道思想使然。

日本弓道在修习上讲究心灵与精神的放松，认为这样能获得弓道本有的无碍境界。在习射之时，为达到无我状态，要求摆脱一切束缚，解放自己，具体途径是通过呼吸之法："要有意地，简直就像墨守成规地来完成这种意念集中。将呼气和吸气分开，来一样一样地专心致志地练习。……如果你的呼吸向内求集中的强力越大，来自外部的干扰就会越来越淡薄。开始，那些外部的干扰渐渐沉没，变得叽叽喳喳朦朦胧胧时，就会令人听得木然起来，最后，你就再也不会受它们的骚扰了。"②内心的高度集中带来了"无心无我"的状态，弓道大师用"精神射击"来形容。习射者唯有以无有心态放下自己，才能体悟艺道。在弓射看来，沉潜于自身的人能够本能地体验到自在自为的状态。"他虽然每天都似乎在深思熟虑什么计划，但实际上，他却活在根源性的本来状态之中。这就是所谓悟同未悟吧！"虽然弓射全以武技为其演练形式，但人们却能从中把握道之"奥义"，这便是由技入乎道的妙处。

与"心斋""坐忘""无"类似的要属"悟"。禅宗的"悟"指修行过程中对佛教真知如本体的领悟。僧肇《肇论·涅槃无名论第四·妙寸第七》载："玄道在于妙悟，妙悟在于即真。"此中"妙悟"是把握佛家终极真理的一种特殊的思维方式和过程。

古代文人常借用"悟"和"妙悟"来阐明文学创作过程，其中尤以宋代论诗为主。宋代诗论家如范温《诗眼》云："识文章者，当如禅家有悟门。夫法门百千差别，要须自一转语悟入。如古人文章直须先悟得一处，乃可通其他妙处。"（《渔隐前集十九》）吴可《藏海诗话》亦云："凡作诗如参禅，须有悟门。"严羽更是在《沧浪诗话》中鲜明地提出了"妙悟"的诗歌接受理论："大抵禅道惟在妙悟，诗道亦在妙悟。且孟襄阳学力下韩退之远甚，而其诗独出退之之上者，一味妙悟而已。惟悟乃为当行，乃为本色。"③古代诗论家主要从两个方面理解佛家的"妙

---

① 孙禄堂：《孙禄堂武学录》，人民体育出版社，2001年版，第306页。
② 奥根·赫立格尔：《弓与禅》，百花文艺出版社，2006年版，第43页。
③ 严羽撰，胡才甫笺注：《沧浪诗话笺注》，浙江古籍出版社，2014年版，第4页。

悟"。其一，"妙悟"是一种直觉思维，它有直接性、整体性的特点。其二，"妙悟"是经过长期的艺术实践而逐渐形成的，即由"渐悟"到"顿悟"的过程。但"悟"始终存在于诗歌的整个审美实践当中。少林宗师觉远和尚在领悟武学要义中颇有代表性。他的弟子，也就是武当掌门张三丰创立太极拳，也深受其以"悟"得道的武学精神之影响。

无论"忘"还是"无"，都是悟道的方式，"自然"这一概念也同样是悟道的法则。"自然"乃任其自然、自然而然之意，它体现了道家对万物规律的一种朴实的看法。《庄子·至乐》云：

> 昔者海鸟止于鲁郊，鲁侯御而觞之于庙，奏九韶以为乐，具太牢以为膳。鸟乃眩视忧悲，不敢食一脔，不敢饮一杯，三日而死。此以己养养鸟也，非以鸟养养鸟也。夫以鸟养养鸟者，宜栖之深林，游之坛陆，浮之江湖，食之鳅鲦，随行列而止，委蛇而处。彼唯人言之恶闻，奚以夫诡诡为乎！咸池九韶之乐，张之洞庭之野，鸟闻之而飞，兽闻之而走，鱼闻之而下入，人卒闻之，相与还而观之。鱼处水而生，人处水而死，彼必相与异，其好恶故异也。故先圣不一其能，不同其事。名止于实，义设于适，是之谓条达而福持。[①]

顺乎自然规律是一切事物之根本，更是有道之为。鲁侯以华丽的庙宇、动听的音乐以及丰盛的实物饲养海鸟，但海鸟忧悲而终；反之，"以鸟养鸟"，顺乎鸟类的自然生存规律，它们便能健康地生活。由此推衍，万物生灵之生生不息莫不是自然而为。庖丁解牛时能"依乎天理""因其固然"，将牛之肢体结构牢记在心，故而操刀之际能"恢恢乎其于游刃有余"。

合于自然，顺乎天理，这是合道之技艺的表征。武术以人体动作为发端，其在组成方式和运思逻辑方面无不体现出对规律的探寻。于习武者而言，也必须顺应自然规律。

---

① 郭庆藩撰，王孝鱼点校：《庄子集释》卷六，中华书局，1961年版，第621~622页。

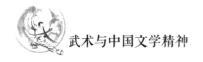

人体各部之发达，在生理上均有一定程序。剧烈运动不合生理程序，最易发生流弊。太极拳行功之时，一动无有不动，一静无有不静。于肢体任何部分皆无偏重之虞。故在生理作用上有辅助之功，无妨害之弊。盖即所谓顺其自然之性也。①

自然之性符合人体的运动程序，所以太极拳在行功时应依照自然规律。中国传统养生说源远流长，它的形成也主要是基于此种自然观。"发达自然"与"身心合修""动作缓和""姿势平顺""陶养性情"等，一起构成了太极拳的养生学说。在道的体悟过程中，自然观影响了身心合修的养生之法。太极拳的一切动作均以柔和为主，舒展筋骨与调和气血相结合。"一切姿势悉任自然，自然者，平和顺之谓也"②，太极拳之具体习法均与自然而然之理密切相关。

日本弓道大师净慧认为，一切技艺莫不与道相通。他说：

> 这种道的境界，或者说禅的境界，表面看起来，似乎是对"技"的一种单纯的熟练的把握，实则不然。不可否认，纯熟地运用"技"术，也能达到一种在外人看来似乎很自由的境界，也能创作出精美的作品，但是，绝不可能达到"化境"或者"自然之境"，绝不可能创造出"神品"和"逸品"来。为什么？因为他心目中还有"法"在，还有"技"在，还有"对象"在，还有"我"在，甚至还有"名闻利养"在。③

弓射原为武术的一种，在远离血腥对阵的练习场，人们将它作为磨炼意志和寻求真理的仪轨。弓射转变为弓道，实际上也就是"技进乎道"的过程。"忘""无"也好，"自然"也罢，均是习技过程中求道、入道、体道之途径。习练武术的最高境界，其实就是以武演道、由武入道。

---

① 徐致一：《太极拳浅说》，见杨澄甫等：《太极拳选编》，中国书店，1984 年版，第 9 页。
② 徐致一：《太极拳浅说》，见杨澄甫等：《太极拳选编》，中国书店，1984 年版，第 9 页。
③ 奥根·赫立格尔：《弓与禅》，百花文艺出版社，2006 年版，序第 2 页。

　　综上所述，文学与武术同为道的衍生物，都体现了道的特征与规律。文学与道的关系已为历代学人所详论，本书不再赘述。然而，道实为文学和武术在哲学层面的连接点。主要表现为：其一，中国传统思想认为，文学与武术为太极衍生而出，具有太极所规定的特性，如圆通、中庸、和谐等。其二，文学、武术同样以气为本，重视气在行文或习武中的主导作用。既然是道的产物，那么文学、武术都具有因天地取象的特点，但具体而言又有所不同，文学可以将自然之物高度抽象为符号，并赋予其深刻的意蕴；武术中的形意拳则居于形而下的位置。其三，无论文学还是武术，都承载着深厚的人伦之道。文有文德，武有武德，其背后则体现了仁义礼乐的规范力。其四，文学、武术都可以通过技的修习，升华到道的境界。尽管文学比武术更接近形而上的层面，但在文学创作过程中必须涤除杂念、净化心灵，此规律也支配着武术的练习。这样，文学和武术都能通过具体而微的方式逐步向道的境界迈进。

第四章 武术与中国文学的审美观照

经过传统文化的孕育，武术不但对"道"的理解多了一层深入的思考，更为重要的是，它还逐渐具有了审美的艺术情趣。技与艺一旦结合，其美学价值便旋即凸显。美的意蕴共同陶铸了武术与文学，使得二者在审美的天地相互体照。独特的审美经验是中国文学精神中的一片茂林，其美景妙意始终为历代学者所钟爱。中国武术在建构自身的美学世界时，与文学产生了大量互动与共鸣。基于此，本章拟以"阴阳""虚实""形神"三组美学范畴为依托，厘清武术与文学的美学走势。

第一节 阴阳结合

所谓阴阳，原指日光的背向。《说文解字》言："阴，水之南山之北也。"① 阳则与之相反，指水之北面和山之南面。之后，"阴阳"引申为中国古代哲学中一对辩证对立的范畴，并被视为自然界的核心规律之一。《老子》云："万物负阴而抱阳，冲气以为和。"② 《黄帝内经·素问·阴阳应象大论》也解释说："阴阳者，天地之道也，万物之纲纪，变化之父母，生杀之本始，神明之府也。"③ 古代先哲认为万物均可用阴阳来划分，世上万物的发展变化也都产生于阴阳。由此阴阳学说成为

---

① 许慎撰，段玉裁注：《说文解字注》，上海古籍出版社，1981年版，第731页。
② 老聃撰，王弼注，楼宇烈校释：《老子道德经注校释》，中华书局，2008年版，第117页。
③ 杨永杰、龚树全：《黄帝内经》，线装书局，2009年版，第11页。

推动事物运动发展的原动力。

总体而言，阴阳学说主要包括如下内容：对立与统一、消长与转化、自和与平衡等。究其实质，阴阳学说的核心思想在于辩证思维与平衡观点。在这种理念的指导下，又推衍出上下、左右、高低、开合、动静、刚柔、虚实等范畴。作为中国古典哲学思想的核心命题之一，阴阳学说还贯穿于武术和文学的始终。

一、武术之阴阳观

《黄帝内经》用"离合"这一概念来阐释阴阳之间的内在联系。"离"即分离、排斥，"合"为结合、吸引。"阴阳离合"指阴阳之间能分能合，既相互排斥又相互吸引，是对立统一的关系。阴阳学说中的这种分与合、分之为二、合则为一的思辨原理，构成了中华武术技击理论的核心思想。

太极拳倡导"动则分""静则合"的理念，因具象的技法动作体现阴阳学说的抽象概念。周敦颐依托"太极"阐释阴阳分合的关系，曰："无极而太极。太极动而生阳，动极而静，静而生阴，静极复动。一动一静，互为其根。分阴分阳，两仪立焉。阳变阴合，而生水火木金土。五气顺布，四时行焉。五行一阴阳也，阴阳一太极也，太极本无极也。五行之生也，各一其性。无极之真，二五之精妙合而疑。乾道成男，坤道成女。二气交感，化生万物。万物生生，而变化无穷焉。"① 周敦颐以为，万物源自太极，太极又生成阴阳、动静、五行、四时等。阴阳既隶属太极这个"一"，又表现为个体之"二"，故合时为"一"，分时为"二"，对立统一，消长往复。基于前人的太极思想，清人王宗岳透彻生动地论述了拳术学理："太极者，无极而生，阴阳之母也。动之则分，静之则合。无过不及，随曲就伸。人刚我柔谓之走，我顺人背谓之粘。动急则急应，动缓则缓随。虽变化万端，而理唯一贯。"②

---

① 周敦颐：《太极图说》，上海人民出版社，2002 年版，第 2 页。
② 王宗岳等：《太极拳谱》，人民体育出版社，1991 年版，第 24～25 页。

除太极拳外，形意拳也将阴阳理论贯彻于拳理之始末。《形意拳拳谱》云："天以阴阳相合而生三才，三才者，天、地、人，三才之象也。人以三才而生三身，三身者上中下三丹田也。三田往返，阴阳相交，为人性命之根，造化之源，生死之本，即道家之金丹也。拳术之理亦然，且拳术左分为阳仪，右分为阴仪，阴阳伸缩，生生流行，绵绵不息，即拳内动静、起落、进退、伸缩、开合之玄妙也。"① 同为内家拳的形意拳在诠释拳理内涵上也非常注重吸纳阴阳学说的思想精髓。从引文可见，拳家将阴阳引申为武术动作之动静、起落、进退、伸缩、开合等，并倡导习练者由此体悟天地之大道。

就具体技击动作而言，阴阳学说对中国武术的影响也颇为深远。拳家依据道家阴阳学说创造了一系列富有阴阳生机的套路动作。"它在拳理上确立了以太极、八卦、五行生克等理论为指导；在风格上体现出'狗闪猫窜兔滚鹰翻'等比拟；在练习要求上将对道的体悟与天道规律的主动相合，表现为'身法自然'、'天人合一'等追求，如'拳如流星眼似电，腰如蛇行步赛粘'；在技击方法上不再追求战场上致残、致命的目的，而视为一种对攻防格斗美的体验和对攻防格斗的超越；在拳种上形成了象形拳，如鹰爪拳、螳螂拳、猴拳等仿生学成果。"② 此外，在武术套路的具体技法中，套路的核心元素"动作"也通过反衬、相融、相生等产生一种中和与冲突之美。演练者肢体运动中疾徐、轻重、动静等因素的相互作用，产生了一种比人类其他运动更为深刻复杂也更富于表现力的美的形式。在演练者的动作展示中，武术套路的节奏、韵味和气势随之生成。当阴阳的反衬与相融展现于套路演练中时，不仅具有强烈的节奏感，还形成了中和与冲突的不同的审美特征，而且作为动作技法，进一步丰富和完善了套路运动的形式。

武术套路从起势到段（趟），再到收势，无不彰显了传统文化对武术的影响。在起势时，习武者要面南背北，这是受到道家阴阳学说的影响。阴阳学说认为，南方属火，火性阳；北方属水，水性阴。面南背

---

① 李洛能：《形意拳拳谱》，太原市武术挖掘整理组翻印，1984年版，第34页。
② 邱丕相：《武术初阶》，上海教育出版社，2012年版，第33~34页。

北，则成负阴抱阳之势。借助阴阳二气的交融和相互激荡，人的心身与大自然的运转规律吻合，从而达到物我合一的理想境界。

道家认为，矛盾双方既是对立的，又可以相互转化，任何事物到了极限就会朝反方向发展，所谓"祸兮福所倚，福兮祸所伏"（《老子》第五十八章）。老子还指出事物运动有周而复始的规律，即"周行而不殆"。武术套路中的"段"（或"趟"）是分析武术套路表意特征的主要对象。通过观察一系列传统武术套路，可以发现某一武术套路的"段"由右向左或由左向右演练到一定限度时，必然会表现出左长右消或右盛左衰的态势。这充分表明武术套路设计者秉承了阴阳结合的思想，将武术动作进行方向互换，从而印证和谐统一的观点。不仅左右，高低上下亦是如此。这种模式的运动，在相互转化间迂回往复，完全符合老子的阴阳消长之道。

二、文学之阴阳观

阴阳学说衍生出的辩证思想在中国古典文论中又可具体表现为阴阳对待与阴阳和合。

首先，在文学修辞方面，古代文人常依托语言文字上的对偶促成一种形式上的阴阳平衡之美。这种阴阳对待、互为观照的理念直接来源于阴阳学说。沈约《答甄公论》云："昔神农重八卦，卦无不纯，立四象，象无不象。但能作诗，无四声之患，则同诸四象。四象既立，万象生焉；四声既周，群声类焉。经典史籍，惟有五声，而无四声，然则四声之用，何伤五声也，五声者，宫商角徵羽，上下相应，则乐声和矣。……作五言诗者，善用四声，则讽咏而流靡；能达八体，则陆离而华洁。明各有所施，不相妨废。"① 此处，沈约借助《周易》四象、八卦理论，用以阐明五言诗创作中的四声问题，并强调"四象"与"四声"的对应、语词音律的上下相随，这体现了阴阳思想对古代诗歌创作声律方面的深刻影响。

---

① 遍照金刚撰，周维德校点：《文镜秘府论》，人民文学出版社，1975年版，第32页。

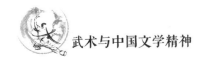

同样,《文心雕龙·丽辞》也依托《周易》阐明为文对偶的问题:"易之文系,圣人之妙思也;序乾四德,则句句相衔;龙虎类感,则字字相俪;乾坤易简,则宛转相承;日月往来,则隔行悬合:虽句字或殊,或偶意一也。"[①]刘勰通过《周易》中的《文言》和《系辞》得出结论,圣人文思非常精妙,语句讲求排偶,字词遵循相对,阐明道理时或是曲折相对,或是遥相呼应。如此虽字句略有变化,但意思总能保持一致。

清人李兆洛在《骈体文钞》序言中总结了自秦至隋的骈文创作:"天地之道,阴阳而已;奇偶也,方圆也,皆是也。阴阳相并俱生,故奇偶不能相离,方圆必相为用。道奇而物偶,气奇而形偶,神奇而识偶。"[②]李兆洛解释说,文章形态的奇偶源于"天地之道",是万物之本质。同时,奇与偶是相并依存的关系,不能奇偶相离,如此才符合天道自然。至此,"骈体"便获得了其作为中国文学之一大类型的学理依据。

其次,以阴阳思想规范文学作品形式与内容的关系,以期获得和谐之美。《礼记·乐记》便以阴阳中和观诠释雅正之乐:

> 是故先王本之情性,稽之度数,制之礼义,合生气之和,道五常之行,使之阳而不散,阴而不密,刚气不怒,柔气不慑,四畅交于中而发作于外,皆安其位而不相夺也。然后立之学等,广其节奏,省其文采,以绳德厚,律小大之称,比终始之序,以象事行。使亲疏、贵贱、长幼、男女之理皆形见于乐,故曰:"乐观其深矣。"[③]

作乐时必须依据性情、参考音律,这样才能合造化、遵五常,使阳气不流散,阴气不闭塞,饱含刚毅之气与柔顺之气,四者交融,安于其位。同理,为文之辞章也可因循以上道理,以使阴阳有序,刚柔有体。

---

① 刘勰撰,范文澜注:《文心雕龙注》,人民文学出版社,1958年版,第588页。
② 李兆洛:《骈体文钞·自序》,转引自舒芜等编选:《近代文论选》,人民文学出版社,1959年版,第109页。
③ 朱彬:《礼记训纂》,中华书局,1996年版,第577~578页。

《吕氏春秋·仲夏纪·大乐》秉承前人观点，认为音乐来自阴阳的调和：

> 音乐之所由来者远矣。生于度量，本于太一。太一出两仪，两仪出阴阳。阴阳变化，一上一下，合而成章，浑浑沌沌，离则复合，合则复离，是谓天常。天地车轮，终则复始，极则复反，莫不成当。日月星辰，或疾或徐，日月不同，以尽其行。四时代兴，或暑或寒，或短或长，或柔或刚。万物所出，造于太一，化于阴阳。萌芽始震，凝滹以形。形体有处，莫不有声。声出于和，和出于适。和适先王定乐，由此而生。①

音乐的由来久远，它产生于竹管粗细长短的变化，源于自然之道。混沌之气造化出天地，天地孕育出阴阳二气。阴阳二气转化变动，一上一下，两者汇合后得以彰显，阴阳二气混杂在一起，离散时还会聚合，聚合后又会离散，这就是自然的规律。既然音乐出于自然，而自然又来源于阴阳二气，那么，音乐必定也打上了阴阳元素的烙印。所以，吕氏才发出"凡乐，天地之和，阴阳之调也"的心声。

阴阳并列、阴阳和合思想，在《文心雕龙》中得到了创新性的阐释。《周易》强调阴阳和合，《坤》卦之"巽顺"将阴柔与阳刚并列，强调"阴"与"阳"的结合之美。刘勰据此推导出"文质彬彬"的文论观，认为优秀的文学作品应该是阴阳相合的。为进一步论证此观点，刘勰还在《文心雕龙·才略》中作了详细说明："荀况学宗，而象物名赋，文质相称，固巨儒之情也。"②认为荀子创作的赋文采和内容非常相称，能很好地表达儒家才情。随后又言"马融鸿儒，思洽识高，吐纳经范，华实相扶"③，称赞马融文思广博，见识高远，其文辞成为典范，华采与实质相互配合。这也符合刘勰所倡导的"酌奇而不失其真，玩华而不失其实"的辞章为文之法。

---

① 吕不韦撰，陈奇猷校释：《吕氏春秋校释》，学林出版社，1984年版，第255页。

② 刘勰撰，范文澜注：《文心雕龙注》，人民文学出版社，1958年版，第698页。

③ 刘勰撰，范文澜注：《文心雕龙注》，人民文学出版社，1958年版，第699页。

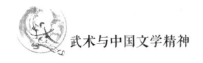
三、刚柔并济

肇始于《周易》的阴阳思想，在武术与文学理论体系中又具化为"刚""柔"的概念，并从中催生出风格说、转化说、和谐论等。阳对应的是刚健，阴关联的是柔弱。阴阳双方既相互对立，又相互转化，所谓"刚柔相济"是也。阴阳的平衡与统一反映了宇宙万物的和谐，"昔者圣人之作易也，幽赞神明而生蓍，参天两地而依数，观变于阴阳而立卦，发挥于刚柔而生爻；和顺于道德而理于义，穷理尽性以至于命"[1]。

刚柔相济是道家辩证思想的一组命题，在中国文学中，刚柔也有诸多表现。《文心雕龙·体性》云："风趣刚柔，宁或改其气。"[2] 人的气有刚柔之别，故文风亦有刚柔之分。《文心雕龙·风骨》言："鹰隼乏彩，而翰飞戾天，骨劲而气猛也。"[3] 着重讨论了气有清新刚健的一面。严羽在《沧浪诗话》中概括了诗歌的基本风貌，即以"优游不迫"为主的阴柔之美和以"沉着痛快"为主的阳刚之美。清代姚鼐继承此种美学定义之法，也用"得之于阳与刚之美者"和"得之于阴与柔之美者"的标准来鉴赏文学作品。

> 鼐闻天地之道，阴阳刚柔而已。文者，天地之精英，而阴阳刚柔之发也。……其得于阳与刚之美者，则其文如霆，如电，如长风之出谷，如崇山峻崖，如决大川，如奔骐骥；其光也，如杲日，如火，如金镠铁；其于人也，如冯高视远，如君而朝万众，如鼓万勇士而战之。其得于阴与柔之美者，则其文如升初日，如清风，如云，如霞，如烟，如幽林曲涧，如沦，如漾，如珠玉之辉，如鸿鹄之鸣而入寥廓；其于人也，漻乎其如叹，邈乎其如有思，暖乎其如喜，愀乎其如悲。观其文，讽其音，则为文者之性情形状，举以殊焉。且夫阴阳刚柔，其本二端，造物者糅而气有多寡进绌，则品次

---

① 阮元刻：《十三经注疏》，上海古籍出版社，1997年版，第93页。
② 刘勰撰，范文澜注：《文心雕龙注》，人民文学出版社，1958年版，第505页。
③ 刘勰撰，范文澜注：《文心雕龙注》，人民文学出版社，1958年版，第514页。

亿万，以至于不可穷，万物生焉。故曰："一阴一阳之为道。"夫文之多变，亦若是也。糅而偏胜可也；偏胜之极，一有一绝无，与夫刚不足为刚，柔不足为柔者，皆不可以言文。①

　　姚鼐首先以天地之道奠定了阴柔阳刚的合理性，认为隶属天地的文章自然是由刚柔生发出来的。随后用形象生动的比喻充分揭示了阳刚、阴柔之文的特征。阳刚之文如雷霆，如闪电，如山谷飓风，如崇山峻岭，如决流大川，如飞奔骏马；阴柔之文如初生旭日，如清风、云彩、轻烟，如林间溪流，如水面波纹，如珠玉光辉，如鸿雁翱翔。姚鼐还借用"一阴一阳之为道"的定理推导出阳刚与阴柔本为一对矛盾体，它们在文章中可以互相补充，互相转换。这种转换互为的思想应和了道家思想中的发展变化观。

　　"刚柔相济，八卦相荡"，事物内部的矛盾促使它周而复始的运动。"刚柔相推，变在其中矣"，事物的发展因为变更而生生不息。中国古代文论对通变的观点论述得非常透彻。《文心雕龙·通变》即全面探讨了"通变"与文学发展的关系。"夫设文之体有常，变文之数无方，何以明其然耶？凡诗赋书记，名理相因，此有常之体也；文辞气力，通变则久，此无方之数也。名理有常，体必资于故实；通变无方，数必酌于新声；故能骋无穷之路，饮不竭之源。然绠短者衔渴，足疲者辍涂，非文理之数尽，乃通变之术疏耳。故论文之方，譬诸草木，根干丽土而同性，臭味晞阳而异品矣。"② 刘勰在此充分肯定了文学创作是随时代发展而不断变化的。他反对复古模拟，主张革新，认为新的文学形式是推动整个文学进程的关键。无独有偶，宋濂也在《文原》中强调了通变于文学发展的重要意义："庖牺仰观俯察，画奇偶以象阳阴，变而通之，生生不穷，遂成天地自然之文。"③

　　道家阴阳学说同样作用于传统武术思想。武学注重阳刚与阴柔的对

<hr/>

① 姚鼐：《复鲁絜非书》，见郭绍虞：《中国历代文论选》第三册，上海古籍出版社，1979年版，第510页。
② 刘勰撰，范文澜注：《文心雕龙注》，人民文学出版社，1958年版，第519页。
③ 宋濂：《文原》，见《宋学士文集》（四部丛刊初编本），影印本，1989年版，第4页。

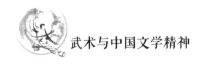
立统一，格斗之时近则用柔，远则用刚，以柔克刚，以刚克柔，以刚克敌，避实就虚，出奇制胜。这是因为阴阳是两种相互排斥而又相互依存的力量，当阴阳和谐统一时，世界万物就能正常运转，呈现出一种和谐美好的状态。

武术强调阴阳辩证观，要求"刚柔互补""快慢相间"等。道家的辩证思想在武术中以虚实、开合、进退、起伏、攻守、内外、始终等形式呈现。《吴越春秋》描写越女论剑时言："道有门户，亦有阴阳。开门闭户，阴衰阳兴。"① 太极大师王宗岳也将辩证理论融入拳理，譬如"阴不离阳，阳不离阴。阴阳相济，方为懂劲"②，"太极者，无极而生。动静之机，阴阳之母也"③。动为分，静为合，二者交互而生，太极拳由此演化。"合便是收，开便是放。能懂开合，便知阴阳。"④ 太极拳理正是利用阴阳辩证之法，总结出一套阴阳互换的功法。八卦掌同样用阴阳辩证理论来解释拳法，"阴阳两仪，循环不息，无有乎弗具，无有乎弗同，无有乎或变者也，是阴阳八卦掌两仪论之道也"⑤。八卦掌以走圈转掌来表现太极阴阳学说。在步法方面均以阴阳配合，内外浑一，刚柔、虚实、显藏、前后之法都包含了阴阳和合之理，在掌法方面，则以"滚转"与"钻转"、"挣转"与"裹转"、"按转"与"弹转"、"坐转"与"顶转"等四组八种掌法演绎阴阳变化。

《老子》中"处下""守弱"的思想，实际上就是太极拳的理论本源。老子认为水虽然柔弱且始终处于下方，却可以"以静制动""柔弱胜刚强"，而太极拳非常讲究后发制人，其中的"引进落空""借力打力""四两拨千斤""沾连粘随"等，都是待对手率先攻击之后，顺其势而后发制之。这正是运用了"处下""守弱"的思想。另外，在老子看来，万事盛极必反，强到极点必然要向弱转化，弱到极点也必然要向强转化，所谓的强弱只是一种状态而已，二者是可以相互转化的，这又成

① 赵晔：《吴越春秋》卷九，江苏古籍出版社，1999年版，第184页。
② 王宗岳等：《太极拳谱》，人民体育出版社，1991年版，第25页。
③ 王宗岳等：《太极拳谱》，人民体育出版社，1991年版，第24页。
④ 王宗岳等：《太极拳谱》，人民体育出版社，1991年版，第66～67页。
⑤ 田迴：《阴阳八卦掌　蟀形掌》，人民体育出版社，1995年版，第73页。

为太极拳可以以弱胜强的关键，同时也与老子的辩证法暗合。可以说太极拳是对道家尤其是老子思想最为深刻集中的体现。

太极拳与八卦掌均为传统武术拳术套路中的内家拳法，二者将道家辩证心法奉为正宗。而在以外家拳著称的少林拳法中，也秉承着变更相生的观点。《少林寺短打身法统宗拳谱》记载："人一身伫立之间，须配合阴阳，方知阴来阳破、阳来阴破之妙。若不明阴阳，则无变化之妙，而有呆钝之嫌。先贤曰：'敌未交手，便知胜败'，乃明阴阳之理也。"①少林拳术虽然不似太极拳、八卦掌那样，将道家辩证法直接运用于拳理、掌法的制定，但是它在解析、传授自家功法时，也主动借用了阴阳互为的传统思想，可见，其拳法之精神终究离不开传统辩证思维的指导。

第二节　虚实相生

阴阳学说开启了中国传统哲学思想的核心范式，也孕育了一系列以对立统一为逻辑运思的审美范畴，其中之一便是虚与实。武术与中国文学共同汲取了虚实哲学的精髓，且在各自的学科领域进行了个性化的诠释。②

一、武术之虚实观

虚与实是中国传统审美中的一对重要范畴，虚实原为哲学概念，虚，常有空虚、虚无之义，实则包括充实、实有之义。就武术而言，虚实观主要取自兵家思想。兵家虚实之说在《孙子兵法·虚实篇》中有详细的论述，其核心思想为："兵形象水，水之形避高而趋下，兵之形避

---

① 张孔昭：《拳法拳经备要》，山西科学技术出版社，2006年版，第27页。
② 本部分内容曾以《古典论文与武学思想中虚实之比较——以跨学科研究为视角》为题发表在《求索》2011年第1期，收入本书有删改。

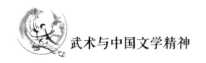

实而击虚。"① 用兵之理如同流水一般，流水总是避高而就低，习战亦然，避开坚实主力而攻打虚弱之处是取胜的方法。用兵获胜之道在于以己身之长攻对手之短。具体而言，孙子所言的虚实观包括以下三个方面的内容：

其一，在敌我斗争中努力占据主动地位，将敌人牢牢掌控在自己的手中，如"凡先处战地而待敌者佚，后处战地而趋战者劳。故善战者，致人而不致于人"②。争取战争中的主动权，能起到以逸待劳的作用。"进而不可御者，冲其虚也；退而不可追者，速而不可及也。故我欲战，敌虽高垒深沟，不得不与我战者，攻其所必救也。我不欲战，画地而守之，敌不得与我战者，乘其所以也。"③ 进攻不成，则以打击敌人薄弱之处为先。欲战时主动进攻，不欲战时圈地固守，如此便能进退攻守，全凭我意。

其二，以打击对手空虚之处为重："出其所不趋，趋其所不意。行千里而不劳者，行于无人之地也；攻而必取者，攻其所不守也；守而必固者，守其所不攻也。"④ 深入敌人未设防或疏忽之地，争取以最少的兵力消耗取得战争的胜利。此种用兵策略充分抓住了"虚"的精髓。

其三，集中自己的兵力，分散敌方兵力，形成以众敌寡的态势，为取胜创造条件。"故形人而我无形，则我专而敌分。我专为一，敌分为十，是以十攻其一也，则我众而敌寡；能以众击寡者，则吾之所以战约矣。"⑤ 用兵之计在于无形，集中我方兵力，分散敌手兵力，便能形成以一当十之强势。以众敌寡，是战争的必备法则。除兵力上的安排外，计谋策略的巧妙实施也能够以少胜多。"吾所与战之地不可知，不可知，则敌所备者多，敌所备者多，则吾所与战者寡矣。故备前则后寡，备后则前寡；备左则右寡，备右则左寡；无所不备，则无所不寡。寡者，备人者也；众者，使人备己者也。"⑥ 备者劳力，诱敌无所不备，则使其

① 孙武撰，余日昌注评：《孙子兵法》，江苏古籍出版社，2002 年版，第 64～65 页。
② 孙武撰，余日昌注评：《孙子兵法》，江苏古籍出版社，2002 年版，第 55 页。
③ 孙武撰，余日昌注评：《孙子兵法》，江苏古籍出版社，2002 年版，第 58 页。
④ 孙武撰，余日昌注评：《孙子兵法》，江苏古籍出版社，2002 年版，第 56 页。
⑤ 孙武撰，余日昌注评：《孙子兵法》，江苏古籍出版社，2002 年版，第 59 页。
⑥ 孙武撰，余日昌注评：《孙子兵法》，江苏古籍出版社，2002 年版，第 60 页。

无所不寡。寡者常防备他人，而众者恒受人防备。

无论是集体战斗的军事作战，还是个体对抗的武术格斗，均为用兵抗击的表现形式，因此兵法思想普遍存在于二者当中。武术演练以套路运动为主要形式，以实战格斗技巧为基础，并通过艺术表演手段，集养、练于一体。可以这样认为，武术套路源于实战，又高于实战，它构成了传递武术美学信息的主要媒介。套路取自攻防实战，然而又不止于此，武家们在手、眼、身、法、步和精、神、气、力、功的基础上，对朴素的格斗技术进行了再创造。由此可知，经过人们的艺术提炼，现实生活中的武术技法逐渐显现出审美的意味。武术攻防中的虚实转换通过手法、腿法、步法、身法，以及器械使用中的起落、进退、步型、步法和身法变化加以实现。具体而言，武术虚实技法表现为动作姿态的变化。徒手格斗中的虚实技法包括两个方面的内容：其一，掌握技术动作中的"时空"规律，寻找敌手破绽，乘其防守之虚而进攻身体薄弱部位，造成以实击虚的局面；其二，依据对手的进攻动作，时刻调整自己的姿势和战术，使对手难以控制，从而形成以虚藏实的战机。

明人茅元仪在《武备志》中说："盖兵法有正有奇，有虚有实，度众寡强弱之势，决高下劳逸之机，识前后左右之局，审彼己主客之形。"① 开门定户，是实的表现；虚枪诈败，是虚的特征。铁牛耕地，不是徒用刚强之力，而是利用闪躲穿提，以柔克刚之法。醉拳提倡战术上的"虚守实发"，这主要指部位的虚实、重心的虚实，以及劲路的虚实。外家拳派少林拳法《解裁手法真诀》载："凡与人搏，切不可用手沾实敌人之手与物。盖不实则虚，虚则易于变化。"② 即用虚假的动作同对手较量，避其强劲实力，攻击不设防的部位。少林拳法更是总结了详细的短打要诀："势猛则乘其势，以猛还之。凡来猛势，必上部重而下部轻，先避其势，后乘其虚，取侧势而击之，无不应手而倒。"此处言明了强弱之势与上下部位的辩证关系。虚实原为矛盾对立之两端，它在武术格斗中又可透过力量的强弱加以体现。强者必有弱处，猛势来

---

① 茅元仪：《武备志》，见《续修四库全书》964 册，上海古籍出版社，2003 年版，第 125 页。
② 无谷、刘志学：《少林寺资料集》，书目文献出版社，1982 年版，第 216 页。

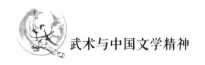
时，避其上位，攻其下盘，这便是灵活运用了虚实技战术。

在拳家看来，人体部位可以用来展现兵家虚实观。虚与实，在胸背以正、侧表示，在两足以顺、拗呈现。身体转换、变势正是武术虚实理论的基本表现手法。在演练之时，武术套路总能给人以诸多的审美享受。在细节动作上，蹿蹦跳跃、闪展腾挪可以形成快如烟云翻滚、慢如潺潺细流的体貌；在整体演绎上，手眼身法步和精神气力功相统一，舒展大方与短小精悍相协调，充分彰显了武术的技击之美。这种美感多取自结构上的巧妙安排，由于手眼身法步的动作要素必须在同一时空合理地完成，所以动作的节奏、难度都应囊括竞技规律与审美情趣。以猴拳为例，整套拳法将灵猴出洞、窥望、攀登、偷桃、惊审、入洞等情节贯串起来，并辅以仿生动作，使得虚实相生，起落有致。在体现虚实统一的问题上，太极拳具有先天的优势。虚实变化给予了太极拳时空上的审美性能，粗看虽似无技，实则生有。太极拳之"白鹤亮翅""手挥琵琶""挽弓射虎"等招式，就是在虚实并置中形成的攻防技击术。虚实相参的武术技法，在时空穿插中展现出扑朔迷离之感，这使得武术演练呈现出幻中见真、真中有幻的欣赏情境。

虚实技法的配合，一方面促使武术动作产生高低、轻重、开合、起伏的空间变化，另一方面又能使武术形成往返、穿插、迂回、转折的时间更替。总而言之，虚实技法的运用，促成了武术在时间与空间上的审美可能。

二、文学之虚实观

虚实这对哲学范畴最早源于老子思想，《道德经》云："无名天地之始，有名万物之母。"[1] 虚实便是衍生自"有"与"无"的对立统一之中。庄子承接老子的学说，从美学角度解析虚实。魏晋时期，中国各种艺术进入了蓬勃发展的第一个高峰期，美学主张也纷纷登场。在此种时代背景之下，虚与实自然成为传统审美概念中的重要组成部分。

---

[1] 老聃撰，王弼注，楼宇烈校释：《老子道德经注校释》，中华书局，2008 年版，第 1 页。

虚与实本为宇宙之基本规律，体现了辩证统一的思想。虚实互为转化，共同作用。在艺术美的表现中，二者又以"虚实相生"为主要特征。

首次将虚实相生的观点运用到文学创作领域的是陆机。① 其在《文赋》中云："课虚无以责有，叩寂寞而求音。"② 形象地指出了文学创作正是一个由虚无到实有的过程。在陆机的基础上，刘勰更是将虚实相生的观点向前推进了一步。《文心雕龙·隐秀》云："夫心术之动远矣，文情之变深矣，源奥而派生，根盛而颖峻，是以文之英蕤，有秀有隐。隐也者，文外之重旨者也；秀也者，篇中之独拔者也。隐以复意为工，秀以卓绝为巧，斯乃旧章之懿绩，才情之嘉会也。"③ 针对虚实相生的二元对立准则，刘勰提出了"隐秀说"。虚与实之关系，恰如隐与秀："隐也者，文外之重旨者也；秀也者，篇中之独拔者也。"为文应该隐、秀相配，如此才能成就佳作。

虚实交错的创作理念还落实到了具体的诗文技法层面。清代吴景旭在《历代诗话·录品》中援引屠赤水之语，云："诗有虚有实，有虚虚，有实实，有虚而实，有实而虚，并行错出，何可端倪？乃右实而左虚，而谓李、杜优劣，在虚实之辨，何与？"④ 虚实相伴，并行而出，这是吴景旭首肯的作诗方法。由实而构成虚的物质基础，由虚而带来寓意深远的境界美。

在总结戏曲创作理论时，明代戏曲理论家王骥德也涉及了虚实技法，他说："剧戏之道，出之贵实，而用之贵虚。"⑤ 指出写作戏剧一方面要以现实为出发点；另一方面要充分利用想象和虚构的技法，铸成艺术的审美特性。王骥德认为《明珠》《浣纱》《红蕖》《玉合》四戏以现实创作手法为主，《还魂》《二梦》二戏则以虚构为先。总之，虚实结合是戏曲创作之纲要。

---

① 参见曹顺庆、李清良、傅永林、李思屈：《中国古代文论话语》，巴蜀书社，2001年版，第267页。

② 萧统：《文选》卷十七，中华书局，1977年版，第241页。

③ 刘勰撰，范文澜注：《文心雕龙注》，人民文学出版社，1958年版，第632页。

④ 吴景旭：《历代诗话》，中华书局，1960年版，第515页。

⑤ 王骥德：《曲律》，湖南人民出版社，1983年版，第201页。

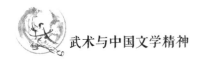

虚实之法还延伸到了传统绘画领域。清代蒋和说："山水篇幅以山为主，山是实，水是虚。画水村图，水是实而坡岸是虚。写坡岸平浅远淡，正见水之阔大。凡画水村图之坡岸，当比之烘云托月。"① 因作画主体的不同而虚实侧重各异。其实虚实往往互换，这全由创作者有意为之。戴以恒将此种虚实用画说剖析得更为详细，他在《论构景避实法》中总结道："初学贪多嫌景实，实而能空便救得。能空之法有何说，我为细详其要诀。若嫌景实枯树列，树背有水便空阔。若嫌景实双勾叶，双勾夹叶有空白。若嫌景实求变格，古树风帆林稍出。若嫌景实求妙术，石登曲折著山出，或用瀑布层层折。若嫌景实画长林，长林背后一片云，中有几枝枯树长，一群飞鸟著中央。若嫌景实在山乡，平坡法宗子久黄。平坡层层有低昂，均属景实之要方。"②

当然，在虚实相生的美学范畴中，还存在着崇实与尚虚的偏重。在虚实观的指导下，出现了偏重于"实"的观点。宋代文人范晞文继承前人观点，其在《对床夜语》中认为唐人作诗常"以四实为第一格，四虚次之，虚实相半又次之。其说'四实'，谓中四句皆景物而实也"。"四实"的重要性引起了范晞文的注意，他接着分析说："不以虚为虚，而以实为虚，化景物为情思，从首至尾，自然如行云流水，此其难也。否则偏于枯瘠，流于轻俗，而不足采矣。姑举其所选一二云：'岭猿同旦暮，江柳共风烟。'又：'猿声知后夜，花发见流年。'若猿，若柳，若花，若风烟，若年，皆景物也。化而虚之者一字耳，此所以次于四实也。"③ 范晞文凭借诗歌创作中的情景关系阐述以实见虚的观点。以虚为虚，只能流于表情达意上的抽象层面，必须以实为虚，通过具体的景物描绘达到"化景物为情思"的境界。虚实本为互动，二者结合遂成完美之境。以实入手，由实化虚，这是以实为先者的主要观点。清代韩廷锡在《与友人论文》中云："文有虚神，然当从实处入，不当从虚处入。尊作满眼觑着虚处，所以遮却实处半边，还当从实上用力耳。凡凌虚仙

---

① 蒋和：《学画杂论》，见俞剑华编：《中国画论类编》，人民美术出版社，1986年版，第282页。
② 戴以恒：《醉苏斋画诀》，见俞剑华编：《中国画论类编》，人民美术出版社，1986年版，第1006页。
③ 吴文治主编：《宋诗话全编》第九册，江苏古籍出版社，1998年版，第9292页。

子，俱于实地修行得之，可悟为文之法也。"① 韩廷锡认为，作诗虽以虚神为要，但应从实处入手。以实为基础，从实处、实景着手，往虚处发展，以有限的实表现无限的虚。在表现意境美时，以文学为代表的艺术创作通常采用此法。

为文强调以实先行，绘画亦然。清代画家石涛以为："山川万物之具体，有反有正，有偏有侧，有聚有散，有近有远，有内有外，有虚有实，有断有连，有层次，有剥落，有丰致，有飘渺，此生活之大端也。"② 现实生活是构成作品虚实美的主要来源，石涛画笔下的世界均以生活万物为始端，从实入手，变换其形，如此定能绘出佳作。作词之手法也常体现为实，清代周济《介存斋论词杂著》言："初学词求空，空则灵气往来。既成格调求实，实则精力弥满。初学词求有寄托，有寄托则表里相宣，斐然成章。既成格调，求无寄托，无寄托则指事类情，仁者见仁，知者见知。"③ "空"乃虚的一种表现，通过求空，能使词有灵气之格调，但是若要有更深邃的情感，则需要用充实作为基础。

与重"实"对应的是尚"虚"之思想。在承继皎然美学思想的基础上，司空图将虚无理念作为其艺术旨归，即其在《与极浦书》中提出的"象外之象，景外之景"。明代谢榛指出："写景述事，宜实而不泥乎实。有实用而害于诗者，有虚用而无害于诗者。此诗之权衡也。"④ 实虽为写景述事之法则，但不能因此而受到拘泥。满眼实物，会妨害诗之美感，故而应提倡以虚为用。当然，谢榛还是提出了诗的理想作法，即权衡虚实，两两结合。谢榛从诗歌的技术层面探讨虚实相生，这是对宋代以来重虚实而尚冲淡之审美理想的具体贯彻。同时，为进一步表明时代的美学旨趣，谢榛还援引了李西涯之语："诗用实字易，用虚字难。盛唐人善用虚字，开合呼应，悠扬委曲，皆在于此。用之不善，则柔弱缓散，不复可振。"⑤ 由虚而生言外之意、味外之旨。唐朝诗人精工于此，

---

① 韩廷锡：《与友人论文》，见周亮工：《尺牍新钞》第一辑，上海杂志公司，1935年版，第21页。

② 吴冠中：《我读石涛画语录 苦瓜和尚画语录》，荣宝斋出版社，1996年版，第6页。

③ 郑奠、谭全基：《故汉语修辞学资料汇编》，商务印书馆，1980年版，第682页。

④ 谢榛：《四溟诗话》卷一，人民文学出版社，1961年版，第22页。

⑤ 谢榛：《四溟诗话》卷一，人民文学出版社，1961年版，第20页。

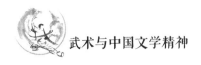

故其诗作能千古流传。

尚虚贵在含蓄，含蓄促成意境。尚虚思维带来了语言创作上的含蓄用法，宋人姜夔主张"语贵含蓄"，他说："东坡云：言有尽而意无穷者，天下之至言也。山谷尤谨于此。清庙之瑟，一唱三叹，远矣哉！后之学诗者，可不务乎？若句中无余字，篇中无长语，非善之善者也；句中有余味，篇中有余意，善之善者也。"① 诗外之意，言外之旨，犹如一唱三叹，其余味久矣，远矣。善为文者，能发挥含蓄之功，构建虚无之境。含蓄是虚的体现，其目的在于造成美的意境。古人对意境早有成熟的探讨，欧阳修引梅尧臣之语曰："必能状难写之景，如在目前；含不尽之意，见于言外，然后为至矣。"② "如在目前"是实，"见于言外"是虚，将"不尽之意，见于言外"，这是化实为虚的创作手法。由此可知，文学作品的意境可分为实境和虚境两种，实境指人们用眼直观到的物境，虚境则指需要借助想象力的开发，由实境所引发的"含不尽之意"。此种美学理念还渗透到绘画领域，清代画家方士庶在《天慵庵随笔》中说："山川草木，造化自然，此实境也。因心造境，以手运心，此虚境也。虚而为实，是在笔墨有无间，故古人笔墨具此山苍树秀，水活石润，于天地之外，别构一种灵寄。或率意挥洒，亦皆炼金成液，弃滓存精，曲尽蹈虚揖影之妙。"③ 山川草木，乃自然实境，假以内心的联想，才能构成艺术之虚境。笔墨间虚实往来属技法之本，然而要构建一番灵性世界却始终不能脱离虚。可见，以虚入法、因虚造境是古代艺术家营建美学旨趣的一条途径。

三、动静合一

武术与中国文学均受到虚实观的影响，一方面，武术与文学在展现虚实之美时具有精神上的相通点；另一方面，由于所属领域不同，二者在具体的艺术实践过程中体现了截然不同的特性。

---

① 姜夔：《白石诗说》，人民文学出版社，1962年版，第30~31页。
② 欧阳修：《六一诗话》，人民文学出版社，1962年版，第9页。
③ 周积寅：《中国画论辑要》，江苏美术出版社，1985年版，第250~251页。

武术借助动静来表现虚实。武术是一种人体动态艺术，其中的以静显动是因动作的突然停止而产生的静态审美契机。在艺术表现上，静中之动往往比动中之动更丰富、有效。武术在表现动静时，主要是通过动作上的时间变化。明代武将俞大猷认为"旧力略过，新力未发"时能成避实击虚之机，主动控制好时机能有效地获得胜利。就攻守而言，时机可谓意义非常，它直接促成了"动静合一"的美学情态。虚实之法应用于武术格斗，形成的是一种攻防意识。伴随着虚实策略的实施，攻防意识始终贯穿于武术的演练过程。在攻防意识的指导下，技击动作分动态型和静态型两种，其中静态型动作主要表现为武术中的定势美。定势美的营造，同虚实转换所带来的动作变化分不开。定势有上盘、中盘和下盘之分，四肢和躯干往往围绕上、中、下三盘交替施展动作技法。避实击虚，讲求进退与攻防的错落有致，在此种格斗谋略的指导下，人体动作能够产生动态美感。

以内家拳著称的太极拳，在技战术上凸显了"以静制动"的特点。太极拳有"引进落空"之说，当诱敌深入而进退难决之时，以虚示敌，乘机追击，变守为攻。此刻的攻守更替形成了静动分明的动作演绎，当示假时，以静等待时机，窥准破绽便突转为动，发出攻击。拳家利用时间上的差度，判断敌手的意图轨迹，动静互换，克敌制胜。太极推手之"不丢不顶，粘连相随"的粘化劲力，也是虚实技法的表现。以虚为意的"粘"成为以实为意的"发"的前提，没有粘化就无从发力，没有虚便没有实。粘即化，粘即发，这是一个由虚变实的过程。粘体现为静，发体现为动，由静待动，后发制人。太极拳将虚实技法融会在身形动作的快慢之中，演习者借助自身的变化体验虚实互换的奥妙，这不但能制敌获胜，更能让体态动作富有轻灵之感和腾挪之貌。

清代太极拳家武禹襄在《太极拳解》中言："一动无有不动，一静无有不静。视动犹静，视静犹动。内固精神，外示安逸。……彼不动，己不动；彼微动，己先动。以己依人，务要知己，乃能随转随接；以己粘人，必须知人，乃能不后不先。"[1] 由动静又可引出先后，动则先，

———————————

[1]　王宗岳等：《太极拳谱》，人民体育出版社，1991年版，第44页。

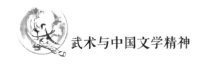

静则后，先后取决于敌手之行动。静如山岳，动若江河；迈步如临渊，运劲如抽似；蓄劲如张弓，发劲如放箭。

宋人沈括在《梦溪笔谈·艺文一》中如此言及动静之法：

> 古人诗有"风定花犹落"之句，以谓无人能对。王荆公以对"鸟鸣山更幽"。"鸟鸣山更幽"本宋王籍诗。元对"蝉噪林逾静，鸟鸣山更幽"则上句只是一意，"风定花犹落，鸟鸣山更幽"则上句乃静中有动，下句动中有静。①

以语言文字表达意义上的动态与静态，这是古代文人展现虚实之美的主要方式。王荆公取"鸟鸣山更幽"对"风定花犹落"一句，实属高妙。上句"风定花犹落"有静中含动之美，下句"鸟鸣山更幽"则见动中蕴韵之妙。动静之美不但存在于上下两句之内，更错落于两句之间，因而为诗句增添了多重意味。以静显动，动中见静，这样不但形成了时间上的交替与错落，而且还组成了虚与实的美学境界。

与动静之法同理，运用"活法"也常能探求虚实之美。宋代吕本中在讨论诗歌创作技法时总结道："学诗当识活法。所谓活法者，规矩备具，而能出于规矩之外，变化不测，而亦不背于规矩也。是道也，盖有定法而无定法，无定法而有定法。知是者，则可以与语活法矣。"② 规矩既定，但因势变化，学诗应当知此。若果吕本中仅从抽象层面说明"活法"之必须，那么杨万里则直接借助用兵之武事诠释活法之重要，其《诚斋集·答徐赜书》云：

> 抑又有甚者，作文如治兵，择械不如择卒，择卒不如择将。尔械锻矣，授之羸卒则如无械；尔卒精矣，授之妄校尉则如无卒，千人之军，其裨将二，大将一；万人之军，其大将一，其裨将十。善用兵者，以一令十，以十令万，是故万人一人也。虽然，犹有阵

---

① 沈括：《梦溪笔谈》，岳麓书社，1998年版，第123页。
② 吕本中：《后村先生大全集》卷九十五，见《四部丛刊初编》卷二一三，上海商务印书馆，1989年版。

焉。今则不然，乱次以济，阵乎？驱市人而战之，卒乎？十羊九牧，将乎？以此当笔阵之劲敌，不败奚归焉？藉弟令一胜，所谓适有天幸耳。①

善于用兵者，能以一敌十，以十敌万。作文如用兵，甚至将活用技法比喻为"笔阵"，认为只有抓住主要问题，灵活处理，方能写就奇文。

同样，"活法"对武术也有重要意义。明人唐顺之《武编前集》说：

> 拳有势者，所以为变化也，横、邪、侧面，起、立、走、伏皆有墙户。可以攻，可以守，故谓之势。拳有定势，而用时则无定势。然当其用也，变无定势而实不失势，故谓之把势作势时有虚有实。所谓惊法者虚，取法者实也，假惊而实取，似取而实惊，虚实之和妙在乎人。故拳家不可拘泥里外圈。②

唐顺之从"势"的角度分析攻防虚实之法，武术套路技法讲求招式、姿势、定势，这种身形体态的变化能确切地展现武家进退攻守的思想。虚实转换之要诀在于"活"字，即灵活应对敌手进攻，正如势之无有，全凭战时活用。招式中藏虚实之机，惊敌旨在虚招，以显假攻，实则在相反方向使出实招，所谓"声东击西"是也。"其妙诀，谓奥妙如阴阳，变化最难防。穿蹦跳跃步，闪展腾挪强。上打鼻梁骨，中击肋两旁。下有撩阻手，摔法扭敌伤。"③胜敌之奥妙，不外乎变化虚实，指上打下，灵活运用技法。

明代茅元仪还从具体的招式用法入手，总结出身、眼、手、足同虚实攻守的关系。他说："或击左破右，或以寡敌众，或以弱胜强。彼认札而我则打，彼认打而我则札。彼静我乱，彼忙我缓。势势之中，着着之内，阖辟兼该，卷舒具备，巧发奇中，令人莫当。随机应变，使彼巨

---

① 杨万里：《诚斋集》卷六十六，见《四部丛刊初编》卷一九七，上海商务印书馆，1989年版。
② 唐顺之：《武编》前集卷五，见《文渊阁四库全书》727册，台湾商务印书馆，1983年版，第429页。
③ 转引自张志勇：《中国武术思想概论》，河南大学出版社，1998年版，第137页。

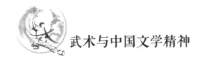

测。身法眼法，旋转靡定。手法足法，收放自如。"[1] 武术中活法的使用带来的是功效上的直接性，这主要指制敌取胜，打败对手。武术的取胜与文学的生动成为检验活法的有效标准，也构成了划分二者艺术归属与特征的标识之一。

明人何良臣根据自己的临战经验，总结出大量的用枪之术：

> 凡学枪，先以进退身法步法与大小门圈、圈串手法演熟。继以六直八母、二十四势的厮杀，使手能熟，心能静，心手与枪法混而化溶，动则裕如，变不可测。[2]

熟练用枪，心手合一，灵活应敌便可成矣。何良臣于此指出了"心静"同枪法练习之间的必然关系。在武术技法的演练上，操习主体的虚静心态往往提供了一种技艺的境界升华场域。以虚化实，由实入虚，虚实之间促成攻防之势。

四、空间变化

从物理学上分析，空间结构的呼应能产生一种视觉上的对称与和谐之美。人们在模仿线形运动时，能由此产生心理上的快适与不快之感。"对称的线形合于对称的身体，所以发生快感；上重下轻的线形不合于上轻下重的身体，所以发生不快感。"[3] 内心的快感促成了美的享受，在这种结构美的作用下，始终以虚与实的达意为旨归。在艺术构图中，空间的对比可起到营造虚实美的作用。疏密、长短、曲直、方圆、粗细、大小等诸种对立统一的空间概念，组成了营造空间美感的必备因素。

空间结构的演绎与创造可谓中国武术之专长。人体的运动范围和距

---

① 茅元仪：《武备志》卷八八，见《续修四库全书》964 册，上海古籍出版社，2003 年版，第125 页。

② 何良臣：《阵纪》卷二，军事科学出版社，1984 年版，第 103 页。

③ 朱光潜：《文艺心理学》，复旦大学出版社，2005 年版，第 58 页。

离长短的变化是武术虚实技法在空间上的集中表现。拳术中有"翻子拳"一种，其"连环拳法"侧重"出手打鼻梁，缩手奔胸膛"。上打鼻梁，下奔胸膛，这是指上而攻下的虚招使然。灵活多变带来了动作上的左右平衡、上下相随。左右、上下的肢体动作变化，不仅能形成攻敌之势，更能产生视觉和心灵上的审美效果。同理，空间上的变更在太极拳中也有体现。该拳在虚实问题上对手足位置的安排十分精到，如左手和左足、右手和右足必须上下相随，即左手实则左足虚，右手实则右足虚，绝对不能出现两重之病。虚实要分清，一处有一处之虚实，处处总有一虚一实，如此才能立身中正，他人难侵。虚实参半，随机互换，这使得整体动作在视觉欣赏上有中正不偏的和谐状态。在此处，虚实主要体现为重心的变化。太极拳利用人体重心原理，得出重心左移则左足实而右足虚，重心偏右时则右足实而左足虚的规律。进攻敌手的力量源泉便来自重心偏差的倒换之中，上随下，下迎上，虚实变动而力量鼓荡。如此一来，太极拳活泼无滞、周身轻灵之美便展现得淋漓尽致。

在文学艺术领域，创作者可以通过用字、练意来营造作品的空间美感。受佛家思想影响，唐代诗僧皎然在解释虚实相生的概念时，直接把"空"的理论引入诗论。其在《诗式·重意诗例》中言："但见情性，不睹文字，盖诣道之极也。……精之于释，则彻空王之奥。"[1]"空"成为诗家追求的艺术境界，持相同观点的还有袁枚，他在《续诗品·空行》中云："钟厚必哑，耳塞必聋。万古不坏，其惟虚空。诗人之笔，列子生风。离之愈远，即之弥工。仪神黜貌，借西摇东。不阶尺水，斯名应龙。"[2]"虚空"之妙不但为宇宙本体之道，更是作诗之法。对袁枚来说，虚空是指诗歌的空灵之感。为诗之理在于虚，声东击西，由此及彼。相对于此法，刘熙载则是从字、词的操作性层面探寻空间美感的写法。其在《艺概·文概》中说："苏子由称太史公'疏荡有奇气'，刘彦和称班孟坚'裁密而思靡'。'疏''密'二字，其用不可胜穷。"[3]又云："文或结实，或空灵，虽各有所长，皆不免著于一偏。试观韩文，

① 皎然：《诗式校注》，人民文学出版社，上海古籍出版社，2003年版，第42页。
② 袁枚：《续诗品》，见王夫之：《清诗话》，人民文学出版社，1961年版，第1032~1033页。
③ 刘熙载：《艺概》卷一，上海古籍出版社，1978年版，第15页。

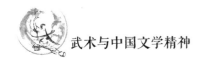

结实处何尝不空灵，空灵处何尝不结实。"① 刘熙载以"疏""密""空灵""结实"等概念分析虚与实的具体写法，企图用一种视觉上的技法，探索从属于精神世界的文学创作规律。

在空间造美中，除由对立统一的概念找寻虚实之外，"空白"不啻为一条蹊径。老庄以"自然"作为"道"之属性，认为"虚无"乃万物之始、宇宙之源，故"虚"成为中国古典艺术不可忽视的美学对象。"空白"是艺术世界提供给虚的一个表现场所，它由空间上的虚无之态带来内容上的实有之境，就书法和绘画艺术而言，只有做到超越具体的线条和图绘的实景，才能体现无穷的意义。在文学创作层面，空白技法达成了传递言外之意的目的。

作为艺术技法之一，空白普遍存在于传统书画理论中。清代画家笪重光在《画筌》中言："空本难图，实景清而空景现；神无可绘，真境逼而神境生……无画处皆成妙境。"② 实景是形成空景的基础，但画境的呈现系于空景的发展，所以无画之空白处实则充满了妙境。清人张式在《画谭》中对画中空白的论述颇为详细：

> 烟云渲染为画中流行之气，故曰空白，非空纸。空白即画也。古人一树一石皆得烟云之致，近日貌袭倪黄者，视烟云为了手事，吾愿学者挽之，使画道一变。笔墨位置不外通气有神，互用虚实，经营详略是也。③

空白是画家有意为之，引文中的烟云便是。画中"空白"非"空纸"，它能"通气有神"，画道亦为之改变。画景中的物象与空白两两交融，结成了一种虚灵的流行之气，这就是空白的好处。宗白华言："空白在中国画里不复是包举万象位置万物的轮廓，而是溶入万物内部，参加万象之动的虚灵的'道'。画幅中虚实明暗交融互映，构成飘渺浮动

---

① 刘熙载：《艺概》卷一，上海古籍出版社，1978年版，第23页。
② 笪重光：《画筌》，见沈子丞编：《历代论画名著汇编》，文物出版社，1982年版，第310页。
③ 吴世常：《美学资料集》，河南人民出版社，1983年版，第399页。

的絪缊气韵，真如我们目睹的山川真景。"① 在宗白华看来，中国画法由于有了空白的有意为之，才能妙笔生虚，既不滞于外物，而又笔笔写实。

古人对空白的钟爱无不源于虚实之思维模式，其实，在具体运用空白之法时，人们也常使用"藏"与"露"的做法。清代画家布颜图取画蛟一事说明隐显与藏露之奥妙，他在《画学心法问答》中言："吾所谓隐显者，非独为山水而言也。大凡天下之物，莫不各有隐显。显者，阳也；隐者，阴也。显者，外案也，隐者，内像也。一阴一阳之谓道也。比诸潜蛟之腾空，若只了了一蛟，全角毕露，仰之者咸见斯蛟之首也，斯蛟之尾也，斯蛟之爪牙与鳞鬣也，形尽而思穷，于蛟何趣焉？是必蛟藏于云，腾骧夭矫，卷雨舒风，或露片鳞，或垂半尾，仰观者虽极目力，而莫能窥其全体，斯蛟之隐显叵测，则蛟之意趣无穷矣。"② 画蛟龙应隐显交错，如若将其全角毕现，终究失却意趣。因此，施云用雨，半遮半现，以叵测之图景尽无穷之画意。

绘画一事原与作诗同理，清初文人赵执信在《谈龙录》中用绘蛟之事阐明了诗文藏露之法。据《谈龙录》载，王渔洋和洪升曾就诗歌藏显问题展开论争。洪升以为"诗如龙然，首尾鳞鬣，一不具，非龙也"，王渔洋则提出了反对意见："诗如神龙，见其首不见其尾，或云中露一爪一鳞而已，安得全体？"王渔洋赞同"云中露一爪一鳞"，此为虚中见实。对此论争，赵执信倾向于王氏的观点，他进一步解释道："神龙者，屈伸变化，固无定体；恍惚望见者，第指其一鳞一爪，而龙之首尾完好，故宛然在也。若拘于所见，以为龙具在是，雕绘者反有辞矣。"③ 藏露得当，不但能远离雕凿之嫌，还能丰富作品的意蕴之美。作诗如绘画，不能全盘托出，应隐显相参，虚实互生。明代谢榛亦云："凡作诗不宜逼真，如朝行远望，青山佳色，隐然可爱，其烟霞变幻，难于名状；及登临非复奇观，惟片石数树而已。远近所见不同，妙在含糊，方

---

① 宗白华：《艺境》，北京大学出版社，1987 年版，第 112~113 页。
② 王伯敏、任道斌：《画学集成》，河北美术出版社，2002 年版，第 505 页。
③ 赵执信：《谈龙录》，人民文学出版社，1981 年版，第 5~6 页。

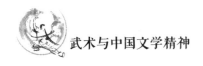

见作手。"① 隐然可爱，显尽失色，由此成就了虚实相生的经济笔墨。

在武术中，"藏"与"露"原指因虚实技法而形成的动作特点。明代茅元仪在《武备志》中录有"孤雁出群"势，该势的技法要则为"圈外故意露败枪，走、回如打扑鹌鹑，单双手即可为之"。此势不因力得捷，乃以逸待劳。与此相类，还有"高搭袖劈华山"势，其要义不是从高而为，而是藏用于下。② 看来拳家重视技法之"藏"，全因掩饰"露"而施用。以"孤雁出群"势为例，圈外走、回，圈内空当，遂成圈内之虚与圈外之实；而"高搭袖劈华山"势则藏下露上，构成一虚一实的交相呼应。

脱胎于虚实技法的武术之"藏"与"露"，在传统审美习惯的涤荡下增添了许多艺用色彩。"露"是用浅露直率的方法表现那些以实用格斗为目的的形体动作，"藏"则是把外在技法动作予以虚化处理，形成一种以虚见实之美学境界。拳家把武术真实的招数技法加以艺术处理，按照动静、起始、转合、快慢、刚柔等手法创制了各种招式与套路，从而使整个武术的攻防动作体现出审美情趣，这就构成了"藏"之引申义。在动作风格上，"露"追求动作的明快和强悍，如南拳、八极拳、少林拳、翻子拳等，此类拳术均突出了武术中刚猛强劲的一面。相较而言，以太极拳、形意拳、八卦掌等为主的内家拳则着意于"藏"之特征，常以委婉含蓄、舒展大方、形意双修为演练目标。"藏"与"露"正如一对矛盾体，演绎着武术中的虚实之美。技法上的直接显露带来了审美上的浅露直率，而招数上的间接暗藏便形成了艺术上的含蓄深远。此外，曲折含蓄的动作总是具有更多的美学意蕴，这与尚虚无、贵含蓄的审美传统紧密相连。

无论武术，抑或文学，二者都通过虚实来传达其独有的美感。在虚实相生的美学观点中，人们常侧重于虚的建设，故而此种审美习惯对文学与武术所产生的影响也更为深远。文学艺术因表现材料的间接性和含蓄性，更倾向于由实入虚的艺术手段。就武术而言，"虚静"也成了练

---

① 谢榛：《四溟诗话》，人民文学出版社，1961 年版，第 74 页。

② 参见茅元仪：《武备志》，见《续修四库全书》964 册，上海古籍出版社，2003 年版，第 125 页。

武者所追求的终极目标。融意念、精神于招式，实中求虚，动中求静，在虚静至一的状态之下，进而直入心中无物、极其虚灵的境地。

第三节　形神兼备

形神之说起源于传统哲学关于外形与内质的关系探讨，主要包含以下三个方面的内容。其一，形可视作世间的一切有形物体，神则为有形之物的根源和功效。此种思想见于《荀子·天论》："万物各得其和以生，各得其养以成，不见其事而见其功，夫是之谓神。"[1] 可见者为形，不可见而能见其功者便为神。其二，形指生命机体，神指生命的活动和机制状态，如《淮南子·原道训》云："夫形者生之舍也，气者生之充也，神者生之制也。"[2] 其三，相对于宇宙中之人类群体，形具体指人体肉身，神则指精神状态。如葛洪在《抱朴子·至理》中言："身劳则神散，气竭则命终；根竭枝繁，则青青去木矣；气疲欲胜，则精灵离身矣。"[3]

对形神关系的论说在先秦时期就已展开，如《管子·内业》云："天出其精，地出其形，合此以为人。"[4] 即精气与外形组成了人体。《庄子·知北游》也说："夫昭昭生于冥冥，有伦生于无形。精神生于道，形本生于精，而万物以形相生。"[5] 形通过神而体悟道。时至汉代，对形神关系的探讨以《淮南子》为代表，其云："以神为主者，形从而利；以形为制者，神从而害。"[6] 此时神为主宰，贵神之说初显锋芒。进入魏晋南北朝时期，人的自觉意识渐强，对形神学说的争论也日趋激

---

① 王先谦撰，沈啸寰、王星贤点校：《荀子集解》卷十一，中华书局，1954 年版，第 206 页。
② 刘安：《淮南子》卷一，中华书局，1954 年版，第 17 页。
③ 葛洪：《抱朴子》卷五，中华书局，1954 年版，第 22 页。
④ 戴望：《管子校正》卷十六，中华书局，1954 年版，第 272 页。
⑤ 郭庆藩撰，王孝鱼点校：《庄子集释》卷七，中华书局，1961 年版，第 741 页。
⑥ 刘安：《淮南子》卷一，中华书局，1954 年版，第 17 页。

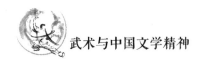

烈。至此，哲学范畴内的形神说大致成形，即以神至上，形为体而神为用。①

一、武术之形神观

在形神关系的认识上，中国武术认为形动而神俱，形动而神随。形神相随的观点普遍存在于武术思想中。形，指人体在运动时的姿势、力法、节奏等，它以人体运动所产生的形象为主，含定态造型、动作组合，以及整体武术套路的结构形态；神，指演练者在运动过程中所产生的体现于套路之形或蕴藏于身体之中的精神意识，如强烈的攻防意识、高尚的情操、完美的个性等。形显于表，神居于内。外在的感性形体姿势总是伴随着内在的精、气、神，内外与形神的统一组成了武术的美学范式，如错落有序、端庄大方的形体美，跌宕起伏、变化万端的技法动作。在审美鉴赏中，人们往往是从表及里，由形入神。以人体技击为核心、以艺用思想为补充的中国武术非常注重形神的统一关系，神需借形而达理，形必含神乃显意。形与神的关系，既独立存在，又相互依存，二者是武术人体运动之物质与精神的对立统一体。

在传统美学思想中，形神的表现是相辅相成的，美离不开形，但其本质却不局限于形。从形到神，神形具备才能促成形神之美。内示精神，外示安逸，用精神反映武者的内在气质与品性，以技法体现形体的变化美，这是武术之形神观的主要内涵。在形神诠释上，武术倾向于用肉身和外形来展现主体的精神意识。《庄子·在宥》言："无视无听，抱神以静，形将自正。"② 庄子尤其重视神对形的补充作用，认为以神促形，神主形从。譬如太极拳中"白鹤亮翅"一势模拟白鹤展翅之形，强调动作的随意、舒展，表现出一种由内及外的超然体态。

中华武术重视内外双修，这与传统美学之形神观颇有渊源。"形神相即，形质神用，名殊体一"，精神是形体之目的，"形似"又是"传

① 本部分内容曾以《论武术形神观的美学内涵与建构方式》为题发表在《岭南师范学院》2020年第3期，收入本书有删改。

② 郭庆藩撰，王孝鱼点校：《庄子集释》卷四，中华书局，1961年版，第381页。

神"之手段。依据武术之人体格斗的艺术特征，形神兼备被直接运用于人体内、外的修行问题上。内，即心、神、意等内心活动；外，即手、眼、身、步等形体动作。

中国武术在形神问题上有过长期的探索与实践，其中包括"形似"和"神似"的不同侧重，以及形神兼备的整体掌握。以练形为先，讲求人体之形态美，这是武术对"形似"的实践。武术谚语有云："入门先找形，练功不忘形。"形是神的前提和基础，神寓于形之中，没有正确的形，神便难以体现。武术动作是"武术意识"的外在表现形式，其中各种眼法和手法、身法、步法的配合尤为重要。对于动作形体的偏重，集中体现于以象形拳为代表的拳种中。象形拳以"象形"为名，鲜明地标识了该拳术对"象"的极大重视。取象入形，由形演武，是象形拳立拳之根本。该拳以模仿自然界动物的特殊动作为途径，并将其与人类肢体活动规则结合，形成了极富生机的经典拳种。

象形拳中以醉拳、螳螂拳、猴拳、蛇拳和鹰爪拳最为著名。醉拳，又名醉酒拳，此拳寓拳法于醉形，藏机关于扑跌之中。演练时，身形飘忽不定，步法跌撞，以表现醉态为主。在外形动作上，醉拳要求手法上刁、搂、点、扣，腿法上踢、弹、勾、挂，攻法上挨、傍、挤、靠，以及守法上的闪、展、挪、腾。由于醉态之跌撞，拳法自然将摔法纳入其中，因而醉拳在形似演练上取得了极大的成功。螳螂拳，是取昆虫螳螂之形，在综合了少林长拳攻防技术的基础上形成的象形拳术。该拳借取螳螂身体俯、仰、拧、转、旋的多变特点，擅用前臂而形成的搂、勾、挂等灵活动作，以及稳固踏实的特征，在身法、手法、步法上组成了制敌于千里之外的技击法则。猴拳早在汉代就已出现，湖南马王堆汉墓出土的汉代帛画导引图中绘有"沐猴灌（欢）"，其内容便是猴拳的雏形。明代万历九年（1581），王士性《嵩游记》录有猴拳武练之文："下山再宿，武僧又各来以技献，中有为猴击者，盘旋踔跃，宛然一猴也。"[1]此处所描述的无疑就是猴拳，而且演练情态必定引人入胜。此外，明代武学典籍《纪效新书》载"宋太祖有三十二势长拳，又有六步拳、猴

---

[1]　转引自唐豪：《少林拳术秘诀考证》，上海市国术协进会，1941年版，第74页。

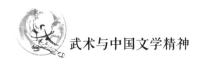

拳、囮拳"，《江南经略》中也有三十二路猴拳之说的描述。蛇拳取象于蛇，是四川峨眉派武术的一大特有拳种。该拳在形态练就上力求"神颤步潜，蛇形绕走，手内旋；掌插肋，指喉箭，勾啄人顶巧柔软"①。蛇拳以蛇形展现为主，手上动作全凭掌、指翻转。出手似毒蛇敏捷，收手如闪电迅速；腿走绕步，快转稳健。鹰爪拳侧重于模仿鹰爪之动作风格，在爪法、爪型上展现该拳之外形美。因模仿动物而成名的象形拳，既是传统认知方式——经验理性的产物，也是仿生运动的具体表现。在象形拳中，动物的动作形态成为人们创编武术的灵感源泉。

虽然形意拳也取自动物的外在形态与动作，但这并不说明形意拳对神有所忽略。形意拳注重以形取意，以意象形，形随意转，意自形生。一定程度上，形意拳之"意"是"神"的代称。形意拳取龙、虎、猴、马、鼍、鸡、燕、鹞、蛇、鮐、鹰、熊十二种动物的特有技能，从模拟动物之形，到进入动作之意，最后再到人体之形与意的结合。形意拳以十二形拳为中心，将动物之技法融于拳术，以意取势，击人于无形。有形入无形，有意进无意，这便是由"形似"体悟"传神"的过程。

在由形入神的同时，形意拳还非常重视以神御形。少林五拳，即龙拳、虎拳、豹拳、蛇拳、鹤拳，分别代表人体之"神、骨、力、气、精"。此五势皆由模仿动物的动作而来。通过对动物内在特质的深刻体会来统御外在的肢体动作，最终达到内外兼修的武学境界。龙拳练神，练时五心相印，如神龙游空，夭矫不测。虎拳练骨，练时起落有势，怒目强项，有怒虎出林、两爪排山之势。豹拳练力，豹子喜好跳跃，腰力不比虎弱，练时应短马起落，全身鼓力，两拳紧握，五指如钩铜屈铁，所以豹拳多握拳。蛇拳练气，蛇在行动时，节节灵通，当它未被外物牵绊时，仿佛毫无力气，一旦遇到外物，立即收敛气，其力量远胜勇夫。因而蛇拳以练气为主，练时柔身而出，臂活腰灵，将两指头并拢，模拟蛇的舌头，且推按起落，游荡弯曲，若灵蛇出洞，似集柔成刚。鹤拳练精，由于鹤在行动时主要靠纤细的两足，因此鹤拳之精华便在于足。鹤乃敛神静默之物，练时应凝神聚气，着意模仿鹤的神情。

---

① 转引自马青海编：《象形拳集锦》，中国展望出版社，1988年版，第111页。

借助形神兼备展示武术之美，人们能充分体认二者的辩证统一关系。太极拳"十三势行功心解"中有"形如搏兔之鹘，神如捕鼠之猫"的说法，要求演练者具有如鹘般矫健的身形和猫时时出击的神态。同时，形意拳倡导"有形之动出于无形之意"，"无形之意"是"有形之动"的源泉，如若没有"无形之意"，就不会有"有形之动"。"意"是无形的、抽象的和内心所含的搏斗之"神"，在武术技法中，"意"被赋予了有形的、具象的和外在形体技术之"形"。这就构成了形意拳名之内涵。

中国传统内家拳更加注重由形入神的演进，即以神带形，重神略形。清代武术名家李亦畲归纳了太极拳法的"五字诀"——"心静、身灵、气敛、劲整、神聚"。在此五字诀中，李亦畲将"神聚"列为前四个步骤的总归，"上四者俱备，总归神聚。神聚则一气鼓铸，练气归神，气势腾挪；精神贯注，开合有致，虚宣清楚"①。心静、身灵、气敛、劲整，这四个方面大致以人体器官的感受为依托，即心、身、气、劲，而它们最终导向的是精神层面的"神聚"。无独有偶，针对形神结合之法，太极拳大师陈鑫曾以亲身体验发出感言：

> 一片神行之谓景，景不离情，犹情之不离乎理也。心无妙趣打拳，则打不出好景致。问何以打出好景致？始则循乎规矩，间则化乎规矩，终则神乎规矩。在我打得天花乱坠，在人自然拍案惊奇。里感有情，外感有景，真如天朗气清，惠风和畅，阳春烟景，大块文章。处处则柳韗花娇，招招则山明水秀。游人触目兴怀，诗家心驰神往。真好景致也。拳景至此，可以观矣。②

打拳要有好景致，何为景致？乃"一片神行"也。以神入拳，如情景交融，妙趣横生。若要拳有神有趣，则应"循乎规矩""化乎规矩""神乎规矩"。规矩不外乎拳理、技法，它可理解为应用于形体之术。由

---

① 王宗岳等：《太极拳谱》，人民体育出版社，1991年版，第66页。
② 转引自程大力：《中国武术：历史与文化》，四川大学出版社，1995年版，第133页。

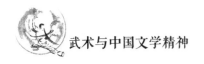

依循技理，到化解技理，再到神乎技理，完全将太极拳从形到神的过程彻底展示开来。

虽然，不同门派的拳法对形神各有侧重，但形神同构始终是中国武术操练与修行的准绳。中国各武术拳种均以生命之和谐发展为出发点，使内部意气的流动与外部神气的鼓荡和谐作用于肢体运动中。不仅如此，拳家还认为神是形的内蕴和灵魂，离开了神，便丧失了中华武术之文化精髓。"形美感目，神美感心"，中国武术始终以此为基准。在从"形似"到"神似"的演练过程中，逐渐达成了中国传统审美理想中的"传神写意"之境。至此，武术也进一步沟通了与文学艺术的美学对话。

二、文学之形神观

在文学艺术领域，以形神关系为代表的美学观点逐渐成了备受关注的话题。就文学作品而言，"形"指作品中那些可见可知，具有确定性、实在性和可视性的描写对象；"神"则指这些描写对象所体现的生命意识，或是指写作者将一己之心与对象发生反应而生成的精神状态，它呈现的是不确定性、直觉性和感悟性。在形神兼备的整体思维影响下，中国文艺理论有过"形似"与"神似"的不同理解。

不以"形似"为终止，而以"神似"为佳境，这是中国传统美学形神观的整体性思维模式。在形神兼备的观点之中，可以看出"传神"总是被作为艺术境界的象征。"以形写神"，形为依托，神为目的，这是晋代形神观的一大特点。东晋顾恺之以绘画艺术为体验，指出应在形似之上建立神似的观点。他认为："四体妍蚩，本无关于妙处，传神写照，正在阿堵中。"[①] 一方面强调传神，如"传神写照，正在阿堵中"；另一方面又指出"其于诸像……有一毫小失，则神气与之俱变"，外物之形的经营也不能懈怠。顾恺之的观点在后学中得到了承继和发展，明代画家董其昌在《画禅室随笔·画诀》中云：

---

① 刘义庆：《世说新语》卷五，中华书局，1954年版，第187页。

> 画家以古人为师，已是上乘，进此当以天地为师。每每朝起看云气变幻，绝近画中山。山行时见奇树，须四面取之。树有左看不入画，而右看入画者，前后亦尔。看得熟，自然传神。传神者必以形。形与心手相凑而相忘，神之所托也。树岂有不入画者，特画收之生绢中，茂密而不繁，峭秀而不塞，即是一家眷属耳。①

画家应以天地为师，观察万物变幻，成画卷之神奇。董其昌与顾恺之的观点一脉相承，认为"传神者必以形"，心手与物形应该相互契合。

时至明清，形神观在以小说为代表的叙事文学作品中进一步发展。明人叶昼认为小说人物应"形神"结合，可借由"画眼前""画心上""画意外"三个步骤逐步达到。顾名思义，"画眼前"指小说作者在描绘人物形象上应切实地反映人物的特点，恍如有在眼前之感，所谓"如画""逼真"是也。"画心上"者，以人物感情世界为集中表现对象，将内心活动与言行描写结合，做到"传神写照"。"画意外"指能超越人物可视可观之形象，从形象本身、语言文字以外探寻无穷之意味。

> 此回文字逼真，化工肖物，摩写宋江、阎婆惜、并阎婆处，不惟能画眼前，且画心上，不惟能画心上，且并画意外。顾虎头、吴道子安能到此！至其中种种关目，恐施、罗二君亦不自料到此，余谓断有鬼神助之也。②

不仅画眼前，而能画心上，不独画心上，而能画意外。此种出神入化的手法，能描绘出宛如鬼神相助的逼真形象。

金圣叹既认可"形似"的重要性，又以"神似"作为小说创作的美学追求。在点评《水浒传》时，他详细地展现了形神观。在金圣叹之后，张竹坡推进并完善了小说形神观。张竹坡系统地研读以《红楼梦》

---

① 董其昌：《画禅室随笔》，见沈子丞编：《历代论画名著汇编》，文物出版社，1982年版，第255页。

② 李贽撰，陈曦、侯忠义、鲁玉川辑校：《〈水浒传〉会评本》，北京大学出版社，1981年版，第398页。

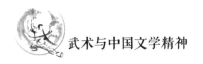

《金瓶梅》《儒林外史》等为代表的人情写实类小说，在他看来，人情写实类小说着意于"形似"描绘，在刻画人物方面甚至可以用"细如牛毛"加以评说。从以《三国演义》《水浒传》为代表的历史传奇小说转变而来，人情写实类小说更有可能进入普通民众的世俗生活和内心。故而，张竹坡认为《金瓶梅》能"隐大段精彩于琐碎之中"，真正达到了细如牛毛的程度。"细如牛毛"的形似写法，往往不能离开神似的追求。张竹坡接着指出，"摹神肖影，追魂取魄"，其中"摹神"便是神似理论在小说创作中的表现。《金瓶梅》"其书凡有描写，莫不各尽人情，然则真千百化身，现各色人等，为之说法也"①。尽人情，显性格，情感与个人甚至与整个社会都息息相关。

在形神兼备理论中，又出现了对"形似"的侧重。作为美学意义上的形神关系说源自人们在传统绘画领域的美学思考。② 以造型艺术为核心的绘画，在发展的最初阶段便以外形临摹为主要创作手法，因而中国美学之形神观自然也要受到"形似"观念的影响。

在各种艺术创作大放异彩的魏晋南北朝时期，人们开始探讨诗文创作中的形神问题。此阶段，文艺理论家都不约而同地将审美追求指向"形似"。西晋陆机在《文赋》中认为："体有万殊，物无一量，纷纭挥霍，形难为状。"自然万物千姿百态，这不仅使文章之体式面貌不一，而且决定了文学形态的难以写就。在对物与文的理解之上，陆机提出了自己的创作境界："虽离方而遁圆，期穷形而尽相。"③ 由此可知，他是从正面肯定了"形似"的艺术理想。南朝梁刘勰在《文心雕龙·物色》中记录了当时文坛对"形似"的追求："自近代以来，文贵形似，窥情风景之上，钻貌草木之中。吟咏所发，志惟深远；体物为妙，功在密附。故巧言切状，如印之印泥，不加雕削，而曲写毫芥。故能瞻言而见貌，印字而知时也。"④ 所谓"近代"，实指晋宋时期。可见，文学之写景状物应求形似，此种观点在当时已蔚然成风。钟嵘《诗品》中也有同

① 张竹坡：《皋鹤堂批评明代第一奇书金瓶梅读法》，广文书局，1981年版，第62页。
② 参见蔡钟翔、涂光社、汪涌豪：《范畴研究三人谈》，载于《文学遗产》，2001年第1期。
③ 萧统：《文选》卷十七，中华书局，1977年版，241页。
④ 刘勰撰，范文澜注：《文心雕龙注》，人民文学出版社，1958年版，第694页。

样的记载，其评价张协曰："文体华净，少病累，又巧构形似之言。"①
评谢灵运为："故尚巧似，而逸荡过之，颇以繁富为累。嵘谓若人兴多
才，寓目辄书，内无乏思，外无遗物，其繁富，宜哉！然名章迥句，处
处间起；丽典新声，络绎奔会。譬犹青松之拔灌木，白玉之映尘沙，未
足贬其高洁也。"② 又认为颜彦之"尚巧似，体裁绮密，情喻渊深"③。

在诗文美学领域，推崇"形似"的倾向从魏晋延续到了隋唐。唐人
李峤在《评诗格》中提出了包含"形似"体的诗文"十体"。与之同时
代的著名文僧遍照金刚在《文镜秘府论·地卷》中也有"形似体"之
说。该卷录有"形似""质气""清理""直置""调藻""映带""飞动"
"婉转""清切""菁华"共"十体"，"形似体者，谓貌其形而得其似，
可以妙求，难以粗测者是"④。体察物象之外貌，求得形似之法，这是
遍照金刚继承前人经验的地方。然而，他又指出"可以妙求，难以粗测
者"之患。由此可见，超出"形"之外的"神"已渐渐引起了文人的
注意。

在对"形似"的艺术探寻和创作实践之余，人们的审美能力和表现
手法得以发展。其中，反思"形似"理论和发现"神似"之妙的艺术新
思路成为传统美学理论界的一种趋势。因而，在形神兼备美学原则的统
领下，人们又常侧重于对"神似"的追求。

汉代画家开始意识到物象之外的重要性。《淮南子·说山训》载：
"画西施之面，美而不可说；规孟贲之目，大而不可畏；君形者亡焉。"
高诱注曰：　"生气者，人形之君，规画人形，无有生气，故曰君形
亡。"⑤ 画西施的面容，由于没抓住神而失却了西施之真美；绘孟贲的
眼睛，只求其大而没有表现出令人生畏之情，这就丧失了人物的神气。
形是艺术创作的基础，但除此以外，画者更应注重主宰形体的神。

在诗文理论中，较早提倡文贵神似者首推晚唐的司空图。司空图在

---

① 钟嵘：《诗品》，人民文学出版社，1961年版，第27页。
② 钟嵘：《诗品》，人民文学出版社，1961年版，第29页。
③ 钟嵘：《诗品》，人民文学出版社，1961年版，第43页。
④ 遍照金刚撰，周维德校点：《文镜秘府论》，人民文学出版社，1975年版，第50页。
⑤ 刘安：《淮南子》卷十六，中华书局，1954年版，第281页。

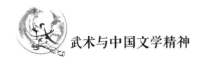

《二十四诗品》中采用了比拟的方法归纳了二十四种诗歌的品格,无不透露出对神似的向往和缔造。他认为"脱有形似,与率为期",反对一味地临摹形似,指出"超以象外,得其环中",高扬"离形得似"的创作之法。"超以象外",指超脱具体的现实物象,"得其环中"则指获得"神似"之态。此二者的关系其实也就是"离形得似"的最好注解,即离开外形,取得神似。

在司空图"离形得似"说之后,严羽进而总结出"诗而入神"的观点。《沧浪诗话·诗辨》载:

> 诗之品有九:曰高,曰古,曰深,曰远,曰长,曰雄浑,曰飘逸,曰悲壮,曰凄婉。其用工有三:曰起结,曰句法,曰字眼。其大概有二:曰优游不迫,曰沉着痛快。诗之极致有一,曰入神。诗而入神,至矣,尽矣,蔑以加矣!惟李杜得之。他人得之盖寡也。①

严羽将诗歌品评归为"品格""用工""大概""极致"四个层面,并以"入神"贵为诗歌的极致境界。追求"神似"成为严羽诗歌创作的美学标的。无论是"形似",还是"神似",其实都是人们对形神说的积极探讨。因此当我们在分析形神兼备这一美学观点时,形与神始终互为体照,不可分割。

三、以"意"传神

形神观的构成方式和表现途径是一个值得深入探讨的话题。从学界的研究成果来看,形神概念的发展演变及二者的关系梳理是研究者集中分析的内容,并形成了一整套成熟的理论体系。不过对形神关系的微观研究有待进一步深入。鉴于此,本书选取武术与文学为分析对象,从比较的视野来考察形神观的建构过程与生成机制。

---

① 郭绍虞:《沧浪诗话校释》,人民文学出版社,1961年版,第7~8页。

本书认为要达到形神兼备的美学情境可由两个方面入手：一是对"意"的把握，二是渐入"气韵生动"的佳境。

在传统武学思想中，"意"是演练主体对武术技法的深入理解与思维想象。具体而言，它包括武论中的"意发"和"神传"。武术技法认为，传神与达意始终是相连的。《太极体用解》载："精、气、神有一定之主宰者，意诚也。诚者，天道；诚之者，人道。俱不外意念须臾之间。"① 太极拳学把"精、气、神"当作身体动作之主宰，而且还将"意"贯串其中。意念不但成就了武术技法之神，还沟通了"天道"与"人道"。故而以"意"通"神"，"意""神"互用，便成了中国武术形神论的一大特点。现代武术学理界认为，"意"又可以理解为一种武术运动意识，主要指"运动员在演练套路过程中为追求攻防技击和艺术表演的效果而选择身体活动方式的自觉心理活动过程。它表现运动员对具有攻防含义的动作技术和在表演艺术上的全面认识与深刻理解，并让内在的精神通过形体的动作得以反映"②。

细而析之，武术之"意"被视作武技上的深层功夫，它常与抽象的内容关联。其一，指习武者的主观意图，如攻守进退的作战思想；其二，指由形体动作而产生的意味与情趣，如武术中用"十二型"（十二种动物的形象）来诠释人身体态的动作变化与意美、神妙的关系。武术之神由形而生，在形神转换之际，"意"处于一个枢纽地位。要使武术之形传神，首要的就是具备"意"美。如上所言，"意"可理解为攻守进退的意识。制敌取胜，格斗角力，是武术的本质属性。武术套路源于实战，攻守意识先天具有，而套路演练又是一种高于竞技本质状态下的艺术形式。因此，人们在演练时所依照的各种套路便是对攻守思想的提炼与升华。换言之，以攻防意识为内容的"意"为武术由形美到神美起到了重要的连接作用。

在具体的技法施用中，攻防意识为武术由形入神起到了前导性作用。如在"右搂手弓步左冲拳"一势中，武练者应以攻防用意贯串搂手

---

① 王宗岳等：《太极拳谱》，人民体育出版社，1991年版，第132页。
② 张江华、花家涛：《论竞技武术套路长拳审美特征》，载于《武术科学》，2004年第1期。

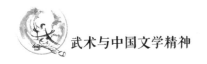

握拳到出拳的全过程。此处之攻防意识表现为，敌手右面朝我处出拳进攻，我处应用右手搂抓其臂膀，并趁势往回带，同时右拳朝敌手胸腹猛击。基于此种攻防意识，该势在身形练习时必须头正、身直、沉肩，在运动路线中则应以腰为轴，转腰顺肩，由肩带拳，从而达到力从腰发的态势。充分地理解攻防思想，将动作之形与"意"结合，能使练者酣畅淋漓，更能让观者身临其境。此外，武术之"意"还得自由形体而产生的意趣。

武术主要以人体姿态来体现形神，动作之形、意便自然而然地被视作形神观的承载对象。武术强调以形达神，具体而言，是指通过动作的体验以形达意，由意入神。既求形似，又讲神似，既能由表及里，从具象到抽象，也能由里及表，从抽象到具象，如此便可进入形神兼备、内外合一的状态。如太极十三式和南北五拳中均以"龙"作为托形练神的对象。在模拟龙形时，武者往往借助现实世界中的蛇形，此种借象取意之法"以知觉和理智为主，以蛇形练气相辅而行，使神思敏、神气足、神明灵、神色活"①。在武家看来，取用龙形，其目的是展现意蕴，而此时之"意"便可作为"神"来理解了。此外，通背拳模仿灵猴嬉戏之巧，鹰爪拳凸显雄鹰搏兔之狠，这些都是由动物的外形动作特征而产生的武术之意味美。武术之"意"是套路运动的核心内容，是对攻防思想和想象的陈述。演练者一方面要以技击的体验、想象、期待为基准，另一方面更应以意蕴美的营造为旨归。

在本体内涵上，"意"与"神"存在着天然的联系。除此之外，武术又因其自身的独特性而引出"意"的相关概念——"心"。武术技理认为心为主宰，人类动作形体要受心志的支配。"始而意动，既而劲动，转接要一线串成。……似松非松，将展未展，劲断意不断。"② 外在动作由心意控制，意先行，身乃动，身既定，意仍存。在对"心"的认识上，古人体现了一种朴素的唯物主义身体观，他们常将"心"视作身体的统摄。《内经·素问·灵兰秘典论》云："黄帝问曰：愿闻十二藏之相

① 转引自刘峻骧：《东方人体文化》，上海文艺出版社，1996年版，第128页。
② 王宗岳等：《太极拳谱》，人民体育出版社，1991年版，第49页。

使，贵贱何如？伯对曰：悉乎哉问也，请遂言之。心者，君主之官也，神明出焉。"①《内经·素问·六节藏象论》载："岐伯曰：心者，生之本，神之变也。"② 在我国传统中医理论中，心不但是形体的根本，而且还是精神活动的主要场所。"心意诚于中，肢体形于外"，太极拳将"心"同"意"并置，认为心、意指导人之神，肢体展现人之形。在太极拳经中，心之重要地位尤为突出。

> 拳者，权也，所以权物而知其轻重者也！然其理实根乎太极，而其用不遗乎两拳。且人之一身，浑身上下都是太极，浑身上下都是拳，不得以一拳目拳也！其枢纽在一心：
>
> 心主乎敬，又主乎静。能敬而静，自保虚灵。天君有宰，百骸听命。③

拳术乃生发于"权物而知轻重"之机理，一拳一势不足为道，其奥妙在于"心"。心仿如天君主宰，形体百骸均为其臣子，受心的支配。

清人杨澄甫在阐述太极"体用说"时言"身为心之用"④，"心"构成了武术技法和人体动作的主宰。中国传统思想认为，以"心"为代表的精神活动能够支配物质形体活动，此种观点为现代科学意义上的人体功能系统论所证明。该理论认为，低级的形体系统是产生高级精神系统的基础，而高级精神系统反过来会决定和作用于低级的形体系统。促使精神活动具有能动性的首要功臣是"自组织性"。"自组织是在一切物质（包括思维系统）中普遍存在的固有属性……甚至连人的精神的运动过程实际上也是遵从自组织规律的。"⑤ 自我组织是自组织性的生物属性，在这种自组织功能的指导下，同时产生了自身的能动行为。由于精神自

---

① 王冰撰注，鲁兆麟等点校：《黄帝内经素问》卷三，辽宁科学技术出版社，1997年版，第17页。
② 王冰撰注，鲁兆麟等点校：《黄帝内经素问》卷三，辽宁科学技术出版社，1997年版，第20页。
③ 王宗岳等：《太极拳谱》，人民体育出版社，1991年版，第308~309页。
④ 王宗岳等：《太极拳谱》，人民体育出版社，1991年版，第131页。
⑤ 湛垦华：《自组织与系统演化》，载于《中国社会科学》，1986年第6期。

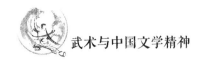

组织性来源于神经系统，因而其自组织性表现得更为复杂和高级。经过以上阐述，可知精神是能够通过神经系统支配形体的。

武术之心、形观恰好印证了精神之于形体的自组织说。清末太极拳家陈鑫指出：

> 顺其自然之机，即心构形，仍在人心之中，即《中庸》所谓未发也。及其将发，而心中所构之形，呈之于外。或上或下，或左或右，或前或后，或偏或正，全体身法无不具备。[①]

在武术范畴内，低级系统是指以技法动作为内容的外形，高级系统则指以心、意为核心的内神。陈鑫所言之"即心构形"便极好地言明了神与形的关系，由内心之意构想形体动作，所谓上下、左右、前后、偏正，全身体态无所不包。

"身为心之用，劲力为身之用"[②]，心领导身，身施用于劲力，武术技法由此推衍出一个由内及外的理论过程。"心"和"劲"构成了身体的两端，一端连接神，另一端连接形。劲力，是武术用语之一，指完成某一技法动作所应具备的能力。劲力既包括人体生理学意义上的"力量"，也含有因肌肉收缩而形成的技巧之力。在武术演练中，劲力起始于根，顺畅于中，通达于梢，这不但对技法动作的整体和谐起到了积极的作用，而且还能呈现一种美的趋向。如形意拳在出拳时，讲求塌腕、撑掌，由掌所发出的劲力应含向下的按劲，此种使力的方向与腕、掌走势一致，构成了形体上的整体性。类似的劲力表现还出现在长拳之"膝亮掌"中。膝亮掌的动作外形为一条腿直膝单腿站立，另一条腿提膝屈腿高抬，作"金鸡独立"之态。在塑造此型时，其劲力需能张能收，既要有柔韧感，又应有足够的承受力。因而，劲力的合理运用为动作形态的逼真与传神起到了促进作用。

中国古代文人在细分形神关系时，同样也关注到了"意"。与武术

---

① 王宗岳等：《太极拳谱》，人民体育出版社，1991年版，第313页。

② 王宗岳等：《太极拳谱》，人民体育出版社，1991年版，第131页。

拳家一致，传统文人将"意"视作"神"的一个重要组成因素，甚至常将二者并列使用。在观赏《宋使君写真图》后，唐人张九龄言："意得神传，笔精形似。"（《宋使君写真图赞并序》）画笔精工于物形，画意得自物神。其实，形易神难的艺术创作观点得到了大多数文人的首肯。画形易而画神难，此种观点被后人直接移植到形与意的关系论述中。明代祝允明《枝山题画花果》语：

> 绘事不难于写形而难于得意，得其意而点出之，则万物之理，挽于尺素间矣，不甚难哉！或曰："草木无情，岂有意耶？"不知天地间，物物有一种生意，造化之妙，勃如荡如，不可形容也。我朝寓意其间不下数人耳，莫得其意而失之板。今玩石翁此卷，真得其意者乎？是意也在黄、赤、黑、白之外，览者不觉赏心，真良制也！①

此段引文主要围绕这样一个中心，即"写形"容易而"得其意"甚难。祝允明认为，"意"虽为天地万物之性理，却难以付诸画卷之内。接着他又进一步以石翁之画为发端，认为真意存在于尺素之外，因而观者必有此心方能体悟画之奥妙。古人习惯于从绘画领域探寻"意""神"等同的实例，与祝允明同时代的画家王履在《华山图序》中也有相似的论述：

> 画虽状形，主乎意，意不足，谓之非形可也。虽然，意在形，舍形，何所求意？故得其形者，意溢乎形；失其形者，形乎哉！②

于此，王履集中论及的是形神不可分的话题，但值得注意的一点是，他用"形""意"直接指代"形""神"，认为"状形主意"本为作画之宗。

---

① 杨大年：《中国历代画论采英》，河南人民出版社，1984年版，第218页。
② 邓牛顿：《丹青意趣：绘画艺术文粹》，东方出版中心，1999年版，第212页。

时至清代，文学理论界出现了对"意"的积极探讨。清人毛又华在《古今词论》中说："咏物固不可不似，尤忌刻意太似。取形不如取神，用事不若用意。"① 形对应事，神对应意。毛又华谈到的是在作词咏物中形与神孰轻孰重的创作技法问题。毛氏以为，形似终不为上乘，取神乃是高妙，因此，他倡导"用事不若用意"的主张。在毛又华之后，章学诚于《古文十弊》中提出了"用意"于为文的作用："古人文成法立；未尝有定格也。传人适如其人，述事适如其事，无定之中，有一定焉。知其意者，旦暮遇之；不知其意，袭其形貌，神弗肖也。"② 不明了为文之意，却仅是一味地因袭形貌，这不能达到传神之目的。

与中国武术相类，文学创作在认定"意"属于"神"的一条支脉之后，也对"意"作了进一步的细分。其中便将"意"理解为一种意识，突出"意"在具体的艺术创作手法上所产生的效果。唐代王维诗画皆通，且常以画法入诗道，其艺术沟通之自觉性可谓明矣。在《山水论》中，王维言："凡画山水，意在笔先。丈山尺树，寸马分人。远人无目，远树无枝。"③ 此时之"意"体现为一种具体的创作意识，所谓胸中有意，笔下生花。远近山水，形神皆备，其把握尺度全凭"意"。"意"之导引过程，在清人方薰看来更是促使绘画落笔成妙之必须。"笔墨之妙，画者意中之妙也，故古人作画，意在笔先。杜少陵谓，十日一石，五日一水者，非用笔十日五日而成一石一水也，在画时意象经营，先具胸中丘壑，落笔自然神速。"④ 在方氏以后，郑绩将"意"与品格结合，甚至在一笔一墨的剖析中把"意"引入神的境界。且看他在《梦幻居画学简明》中所言：

> 作画须先立意……夫意者笔之意也。先立其意而后落笔，所谓意在笔先也。然笔意亦无他焉，在品格取韵而已。品格取韵则有曰

① 程千帆：《文论十笺》，黑龙江出版社，1983年版，第311页。
② 叶瑛：《文史通义校注》，中华书局，1985年版，第508页。
③ 王维：《山水论》，见沈子丞编：《历代论画名著汇编》，文物出版社，1982年版，第32页。
④ 方薰：《山静居画论》，见沈子丞编：《历代论画名著汇编》，文物出版社，1982年版，第584页。

简古，曰奇幻，曰韵秀，曰苍老，曰淋漓，曰雄厚，曰清逸，曰味外味，种种不一，皆所谓先立其意而后落笔，而墨之浓淡焦润，则随意相配，故图成而法高，自超乎匠习之外矣。

意欲简古，笔须少而秃拙，笔笔矫健，笔笔玲珑，不用多皴加擦，用墨多浓，复染以水墨，设色不宜艳，墨绿墨赭，乃得古意。①

笔意无他，全在品格取韵。品格意韵可分多种，"简古""奇幻""韵秀""苍老""淋漓""雄厚""清逸""味外味"是矣。画者先立一己之品格，再将胸中之意投注于用笔着墨中，任意配合，自成妙法。刘熙载在《艺概·诗概》中大为赞赏此种用意之法："古人意在笔先，故得举止闲暇；后人意在笔后，故至手脚忙乱。"② 写诗作词无不以意先行，意存胸中，无怪乎杜元凯称《左传》、屈骚文字舒缓，优游有致了。

清人李重华将音、象、意归结为作诗之"三要"，并抬升"意"为神妙之机。他在《贞一斋诗话》中说：

> 诗有三要，曰：发窍于音，征色于象，运神于意。……意之运神，难以言传，其能者常在有意无意间。何者？诗缘情而生，而不欲直致其情；其蕴含只在言中，其妙会更在言外。《易》曰："鼓之舞之以尽神。"善写意者，意动而其神跃然欲来，意尽而其神渺然无际，此默而成之，存乎其人矣。曰：是三者孰为先？曰：意立而象与音随之，余所以先论音，缘人不知韵语由来，则缀辑牵合举谓之诗，即千古自然之节膂泯焉；若悟其空中之音，则取象命意，自可由浅入深。故指示初学，音特居首也。③

神统领形，譬如诗中之"意"引导"象"与"音"。"意"之难以言传正如神之应婉转曲折，其妙处远在言外。然而诗文创作却一直努力用

---

①　郑绩：《画学简明·论意》卷一，中国书店，1984 年版，第 22~23 页。
②　刘熙载：《艺概》卷一，上海古籍出版社，1978 年版，第 7 页。
③　李重华：《贞一斋诗话》，见王夫之：《清诗话》，人民文学出版社，1961 年版，第 921 页。

有尽之言传无尽之神，故而"意"成了通神之桥梁。在引文前半部分，李重华极力阐释"意""神"的各自独立意义与相互关系，得出"尽意"为诗之法，而"神渺"属赏诗之旨。在引文后半部分，他又点明了"音""象""意"在诗歌创作过程中的先后顺序问题。李重华继承前人观点，认为"意"居主位，但结合习作的渐进过程，他却提倡初学者先以"音"为发端，最终取象明意。"音""象""意"作为诗歌创作的技巧性方法，早已为古代文人所推崇。此处之"意"连接着创作的两头，一头是以绘画为主的用笔着墨之法，另一头则是画卷内外所展现的神韵美。可以这样认为，"意"在体现形神观时起到了很好的中介作用。

四、气韵生动

在传统美学范畴中，"气韵"也是一个非常重要的概念。"气韵"脱胎于哲学中的"气"与音乐中的"韵"，始见于魏晋南北朝时期的人物及山水品藻中。作为一个传统的美学范畴，"气韵"主要指基于形神之上的彰显万物生命力和韵律美感的形态。早在先秦时期，气论便初成体系。逮至汉代，思想家们更是结合了包括人体在内的万物生灵，以之为体察对象，由此深入拓展了元气论。王充认为，天地万物来自气，人居世间，当然也应受气之影响。"人未生在元气之中，既死复归元气。元气荒忽，人气在其中。人未生无所知，其死归无知之本，何能有知乎？人之所以聪明智慧者，以含五常之气也。五常之气，所以在人者，以五藏在形中也。"[1] 将自然之气纳入人体，打开了气论的另一种审视角度。"韵"的早期记载出自曹植《白鹤赋》中的"聆雅琴之清韵，六翩之末流"一句。由此可知，"韵"实乃音乐韵律之意。[2] 在此之后，沈约《宋书·谢灵运传论》、钟嵘《诗品》、刘勰《文心雕龙》等文学著作中陆续出现了对"韵"的讨论。

哲学与音乐范畴中的"气"和"韵"，在审美意识渐浓的魏晋时期

---

① 王充：《论衡》，中华书局，1954 年版，第 203 页。
② 参见徐复观：《中国艺术精神》，华东师范大学出版社，2001 年版，第 97 页。

开始步入艺术殿堂。以"气"而言，曹丕之"文气说"首开文学之气论先河，同时，人们也有意识地把以音韵为吟咏对象的材料纳入文学创作，进而衍生出以韵为价值取向的美学范畴。把"气韵"一词作为美学概念使用的是南齐画家谢赫，他在画论专著《古画品录》中提出了"六法"之说，其中"气韵"列居首位：

> 夫画品者，盖众画之优劣也。图绘者，莫不明劝戒，著升沉，千载寂寥，披图可鉴。虽画有六法，罕能尽该而自古及今，各善一节。六法者何？一气韵生动是也，二骨法用笔是也，三应物象形是也，四随类赋彩是也，五经营位置是也，六传移模写是也。①

徐复观认为，"气韵生动"说是对顾恺之"传神写照"画法的延伸与发展，它将顾恺之的贵神理论予以细化。此外，徐复观还进一步指出，当时盛行于人伦鉴识中的精神、风神、神气、神情、风情等用语，同样也成了气韵生动的主要源泉。② 徐复观的此种观点宋代邓椿在《画继》中早有论说。邓椿说："画之为用大矣。盈天地之间者万物，悉皆含毫运思，曲尽其态。而所以能曲尽者，止一法耳。一者何也？曰传神而已矣。……故画法以气韵生动为第一。"③ 气韵生动为绘画传神之首要方法，明白了这个道理，才有可能总万物百态于画卷之中。

不仅如此，古人在探寻形神关系时往往会引入气韵的概念，有时甚至将气韵与神互通，并将气韵视作美学价值评判的标准之一。唐代张彦远认为气韵可致妙处。所谓空求外形，毫无气韵之法，只能使作品流于一般。"古之画，或遗其形似而尚其骨气，以形似之外求其画，此难与俗人道也。今之画，纵得形似而气韵不生，以气韵求其画，则形似在其间矣。"④ 同样，对于气韵与神相互融通的看法，在诗作品评时也颇受关注。清代王士禛在《师友诗传续录》中记载了这样一次对话：

---

① 谢赫：《古画品录》，见沈子丞编：《历代论画名著汇编》，文物出版社，1982年版，第17页。
② 参见徐复观：《中国艺术精神》，华东师范大学出版社，2001年版，第95页。
③ 邓椿：《画继》，见沈子丞编：《历代论画名著汇编》，文物出版社，1982年版，第129页。
④ 张彦远：《论画》，见沈子丞编：《历代论画名著汇编》，文物出版社，1982年版，第36页。

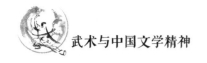

问："孟襄阳诗，昔人称其格韵双绝。敢问格与韵之别？"

答："格谓品格；韵谓风神。"①

直接标举韵为"风神"，这是后世文人在解释孟浩然诗作之"格韵双绝"时得出的结论。不难推出，气韵之说与形神之论有着千丝万缕的联系。气韵在生成之初便由"气""韵"两个部分组成，因此本书将采取微观分析和整体观照相结合的方式，总结武术与文学对气韵概念的理解与运用。

（一）气

从形神关系的角度谈气韵之"气"，就必须结合气与形、神的内在关联。对于中国武术，气有着重要的意义，它促使身形和内神的融通。武术之气结合了人体自身组织的特点，用呼吸吐纳之法配合形体动作，构成了自然之"气"与精神之"气"的统一体。不但自然生态之"气"能转换为精神世界之"气"，而且精神之"气"又可借助人之体势得到形象化的展现。在演练之时，武术强调气与神的结合效果，如太极拳《五字诀》："神聚则一气鼓铸，练气归神，气势腾挪；精神贯注，开合有致，虚实清楚。……气向下沉，由两肩收入脊骨，注于腰间，此气之由上而下也，谓之'合'；由腰形于脊骨，布于两膊，施于手指，此气之由下而上也，谓之'开'。"② 气同神一致，均讲求凝聚与集中，神由气之鼓铸而成，练气终归入神。因而，于形体，气可分"开""合"之势。气由两肩入脊骨，下注腰部，呈由上往下之态，这是"合"；反之，气从下而上，由腰间到脊骨，再上达手指，这便是"开"。以神聚统练气，又将气、体结合，以成形神兼备之态势。

在太极拳理的诸种诠释中，今人之论说颇为独到。马国兴认为，"气"为太极拳之演练核心，它在形神方面宛如"催化剂"，无时无刻不参与建设。

① 王士禛：《师友诗传续录》，见王夫之：《清诗话》，人民文学出版社，1961年版，第154页。

② 王宗岳等：《太极拳谱》，人民体育出版社，1991年版，第66～67页。

神为一身之主宰，故神圆；……气为全身内外动静的"催化剂"，无形无象而有大作用；内劲乃修炼而成，其性阳故从气，其体圆，但有方之用，聚之内有其形，散则气化无形；形性阴，但形本身又分阴阳，阳主动，阴主静，是以位置说，形体方，但有圆之用。①

　　神之聚散一定程度上以气之离合为表征，而气以具象的形体变化为标志，所以气成了形神互动的中介。马国兴认为，王宗岳《太极拳论》之"布形候气，与神具往"完全是对攻防变化的一种形象展现，而这离不开气的积极配合。他进一步解析说："气、形合一的攻防之势，乃神的外在表象，势乃神的使者，也就是心意拳所论'意自心生，拳随意发'的意思。此论乃神、内气、外形三合一的手战之'中枢'的论述。"② 神、气、形，三位合一，乃手搏之"中枢"，气连接了外形与内神，其作用可谓大矣。

　　整体而言，武术之气又可依拳种的差异而体现出不同的风格。以少林拳为主的外家拳法拳势雄健威猛，阳刚饱满，其气如雷霆，来势汹汹；以武当派为主的内家拳法则以柔克刚，势断意连，招式之中无不显气势，气势之中又透出连绵不绝之感。气又表现为体内的一种流动物，所谓"行气如九曲珠，无微不至"，这恰似人体之神，周流遍布，充满生机。气之于武术，在展示技巧特点之余，更多的是指以神运气，气随神传的审美境界。

　　气与文的结合，最典型者莫过于曹丕之"文气说"，《典论·论文》曰：

　　文以气为主，气之清浊有体，不可力强而致。譬诸音乐，曲度虽均，节奏同检，至于引气不齐，巧拙有素，虽在父兄，不能以移子弟。③

---

① 马国兴：《古拳论阐释》，山西科学技术出版社，2001年版，第236～237页。
② 马国兴：《古拳论阐释》，山西科学技术出版社，2001年版，第8页。
③ 郭绍虞主编：《中国历代文论选》第一册，上海古籍出版社，1979年版，第158～159页。

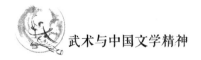

曹丕系统地将哲学范畴之"气"与文学创作相联系，并以此作为品评作者个性气质和作品风格的标准，其影响尤为深远。"文以气为主"，此中之"气"主要指文学艺术家的气质、个性，以及由此而内化于文学作品中的艺术生命力。此外，刘勰《文心雕龙·时序》有"并志深而笔长，故梗概而多气也"①，此处之"气"便接近于气势、气格、气质等具体的文气内涵。

在后学看来，文之气不仅表现为内部的气质品格，而且与神也密切相连。清代桐城派散文家刘大櫆认为：

> 行文之道，神为主，气辅之。曹子桓、苏子由论文，以气为主，是矣。然气随神转，神浑则气灏，神远则气逸，神伟则气高，神变则气奇，神深则气静，故神为气之主。②

文中将神划分为"浑""远""伟""变""深"，并认为它们决定了气之"灏""逸""高""奇""静"。由此观之，以神主气，因气生文之理成矣。

"文气说"在美学世界中的维度是非常广阔的，它不仅对文学风格产生了巨大的影响，在书法创造中也发挥了建设性的作用。清代书法名家包世臣在《艺舟双楫》中巧妙地借拳术练气之理诠释了书法气势的形成过程。他说：

> 学书如学拳。学拳者，身法、步法、手法，扭筋对骨，出手就脚，必极筋所能至，使之内气通而外劲出。予所以谓临摹古帖，笔画地步必比贴肥长过半，乃能尽其势而传其意者也。至学拳已成，真气养足，其骨节节可转，其筋条条皆直，虽对强敌，可以一指取之于分寸之间，若无事者。书家自运之道亦如是矣。③

① 刘勰撰，范文澜注：《文心雕龙注》，人民文学出版社，1958 年版，第 674 页。
② 刘大櫆：《论文偶记》，人民文学出版社，1959 年版，第 1 页。
③ 包世臣：《艺舟双楫》，见黄简编：《历代书法论文选》下册，上海书画出版社，1979 年版，第 664 页。

中国书法以展现字形美感为核心，笔法气势能成就其艺术感染力。包世臣欲解书法练气之理，却通过武术拳法架构了理解的桥梁。具体而言，包氏将拳法中的力、气、势、意之关系，比拟为书法中笔力、笔势的构成机理，并以此推衍出传统艺术理论的精髓。以气成势，由势传意，这是"气"在武术中的技法逻辑模式。

由气而成势，"势"又构成了另一个传统美学范畴。东汉时期的王充较早地借助元气论来理解"势"。《论衡·物势》云：

> 凡万物相刻贼，含血之虫则相服，至于相啖食者，自以齿牙顿利，筋力优劣，动作巧便，气势勇桀。若人之在世，势不与适，力不均等，自相胜服。
>
> 夫物之相胜，或以筋力，或以气势，或以巧便。小有气势，口足有便，则能以小而制大；大无骨力，角翼不劲，则以大而服小。[①]

自然万物为了生存而竞争搏斗，在优胜劣汰的自然规律面前，唯有强者才能获得生存的权利。在王充看来，"气势"便是强者所具备的品质特征。王充多次提到"气势"，认为它是一种因气而衍生的由内而外显于形体之表的力量。具有物质属性的人体之气，以及周流于人体精神的主观之气均构成了文学中"势"的生成资源。以语言为载体的文学作品，在字词语音、作者情感两方面促成气势之美。一方面，语音声响的变化有赖于气息的鼓荡，如"气激而有声"；另一方面，主体精神气质的交流又会影响语言的生成状态，因此古代文人才有了"论气不论势，文法总不备"[②]的感慨。

文之气势论在清代的研究最为周详，其中刘大櫆富有音乐性的"气势"论尤为突出。在《论文偶记》中，刘大櫆言："神者，文家之宝。文章最要气盛；然无神以主之，则气无所附，荡乎不知其所归也。神者

---

① 王充：《论衡》，中华书局，1954年版，第32页。
② 刘大櫆：《论文偶记》，人民文学出版社，1959年版，第4页。

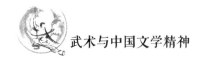

气之主，气者神之用。神只是气之精处。"① 气与神互为依附，缺一不可。此外，文学作品与语言的音乐美也密切相关："昔人云：'文以气为主，气不可以不贯；鼓气以势壮为美，而气不可以不息。'此语甚好。"② 刘大櫆认为文章因气而盛，文之神气便可以通过具体的字句展现。

> 神气者，文之最精处也；音节者，文之稍粗处也；字句者，文之最粗处也；然论文而至于字句，则文之能事尽矣。盖音节者，神气之迹也；字句者，音节之矩也。神气不可见，于音节见之；音节无可准，以字句准之。③

神气、音节、字句，三者构成了一个由上及下的理论体系。文之气势最难表达，次而求音节；若音节也难以体现，再次而用字句。以语言之音乐性同文学作品之气势并置，从创作实践总结出具体规律，这是刘大櫆文学"神气"说的一大特色。通过形式美的追求而提倡气与势的相互关系，并以"神气"作为气之最高境界，便构成了文学中气论的一种诠释方式。

（二）韵

韵，作为一种艺术范畴内的自然生命状态概念，其内涵与外延往往为人们所关注。习武者以肢体诠理，为文者用语言体道，他们在不同的艺术领域共同探索着韵的生成机制。韵，原指声音相和，《说文解字》释："韵，和也，从音员声。"④ 此后，韵又逐渐有了体态、风度的意思，即"体韵"是也。就武术而言，韵集中表现为两个层次的内容：其一，与形结合，以武术动作中有节奏的韵律变化为展现方式的形韵之态；其二，与神融合，由武术演练中主客体之神所蕴含的神韵之美。武

---

① 刘大櫆：《论文偶记》，人民文学出版社，1959年版，第4页。
② 刘大櫆：《论文偶记》，人民文学出版社，1959年版，第5页。
③ 刘大櫆：《论文偶记》，人民文学出版社，1959年版，第6页。
④ 许慎撰，徐铉校定：《说文解字》，中华书局，1963年版，第58页。

术之韵包含人身体态的时空变化之势，以及形体运动的风格之美，它不仅能以形体具象为表征，更能以超出象外，得其环中的神韵为宗旨。

形韵之美是武术体现韵的一种方式。各拳法之动静、刚柔、快慢的转换，势式起呈的更替总与韵配合。体现在动作技法的变化上，武术之韵是指对天地间动物、植物、山川、河流等事物的形象模仿。由此可知，武术之韵起于形象思维。武术之形韵可表现为节奏律动美，武者常将节奏律动之美规范化，并用"十二型"加以形象的说明。"十二型"的具体内容为："快如风、缓如鹰、起如猿、落如鹊、重如铁、轻如叶、立如鸡、站如松、转如轮、折如弓、动如涛、静如岳。""十二型"主要以快缓、起落、轻重、立站、转折、动静六组相反相成的动作态势为基点，从而展示武术以节奏为核心的形体韵律的美学追求。用十二种形体类型把武术的各种技法总括起来，这是武术作为技术的特征属性。

形体韵律在武术中可以表现为层次分明、变化有序、循环反复等。太极拳之劲力又俗称"弹簧劲"，它形象地表明了劲力回环反复的特征。"太极弹簧劲"以圆形动作为主，这与武术的格斗效能息息相关。一方面，圆形运动能多方向全过程地发力，这样就极大地避免了由单一向度和直线发力所产生的弊端。劲力以螺旋形式发出，配合身体的圆转运动，形成了旋转鼓荡之气势。因而此种力量仿如切线运转，绵绵不断，一经发出便具备了极强的攻击力。另一方面，圆形能构成滚轮效应，随之产生的离心力可促发制敌之力。太极拳"循圆走弧"，在身体弧形动作的向心带领下，其离心力也随之向外辐射，形成攻击对手的"浑元力"。太极拳学中的"以轴贯轮"指对自身向心做弧线状，同时以离心运动作用于对方的技法。在这种力量的作用下，可使对手"引进落空"，仿佛被吸进滚轮之中，欲退不能。

由上我们大致了解了圆形对拳术力学的作用，同样，这也为太极拳为何以圆形为演练核心提供了一个科学的解释。以形练功，由功演神，是中国武术技用思想与艺用思想相融合的重要表现。在形态上，圆形能产生螺旋之力、反弹之劲，这就形成了来回往复、周而复始的视觉效果。正如前文所言，武术之形韵体现为肢体动作的节奏变化，就太极拳而言，此种节奏的韵律集中体现在圆形所蕴含的反复状态中。从视觉意

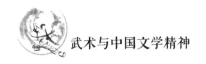

义上来说，人们通常乐于接受富于变化的线条，蛇形线和波浪线总是优于直线而博得大家的喜爱。[①] 柏拉图也认为，最美的线形包括圆形。[②] 圆所代表的变化、循环曲线能带来一种美的享受，在长期的艺术实践过程中，人们将丰富的美学意义叠加到圆形中，就逐渐形成了以圆为美的传统审美理念。

太极拳以"圆"为其理论支撑，主要包括形、神两方面的诉求。"圆"不但提供了形韵的资源，更是蕴含了意义深远的神韵。"神韵"是建立在"形神"的基础上，且融外"象"、内"景"于一体的境界。太极拳崇尚"圆"，在整体观照下，有内圆、外圆、正圆、斜圆、立圆、整圆、半圆等。针对肢体关节，"圆"又通过手圈、肘圈、肩圈、胸圈、胯圈、膝圈、足圈具体化。此外，以"缠劲"为标志的太极拳劲力呈现螺旋状，其绵绵不绝的特点正是源自拳家对"圆"的诠释。就武术而言，韵之深层意义来自形的升华和提炼。圆象征着生命的周流与运转，以圆为运动载体的太极拳恰是借此来体认宇宙之道的。对太极拳理而言，不论所画圆圈之正斜，均以"太极"取意。手足之运动非直来直去，都应以画圆圈为表征。虽然画圈转法不同，但都因循了万物归于周流圆转之理。

神韵之说是基于形、神而产生的一种境界美，它倚借形韵，又高于形韵。神韵体现为含蓄蕴藉的意蕴美，有如超然世外之感，是比形韵更为隽永悠远的生命意味。神韵的生成总是表现为一种体悟的直寻，所谓"不涉理路，不落言筌"，"羚羊挂角，无迹可求"，这不但是对文学创作的韵味营造，也是武家获得无穷意味的有效途径。武术操习者把一己之情感转化为形象可见的肢体动作，并赋予其审美的品格。此过程的把握，不是仅凭抽象的概念性语言便可实现，因而在由练形到化神的过程中，"体悟"便促使武术之言有尽而意无穷的神韵的生成。

在传统美学思想的影响下，武术之神韵着意于因悟生韵。结合实践，武术常将悟引入拳理，构成以有形见无形、以近象生远景的审美向

---

① 参见威廉·荷加斯：《美的分析》，杨成寅译，人民美术出版社，1984年版，第56页。
② 参见朱光潜：《无言之美》，北京大学出版社，2005年版，第19页。

度。武术神韵的展现方式是独特的，它通常先以眼观人之形，再由形体动作的视觉接受提升到心理、情感上的深层体验。由此，内心的体悟便顺理成章地存在于这个从具象的感觉思维到抽象的理解思维之过程。关于少林拳法有如下记载：

> 上乘之技术，总以有几分禅机，方能活泼镇静。所谓超手寰中，得其象外。……以技击微术，而参证于禅悟之机，其造诣之神，不言可知。……禅机之在于参悟是也。①

少林拳法"参悟"之理，是少林武学同禅宗完美结合的产物。"超手寰中，得其象外"，天之道存于人的体悟中，武之理更是离不开人之妙悟。超越手中之藩篱，悟得象外之意旨，这不但成为人们把握自然规律的契机，同时也构成了武技微术获得真理的良方。将武术运动形式与身心形体融合在一起，无所谓"物"，亦无所谓"我"，"物"即"我"，"我"便是"物"。追求武术之韵美不能没有联想、想象、情感的参与，通过这些因素，武术借助由形体动作所产生的审美体验，完成隽永神韵的缔造。在审美欣赏中，对物象的审美属性予以深刻的领会与玩味，从而获得宇宙人生之奥义。

追求神韵必要提倡含蓄。含蓄的审美习惯使武术动作在技法表现上不止于格斗技法的展示，而是借助万物之形象，如动物、植物、山水等，来诠释生命之动感，体悟意蕴之美。太极拳有"手挥琵琶"一势，其格斗意义在于用双臂合拢抵制对方的中盘进攻。在演练此招法时，拳家始终以形韵与神韵结合，取双手挥琵琶为动作外形，暗含的却是一种安然自若的神情和风度。具体的技击效能和抽象的姿态寓意结合，形体与意韵、象内与韵外、有形与无形相统一，由此形成了浑然一体的和谐状态。

展现韵时，中国传统文论与武术有精神上的一致性，即常将韵视作形与神的统一体。正如当代学者童庆炳所言，韵之内外共同组成了古人

---

① 无谷、姚远：《少林寺资料集》，书目文献出版社，1982年版，第231页。

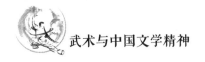

对韵的理解空间：

> 司空图所说的"韵外之致"，首先是把诗分为"韵内"与"韵外"两层。"韵内"是指诗的语言文字声韵及其所表达的意义，这是诗歌直接呈现给读者的实在的东西；"韵外"则是指诗的语言文字声韵及其表面意义之外所隐含的意味。①

韵内之声韵与韵外之意旨共同构成了文学之"韵"。刘勰应是将"韵"纳入文学批评范畴之第一人，他在《文心雕龙·声律》中云：

> 是以声画妍蚩，寄在吟咏，吟咏滋味，流于字句。气力穷于和韵。异音相从谓之和，同声相应谓之韵。韵气一定，故余声易遣；和体抑扬，故遣响难契。②

刘勰提出"异音相从谓之和，同声相应谓之韵"，其中"和""韵"并置，都是从字句声效的角度来解析"韵"。可以推知，当时文人已自觉地在为文之中纳入了用韵。

魏晋之后，文人在韵的营造方面更趋系统化。唐代文人因重视音韵而推动了格律诗歌的生成与发展。李延寿《南史·陆厥传》载："时盛为文章，吴兴沈约、陈郡谢朓、琅玡王融以气类相推毂，汝南周颙善识声韵。约等文皆用宫商，将平上去入四声，以此制韵，有平头、上尾、蜂腰、鹤膝。五字之中，音韵悉异，两句之内，角徵不同，不可增减。"③李延寿认为，沈约、谢朓、王融、周颙的诗歌创作之所以能流行一时，与他们对声韵的经营分不开。此外，唐代的五言诗歌创作也提出了用韵的操作规则，即所谓"平头、上尾、蜂腰、鹤膝"是也。

古代诗歌原可配乐吟唱，因而人们格外重视用韵的技法。与诗歌相类，词更以声韵作为创作之基本法则。清代冯金伯在《词苑萃编·旨

---

① 童庆炳：《司空图"韵外之致"说新解》，载于《文艺理论研究》，2001年第6期。
② 刘勰：《文心雕龙注》，范文澜注，人民文学出版社，1958年版，第553页。
③ 李延寿：《南史》卷四十八，中华书局，1975年版，第1195页。

趣》中引顾璟芳之语，曰："词之小令，犹诗之绝句，字句虽少，音节虽短，而风情神韵，正自悠长。作者须有一唱三叹之致，淡而艳，浅而深，近而远，方是胜场。且词体中长调每一韵到底，而小令反用转韵，故层折多端，姿态百出，索解正自不易。"① 词中小令虽音节短小，但颇能尽声韵之妙。创作者在用调时应多韵配合，不能单韵到底，由此才能形成声音上的曲折多变、跌宕起伏之美。

以声音形式美为中心的韵内建构是传统文学创作的一大特点，这与武术的形韵美构成了相互体照的态势。在文学领域，形式之韵主要由字词的声音组成一种听觉上的抑扬顿挫，从而达到节奏之美。与此相类，传统武术则将肢体动作的快慢、高低、长短、起落形成视觉上的起伏多变，由此产生了身体的节奏效应。武术与文学共同追求形式之韵，但在不同的表现领域，它们却能利用各自的艺术创作资源，完成不同的美学构建。

除韵内之意以外，韵外之旨也成为文人着重追求的内容。韵外之旨有多重内涵，"余意"便是其一。苏轼好谈韵，他在《书黄子思诗集后》中说：

> 予尝论书，以谓钟、王之迹，萧散简远，妙在笔画之外，至唐颜、柳，始集古今笔法而尽发之，极书之变，天下翕然以为宗师，而钟、王之法益微。至于诗亦然。苏、李之天成，曹、刘之自得，陶、谢之超然，盖亦至矣。而李太白、杜子美以英玮绝世之姿，凌跨百代，古今诗人尽废，然魏、晋以来高风绝尘，亦少衰矣。李、杜之后，诗人继作，虽间有远韵，而才不逮意，独韦应物、柳宗元发纤秾于简古，寄至味于澹泊，非余子所及也。唐末司空图，崎岖兵乱之间，而诗文高雅，犹有承平之遗风。其诗论曰："梅止于酸，盐止于咸。"饮食不可无盐梅，而其美常在咸、酸之外。盖自列其诗之有得于文字之表者二十四韵，恨当时不识其妙。予三复其言而悲之。闽人黄子思，庆历、皇祐间号能文者。予尝闻前辈诵其诗，

---

① 唐圭璋：《词话丛编》第二册，中华书局，1986年版，第1793页。

每得佳句妙语，反复数四，乃识其所谓，信乎表圣之言，美在咸酸之外，可以一唱而三叹也。予既与其子几道、其孙师是游，得窥其家集，而子思笃行高志，为吏有异才，见于墓志详矣，予不复论，独评其诗如此。①

东坡在此处言明了韵之远旨的特征，即"萧散简远，妙在笔画之外"。进而又指出，我辈之文远不及韦应物与柳宗元，主要是由于二人之作品能"发纤秾于简古，寄至味于澹泊"。"纤秾""简古""澹泊"，均为古人评韵之用语，苏轼继承了魏晋以来所形成的韵之高远隽永的审美理念，将"余意"视作"韵"之美学内涵。

韵包含"余意"之义，该种思想在以黄庭坚、张耒、陈师道、范温等为代表的苏门弟子中得以承继与发扬。苏门后学中，以范温之"韵"论成就最大。范温在《潜溪诗眼》中对韵的美学特点作了明确的界定：

王偁定观好论书画，常诵山谷之言曰："书画以韵为主。"予谓之曰："夫书画文章，盖一理也。然而巧、吾知其为巧，奇、吾知其奇；布置开阖，皆有法度；高妙古澹，亦可指陈。独韵者，果何形貌耶？"定观曰："不俗之谓韵。"余曰："夫俗者，恶之先，韵者，美之极，书画之不俗，譬如人之为恶。自不为恶至于圣贤，其间等级固多，则不俗之去韵也远矣。"定观曰："潇洒之谓韵。"予曰："夫潇洒者、清也，清乃一长，安得为尽美之韵乎？"定观曰："古人谓气韵生动，若吴生笔势飞动，可以为韵乎？"予曰："夫生动者，是得其神；曰神则尽之，不必谓之韵也。"定观曰："陆探微数笔作狡狯，可以为韵乎？"余曰："夫数笔作狡狯，是简而穷其理；曰理则尽之，亦不必谓之韵也。"定观请余发其端，乃告之曰："有余意谓之韵。"定观曰："余得之矣。盖尝闻之撞钟，大声已去，余音复来，悠扬婉转，声外之音，其是之谓矣。"②

① 吴文治：《宋诗话全编》第 1 册，江苏古籍出版社，1998 年版，第 803 页。
② 吴文治：《宋诗话全编》第 2 册，江苏古籍出版社，1998 年版，第 1243 页。

在同王定观的对答中，范温提出了"有余意谓之韵"的观点。王、范二人通过层层推导，得出韵之"有余意"的论说，体现出细而化之的美感分析品格。最终，在范温的解说下，王定观以撞钟之余音来描绘韵之余意，给后人留下了深刻的印象。

阴阳结合、虚实相生和形神兼备均为中国传统审美领域中的重要组成部分。武术与中国文学在建构各自的审美旨趣时，始终聚焦于阴阳、虚实与形神的内蕴探寻。故而，上文从三个方面厘清了武术与文学的美学意趣。首先，以刚柔相济讨论武术与文学的阴阳思想；其次，以动静变化和空间错落阐释武术与文学的虚实学说；最后，以"意"与"气韵"剖析武术与文学的形神理念。

第五章 武术与中国文学的游戏精神

文学与武术都具有游戏的成分，它们在各自的领域演绎着独特的游戏精神。武术作为中国传统民族活动的一种，肩负了竞技与艺术的双重功能。武术把人类的娱乐情感用肢体的方式加以展现，形成了中国特色的艺术形式。文学本具有娱乐性情的作用，游戏的文艺观在中西方文学中一直占据着重要的地位。由于武术独特的魅力，一方面武术能进入文人的创作笔端，呈现出多姿多彩的形态；另一方面，这些形态又建构和丰富了文学之游戏精神的诸种风貌。

综合中西文学游戏说的主要观点以及武术的游戏属性，笔者认为，武术与文学在以下三个层面相沟通：一是以生理感受为基础的游戏心理的分析；二是以自由境界的争斗和寻求为核心的游戏效能的解释，主要集中于人生价值的实现方面；三是以为游戏而游戏的游戏情怀的体验，倾向于艺术价值的展现。基于以上三点，本章将通过文学作品的解析，考察武术与文学在游戏精神的构建层面所产生的共鸣与相互影响。

第一节 游于艺

在西方文艺理论中，"游戏说"是关于文学艺术起源的主要观点之一。作为西方文艺理论的一个内容，"游戏说"有着深厚的历史渊源，且支派众多，甚至在后现代的文艺批评中也能看到此理论的影子。中国自古便有文学自娱的理论，在文学的世界，人们能暂时摆脱现实中的烦恼，将性灵的真善美投注到对文学作品的品评中。随着时代的变迁与发展，武术逐渐由一种早期的人体格斗技艺发展成具有综合功效的运动项目，这些功效当中便有游戏的因子。①

一、文学之游戏观

中国传统的文学游戏观总是游离于正统的文艺理论，作为一种潜在的观点影响着文学创作。远在先秦时期，古代文人就有文学与娱乐、快适关系的言论，只不过相对于文学之"载道说""意境论"等主流学说，文学游戏论往往处于边缘化的状态。中国文学之游戏说大致包含自娱和快适两个部分的内容。一方面，是从生理物质层面追求一种游戏与娱乐之感，具体表现为文学"自娱说"；另一方面，是从心理精神层面体验一种自由与自为的情绪，可通过"发愤著书说"来详细说明。其实，"自娱说"与"发愤著书说"是中国文学游戏观的两个层面，二者在生成机制上有着密切的联系，因此，笔者将从一个融合的视角来考察"自娱说"与"发愤著书说"，以厘清中国文学之游戏说的具体情貌。

中国文学之"游戏说"以"自娱"的形式出现，最早可上溯到《诗经》。《诗经·卫风·淇奥》云："瞻彼淇奥，绿竹如箦。有匪君子，如金如锡，如圭如璧。宽兮绰兮，猗重较兮。善戏谑兮，不为虐兮！"诗中描写了一位集美貌与德行于一身的君子，他风流倜傥，气宇轩昂。最为难得的是，这位翩翩君子妙语如珠，文思敏捷。诗中的"善戏谑兮，不为虐兮"指的是言谈诙谐、风趣。由此可以引申为该君子文辞活泼，生气盎然。若果此处还未鲜明地指出文学之娱乐性，那么在屈原的作品中，便能明显体会到古人"以文娱性"的情怀。具体如下：

《离骚》载："和调度以自娱兮，聊浮游而求女。"②

《离骚》王逸序："而屈原履忠被谮，忧悲愁思，独依诗人之义

---

① 本部分内容曾以《游于戏：西方游戏观视野下的香港武侠电影》为题发表在《中外文化与文论》2016年第1期，收入本书有删改。

② 洪兴祖：《楚辞补注》，中华书局，1983年版，第157页。

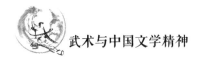
而作《离骚》，上以讽谏，下以自慰。"①

《九章·悲回风》又云："聊逍遥以自恃"，王注：且徐游戏，内自娱也。②

以上引文均为文学娱乐说的极好例证。屈原将怨愤的情绪聊寄于文学，在现实与理想的强烈冲突下求得暂时的安宁。在屈原之后，文人快心快意之宗旨被应用于以小说为主要形式的通俗文学。中国古代文学理论家也提及文学的娱乐性能。如刘熙载《艺概·诗概》中言："《诗》，自乐是一种，'衡门之下'是也；……'独寐寤言，永矢弗告'，此诗人之乐过人也。忧世乐天，固当如是。"③ 在刘熙载看来，《诗经》的出现与诗人的自乐娱情心理分不开。善于戏曲、传奇文写作的李笠翁更是把自己的作品视作替他人消解愁闷之物："渔自解觅梨枣以来，谬以作者自许。……当世耳目，为我一新。使数十年来，无一湖上笠翁，不知为世人减几许谈锋，增多少瞌睡。"④

在具体的文学创作活动中，文人将自娱观纳入考察视野。崇尚快心快事之文，强调文学的娱乐功能，成为明清时期的一股文学思潮。明代郑元勋较为深入地阐述了其文学自娱观：

吾以为文不足供人爱玩，则六经之外俱可烧。六经者，桑麻菽粟之可衣可食也。文者奇葩，文翼之，怡人耳目，悦人性情也。若使不期美好，则天地产衣食生民之物足矣。彼怡悦人者，则何益而并育之。以为人不得衣食不生，不得怡悦则生亦槁，故两者衡立而不偏绌。然六经不可加，而诸文可加，犹花鸟非必日用不离，而但取怡悦，不无今昔开落之异。若以代开代落之物，必勿许荐新而去陈，则亦幽滞者之大惑已。爰摘其尤，汇为兹集，密而怡悦，初不

① 洪兴祖：《楚辞补注》，中华书局，1983 年版，第 48 页。
② 洪兴祖：《楚辞补注》，中华书局，1983 年版，第 157 页。
③ 刘熙载：《艺概》卷二，上海古籍出版社，1978 年版，第 50 页。
④ 李渔：《一家言·与陈学山少宰》，见《李渔全集》第一卷，浙江古籍出版社，1992 年版，第 164 页。

以持赠人。但念昔人放浪之际，每著文章自娱，余愧不能著，聊借是以收其放废，则亦宜以娱名。①

　　以上引文出自郑元勋所编选的文集《媚幽阁文娱》。在该文集的序言中，郑元勋确立了其文学娱乐的观点，认为作文之要旨在于怡人之性情，若无法供人赏玩，即便是再好的文章也要烧毁。郑元勋将文学自娱功能与"六经"并置，可见其对自娱说的重视程度。正如《〈绿牡丹全传〉叙》所言："夫传者，传也。播传于世，以彰忠贞义节；出于毫下，也有雪月风花。借其腕下之余情，以解胸中之闲垢，而悦目畅于怀，消其长昼之暇，并警闲者之安。"② 文学作品之所以能流传于世，与其彰显忠贞义节的用心分不开。作者将内心的愤懑之情倾注于笔端，既能舒畅胸怀，又可警醒世人。清代《快士传》的编写者五色石主人更为鲜明地道出了快适感于作文的意义。书中言古今妙文多写恨，"然但观写恨之文，而不举文之快者，以宕漾开发之，则恨从中结，何以得解？必也运扫愁之思，挥得意之笔，翻恨事为快事，转恨人为快人，然后□□破涕为欢，回悲作喜，则《快士传》不可不读□□。"③ 在序言中，五色石主人还提及古人生平最恨与最快之事。人们所恨之事莫过于"郁郁不得志于初"，"而或遭时不偶，赍志以没"，所快之事则是"异日之云蒸龙变，得大伸其志"。在序言的最后，五色石主人又言一己之愿望，即让世人都能"有愿必成，有忿必泄，矢己必表之日星，救人必出之汤火，慷慨淋漓，不留遗憾，斯其快我心而并快人心为何如者！"④ 由此可见，五色石主人因由快心之事而作这《快士传》，从古代士人的角度阐发人类内心之快感与文学创作之关系，认为圣贤发愤之作虽出自怨恨，但其总是能反映一种快适之感。所以，著文之际能"运扫愁之思，挥得意之笔"，成文之时更能"翻恨事为快事，转恨人为快人"，破涕为笑，由悲转喜。如五色石主人所言，发愤之作与悲怨之辞均可带来心中

---

① 郑元勋选：《媚幽阁文娱·文娱叙》，上海杂志公司，1936年版，第1～2页。
② 无名氏：《绿牡丹全传》，山西人民出版社，1993年版，第312页。
③ 欧阳健：《古小说研究论》，巴蜀书社，1997年版，第150页。
④ 傅璇琮：《中国古代小说珍秘本文库》卷三，三秦出版社，1998年版，序第4～5页。

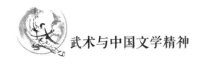

的快适之情，那么赍志的难以实现和理想的未能声张，便成了士人在写作之中产生快感的动力。

对于小说作者的该种创作心理，王国维可谓了然于心。在《文学小言》中，他如此总结道：

> 文学者，游戏的事业也。人之势力，用于生存竞争而有余，于是发而为游戏。婉娈之儿，有父母以衣食之，以卵翼之，无所谓争存之事也。其势力无所发泄，于是作种种之游戏。逮争存之事亟，而游戏之道息矣。惟精神上之势力独优，而又不必以生事为急者，然后终身得保其游戏之性质。而成人以后，又不能以小儿之游戏为满足，于是对其自己之情感及所观察之事物而摹写之，咏叹之，以发泄所储蓄之势力。故民族文化之发达，非达一定之程度，则不能有文学；而个人之汲汲于争存者，决无文学家之资格也。①

以游戏为源头，将文学创作列为"游戏的事业"，如此鲜明的观点在当时的文学理论界颇具影响力。人生来便与游戏难以分离，这是人类生理之缘由。然此种精神随着人类的进步而变更其形式，咏叹生活，发泄情绪，将内心之情感投入文学创作。可见，文学创作为人们提供了一种娱乐性情的方式。

综观以上所论，笔者认为中国传统意义上的文学游戏观主要由"自娱说"体现。传统文人把文学作为游戏之乐事，他们将此种乐感深入内心，这既可赢得一种闲情逸致的享受，也能排遣内心的愤懑与不平。对文学创作过程中的情感排遣，学术界也将其视作文学创作动力的一种形式——"发愤著书说"。② 其实，在抒发悲愤之情时，文学创作者常可进行情感体验。亨利·劳温菲尔德在《精神创伤与艺术家的创造性体验》一文中认为："艺术家的特点正在于：他并不只是满足于幻想，而是渴求赋予幻想以形式，可望作品的诞生；作品的诞生带来了暂时的满

---

① 王国维：《王国维文集》第一卷，中国文史出版社，1997年版，第25页。

② 参见吴建民：《中国古代诗学原理》，人民文学出版社，2001年版，第131~134页。

足，并使之从紧张中解脱出来。"① 从文学创作动力的视角分析，内心的愤懑与压抑具有一定的促进意义。同时，以"幻想"为契机的文学创作，其实质也可视为一种以苦闷、不满足为前提的超越。因此，这种内心的超越便可与以自由境界为诉求对象的游戏精神关联。作家发愤成文，感情得以发泄，久被压抑的情绪被最大限度地释放，随之带来了情感上的放松和精神上的抚慰。这种情感的自适亦可归入自我愉悦的层面。作家追求游戏的精神正是由于没有欢乐和内心苦闷。所以，游戏的深层原因便在于此。借助文学，文人将自由境界的营造付诸笔端，一方面，创作行为促成了通向自由状态的有效途径；另一方面，在此种情形下写就的文学作品，逐步完成了由人类之自由精神向艺术创作的一种转移或变更。由此，一定程度上"发愤著书说"与文学"自娱"观有相通之处。故而在分析中国文学"自娱说"时，笔者也一并将"发愤著书说"纳入其中。

"发愤著书说"与"自娱说"均与作家内心情感的需要有关，它们揭示了文学创作与娱乐追求之间的深层关系。一般来说，自娱创作心理与文人特殊的社会文化心态密切关联。这类文人大多具有自放诗酒、疏离现实政治的文化品格。当仕途失意之后，他们往往寻求一种精神上的自由，且将此过程寄托于诗文创作。尽管以诗文自娱者在艺术风格上难以一概而论，但他们大体上都具有自我表现、不假雕饰的特点，较少刻意强调文学作品的教化性能。

较之中国的文学"游戏说"，西方文艺理论之"游戏说"颇具系统性，大致可以分为如下几个发展时期：其一，古希腊时期，即开端时期，以赫拉克利特和柏拉图的游戏说为代表；其二，中世纪，主要从基督教神学服务的角度来看待游戏与文艺的关系；其三，近代，以康德、席勒的理论为代表；其四，现代，以维特根斯坦、海德格尔、伽达默尔、赫伊津哈、弗洛伊德、阿德勒、皮亚杰等学者的观点为代表；其五，后现代，以德里达、福柯、利奥塔、布尔迪厄等人的理论为核心。可以认为，在西方文艺理论的发展进程中，"游戏说"始终扮演着重要

---

① 转引自黄药眠、童庆炳：《中西比较诗学体系》，人民文学出版社，1991年版，第194页。

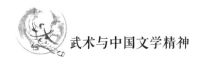

的角色，对我们理解和诠释文学创作活动具有不可低估的作用。

西方文艺理论的"游戏说"大致分为两种体系。其一，以娱乐为基点，在突出情感愉悦和快适的过程中，企图达到借助游戏建立自由的和谐境界的目的。此种理论体系的代表人物有亚里士多德、康德和席勒等。其二，以结构论为契机，视游戏为一种活动的本身属性，并以此为开端，通过游戏探讨万物存在的问题，得出艺术的结构性特征。此种体系的代表人物有赫拉克利特、维特根斯坦、海德格尔、伽达默尔、德里达等。在此种游戏理论中，赫拉克利特所代表的是古希腊游戏说，他曾就"儿童的游戏"提出世界存在的问题。到了现代哲学家维特根斯坦那里，游戏则被用于探讨语言的论题。维特根斯坦认为"美""艺术"等词语都可视作一个类似"游戏"的系统，语言游戏即传统美学建立在寻求统一的美的理想之上的虚幻体。紧接着此种思想，海德格尔以天、地、人、神四种元素概括出世界的本质为游戏。其后的后现代理论家更是将游戏与艺术的关系作了极端处理，德里达认为："由此有两种解释，结构、符号和游戏的解释，一个梦想着去破译一个真理和一个本原，然真理和本原对于游戏和符号的次序来说已反身离去，于是这种解释体验了解释的必然性如同放逐。另一种不再面向本原，而是支持游戏并且意欲超出人和人道主义而去，因为人是本质的名称。在形而上学和本体——目的论的全部历史中，亦即在它的整个历史中，此本质已梦想了完全的在场，保证了根据、本原和游戏的终结。"① 这里所说的"游戏"已经完全丧失了结构事物本质的性能，成了后现代理论下的无原则、无中心的游戏。

以赫拉克利特为代表的游戏理论，从一开始便与亚里士多德一派大异其趣，他们始终关注游戏的本体存在性，将游戏理解为除自身之外没有丝毫依据的活动。作为西方"游戏说"的一大支流，此种理论有其特有的价值与地位。但针对本书所探讨的问题，笔者试图借用以亚里士多德为代表的第一种游戏理论来阐发游戏视野中的武术与中国文学。以亚里士多德为代表的游戏理论贯彻娱乐与快适的学说，且经历了从娱乐到

---

① 转引自彭富春：《哲学美学导论》，人民出版社，2005年版，第82~83页。

自由再到"游戏冲动"三个阶段。古希腊时期，人们就特别推崇游戏精神，认为这是一种按照本真的个性诗意地栖息于世界的理想状态。丹纳曾无比倾慕地说："（希腊人）他们以人生为游戏，以人生的一切严肃的事为游戏，以宗教与神明为游戏，以政治与国家为游戏，以哲学与真理为游戏。"① 在丹纳心中，希腊人对游戏的态度使得艺术与人生的关系完满而又美好。

亚里士多德在其著作《尼各马科伦理学》中如是说："阿那哈尔西说得好，游戏是为了严肃的工作。游戏似乎是一种休息，由于人们不能持续不断地工作，所以要休息。休息并不是目的，它为了现实活动而出现。"② 亚里士多德在阐述"幸福"的含义时，曾将"快乐"一词纳入其探讨的范围。他认为，快乐可以由游戏产生，但真正的幸福只能由德行促成，游戏仅仅是提供休息的一种手段而已。不论怎样，亚里士多德虽未特别强调游戏，但他已体察到游戏对人类的解压功能，如人们能"在游戏中消磨时间"等。我们可以得出此种结论，亚里士多德在其伦理学著作中已将游戏和快乐作为他阐述的对象，而游戏也是具有消闲功能的。

继亚里士多德之后，近代游戏说着重从人性的角度谈论游戏，并提出游戏是人的自由本质属性的观点。自觉地将游戏与艺术作为一个对象看待的美学家是德国学者康德。他试图用游戏学说来解决诸种艺术问题，他在《判断力批判》中分析道："快适的诸艺术是单纯以享乐为它的目的，此外，属于这场合的还有一切游戏，这些游戏没有别的企图，只是叫人忘怀于时间的流逝。……一切感觉的变化的自由的游戏使人快乐（它们没有任何目的做根柢），因为它促进着健康的感觉。"③ 康德在此处将艺术和游戏并置，原因是二者拥有共通点，即愉快感。接着，他还将这种快适感与利益关联，认为艺术和游戏均远离利益，只是给人们带来精神上的享乐。因此，处于其中的个体不是以利益的占有为准绳，而是以快乐之感的获得为依据。以此为基础，康德进而总结出艺术区别

---

① 丹纳：《艺术哲学》，傅雷译，人民文学出版社，1963年版，第270页。
② 亚里士多德：《尼各马科伦理学》，苗力田译，中国社会科学出版社，1990年版，第224页。
③ 康德：《判断力批判》，宗白华译，商务印书馆，1964年版，第214页。

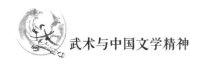

于手工艺的特点在于对自由的追求，故而艺术的本质又归为自由。在对艺术本质的探寻中，不难发现康德通过愉悦感沟通了游戏和艺术这两个不同领域的事物。可见，愉悦情感在康德思想中占有重要的地位。

德国理论家席勒秉承康德游戏说的原则，在其代表作《审美教育书简》中进一步分析了艺术与游戏的关系。与康德一样，席勒也视游戏为自由活动的表现。但较康德进步的是，席勒深入阐发了游戏，且把它划分为"物质的游戏"和"审美的游戏"。"物质的游戏"指人体的各种器官和想象力处于一种杂乱无序状态的无形式的游戏，"审美的游戏"则指人体的器官和想象力得以有序安排的有形式的游戏。游戏形式的有无决定着动物和人类对游戏的认识，而理性的参与只能影响形式的组织。席勒认为，尽管动物也具有某种"像人"的游戏活动，但是动物的游戏更多地服从于无意识的生理要求，并且内容上呈现为一种简单的趋势。与此对应的是人类的游戏则能从最初的生理宣泄（即席勒的"剩余精力说"）发展为一种具备有序规则的创作性组织活动。在席勒看来，人类的"物质的游戏"类似于动物的"自然的游戏"，而唯有"审美的游戏"才是真正的人的游戏。在理性的建构下，"审美的游戏"代表了感性与理性的人的活动，它使人类获得了审美自由的状态。

审美自由的本质也在席勒的"游戏冲动"说中得到了详细的阐述。席勒在《审美教育书简》中言："在人的一切状态中，游戏才能使人成为完整的人，使人的双重本性一下子发挥出来。"[1] 此处的"双重本性"即"感性冲动"和"理性冲动"。席勒进一步指出，人性的完善与和谐要靠"游戏冲动"加以调节，而这调节的对象便是体现状态的人的"感性冲动"和体现本质的人的"理性冲动"。因而席勒得出一个结论："美是一种在感性冲动和理性冲动之间展开其自身自由的潜在的游戏冲动。"经由游戏冲动，人在物质和精神方面都达到了自由，展现出一种和谐完美的状态，所以，也就组成了审美的自由境界。审美游戏说发展至此，席勒将人性的自由本质和游戏的自由属性关联起来，总结出美学意义上的自由观点。可以说，由娱乐性和快适感为出发点的游戏说在席勒那里

---

① 席勒：《席勒散文选》，张玉能译，百花文艺出版社，1996年版，第201页。

达到了一种更高境界的提升。在认识艺术本质的过程中，人类依托游戏概念，总结出自由属性对二者所具有的通约性。

英国学者赫伯特·斯宾塞延续了席勒的游戏和艺术均源自过剩精力的说法，认为美感与游戏的冲动有关。斯宾塞在其理论著作《心理学原理》中从游戏的角度考察了艺术活动。他说："我们称之为游戏的那些活动是由于这样一种特征，即那种同样不以任何直接方式推动有利于生活的进程的特征，而与审美活动联在一起的。"① 斯宾塞认为，高等动物的优势表现在具有生物性意义的谋生活动以及闲暇之外的游戏活动。最为重要的是，斯宾塞以游戏说为方法论，在对艺术活动的解释过程中得出如下结论：一般快感来自现实生活中的情感，而艺术中的美感才是游戏所带来的情感。

西方的"游戏说"主要涵盖了以下两个方面的内容：其一，娱乐性和快适感的拥有成为人类进行艺术活动的基本准则，也即作为物质属性的人的感性享受；其二，对自由状态的精神追求构成了人类审美自由的高级阶段，即富于模仿性和个人情趣的自由自在的生命活动。对自由状态的诉求为人类超越物质性方面的愉悦感，是游戏本质的体现，扩延开来，作家在文学创作时的情感宣泄以及由此产生的愉悦之感也可包括在自由精神的领域之内。

二、武术之游戏观

武术，起源于人类的格斗技击，但又远远高于技术的范畴。在漫长的发展历程中，武术逐渐集搏击、文化、艺术于一身。由于此种特性的存在，武术深得人们的喜爱，来自不同阶层的人均能从武术中获得游戏的愉悦。其实，武术中的格斗特质早已同游戏产生了密切的联系。格斗能产生游戏的效果，而游戏也包含格斗的成分，对于二者的相关性，荷兰学者约翰·赫伊津哈在其游戏理论中有精彩的论述。赫伊津哈认为，

---

① 斯宾塞：《心理学原理》，见蒋孔阳主编：《十九世纪西方美学名著选·英法美卷》，复旦大学出版社，1990 年版，第 124 页。

英语中的"play""to play"明显源自同一种语义，而这种语义可以远溯到盎格鲁－撒克逊语的"plega"和"plegan"。据赫伊津哈的进一步考证，古英语的"plegan"、古撒克逊语的"plegan"、古高地德语的"pflegan"、古弗里斯语的"plega"，以及荷兰语的"plegen"在形式上都是一致的。在古代，游戏一词的含义非常广泛，有挑战、危险、竞赛等义。"游戏和危险、冒险、机遇、英勇——这些只是行动的一个单一领域，只是指生死攸关之时。这诱使我们下结论说 play 和 pflegan 的词源不只形式上而且语义上都是同一的。"① 徒手冲突或搏斗，在盎格鲁－撒克逊语言中被称作"heado-lac"或"beadu-lac"，其字面义指"搏斗游戏"。操持武器的争斗和各种竞争都伴有游戏的成分。所以，"游戏即搏斗，搏斗即游戏"。

作为中国传统竞技项目中的一种，武术以其独有的性质诠释着游戏的品格。人们不但能从武术中发现竞技的快感和胜利的喜悦，还能从中体味技艺的美感。

首先，武术从其诞生之日起就带有强烈的竞技性，此种竞争属性便蕴含着游戏的成分。远古时期，为了获得基本的生存权，人们不但常与猛兽搏斗，而且还要利用肢体进行捕食劳作。在此种条件下，武术之雏形开始出现。随着时代的进步与文明的发展，武术也在格斗技巧和逻辑运思等方面有了长足的发展。在武术的演变过程中，竞技始终是武术的本质属性。因此，学界在界定武术此一名词时，常常围绕其竞技特性。譬如："武术是以技击动作为主要内容，以套路和格斗为运动形式，注重内外兼修的中国传统体育项目。"② 又如："武术是我国具有独特民族风格特点，带有攻防含义，以拳术、器械、套路形式和实战形式为主的，既能健身自卫，又能养生保健的传统体育项目。"③ 依照荷兰学者约翰·赫伊津哈的理论推导，持武争斗伴随着游戏的因子，那么以搏斗为基本属性的中国武术便与游戏有着天然的联系。

---

① 约翰·赫伊津哈：《游戏的人：关于文化的游戏成分的研究》，多人译，中国美术学院出版社，1996 年版，第 43 页。

② 徐才编：《武术学概论》，人民体育出版社，1996 年版，第 15 页。

③ 李成银：《中国武术咨询大全》，山东教育出版社，1993 年版，第 62 页。

其次，以搏斗属性为基础，中国武术还生发出娱乐的功能，并且此种功能又经由游戏而得以稳固，成为武术与中国民间游戏相互重合、共生的关联点。民间游戏活动通常指流传于普通人生活中的娱乐活动。在归纳古代游戏项目时，当代学者有多种分法。此处，笔者仅挑选出具有代表性的几种加以分析。对于民间游戏的种类，崔乐泉在《古代游艺文化》一书中有过明确的划分：其一，百戏杂艺，如歌舞、俳优、马戏等；其二，竞技，如球技、投射、赛力等；其三，益智赛巧，有棋类、博戏等；其四，休闲雅趣，有投壶、酒令、灯谜等；其五，童趣嬉戏类；其六，民俗游艺，例如节令的游艺等。麻国钧在《中华传统游戏大全》中将传统游戏划分为十三类，即酒令类、棋类、博类、球类、投掷类、射类、冰雪类、口头文字类、角抵类、火戏类、水类、豢养类、杂类。赵庆伟、朱华忠在《游戏风情》中认为，传统游戏活动可以由儿童游戏、竞技游戏、智力游戏、赌斗游戏、时令游戏等组成。① 从以上对古代游戏项目的分类中，可以发现早期武术的身影，它们包括游戏中的马戏、投射、赛力、角抵、射类等。

远在战国时期，休闲娱乐活动就已成为人们日常生活中不可或缺的内容。除"技"的含义外，武术也逐渐向"艺"的层面发展。当时在民间流行的娱乐节目，如角抵戏、手搏、射技、剑舞、刀舞等，都为日后武术套路的定型提供了丰富的资源。以表演形式为主要特色的民间娱乐武术促进了实际武术练习中技巧、技术的发展。为了满足人们对武术竞技中真实性和观赏性的需求，对抗、对打、对刺等渲染气氛的表现形式频繁出现在武术演练中。在四川成都出土的"剑戟对刺图"、在河南南阳出土的"空手夺刀图"均生动地记录了汉代武术在表演形式上从单练向对练的推进与发展。隋唐时期，武术在技艺层面得到了长足发展，出现了单练、对练和群练等多样化的表演形式。在器械操练上，剑术技法可谓盛极一时，如公孙大娘"一舞剑器动四方"，苏涣形容裴旻的双剑是"七星错落缠蛟龙"。舞剑者英姿飒爽，观剑者更是击掌称妙。武术套路在宋代不断涌现，这与武术的普及分不开。随着城市的发展和平民

---

① 参见赵庆伟、朱华忠：《游戏风情》，湖北教育出版社，2001年版。

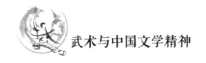

阶层的壮大，宋代街头出现了大量靠技艺营生的艺人。不论是打拳踢脚、拉弓射箭，还是舞剑耍刀、使枪弄棒，都是人们喜闻乐见的娱乐活动。这些技艺表演在民间甚为流行，许多绝技被武术吸纳。为了赢得更多的观众，艺人大多在技巧表现上下苦功，并尽可能地提高观赏性能。如此一来，多样化的表演形式和高难度的技巧便自然地融入了武术的攻防套路。

以竞技运动为基础的中国武术在发展过程中，一方面由于自身的娱乐属性而加入民间游戏的行列，成为人们娱乐游戏的对象；另一方面，也恰是因为向游戏的主动靠拢，武术才能在技巧、表演形式等层面实现由技入艺、艺道相融的飞跃。

第二节　争强斗勇的游戏心理

武术的基本意义是搏击格斗，它在竞技性游戏中有着鲜明的特点，即争强斗勇。文学是人类情感的文字化体现，与武术一样，它同样能给人们带来精神的游戏体验。基于此特点，武术与文学携手，展现了游戏之争强斗勇的属性。

一、游戏之生理属性

陈抱成在《中国的戏曲文化》一书中指出，中国的宗教戏剧兼具现实性与娱乐性两个特点。此种现象的存在决定了中国传统戏曲所走的是一条通俗性和大众化的发展道路。他说：

> 中国古代歌舞，即使是为了祭祀而演出，在"娱神"的同时，也绝对忘不了"娱人"的作用。宋人朱彧的《萍洲可谈》卷三在谈到当时庙会演出的情景时说，"至弄戏，则猥谈群笑，无所不至，乡人聚观饮酒，醉又殴击"。这就透露出台上台下都不存在一个庄

严诚信的宗教氛围。①

为了进一步辨析戏曲的娱乐性，陈抱成又借用中国传统武戏加以阐述：

> 从山西潞城县发现的《迎神赛社礼节传簿》的记载可见，明代嘉靖前后农村迎神赛社所演剧目，真正祀神祈福的戏，只占一小部分；多数是历史剧，也有不少反映现实生活的小戏……这说明"娱人"的意图在古代"酬神"演出中占有的重要位置。"目连戏"的搬演，从宋代到民国时期，也不仅仅单纯表演目连救母故事，必须穿插许多杂技、武术、历史故事、生活喜剧、滑稽逗乐节目在内。如张岱的《陶庵梦忆》就曾说，明末"徽州旌阳戏子"演的"目连戏"，其中就包含"度索舞絙、翻桌翻梯、筋斗蜻蜓、蹬罈蹬臼、跳索跳圈、窜火窜剑之类"。近代各地方剧种演出"目连戏"时，都要加进许多历代征战兴亡剧目，根据演出期限长短，伸缩调节。②

此段文字主要从戏曲娱乐性的角度来分析戏曲的特点。在具体的行文过程中，陈抱成有意将武戏归入其中，用以阐释武戏对中国传统戏曲娱乐性的建构作用。可见人们对游戏的体验是可以从武术中得到满足的。

奥地利动物学家、现代行为学创始人康拉德·洛伦茨在其著作《论侵犯行为》中就侵犯行为与人类的关系问题作过详细的论述。他指出："侵犯是人类大脑不断自发制造出来的，它是我们动物祖先的一种遗传，假如得不到任何释放，它就会不断积累，占有越来越高的比重，一遇有适合的理由，它就会表现出来。如果刺激非常微弱或是完全消失，那么积累起来的侵犯性将最终爆发出来。由于他们内部已经聚集了如此之多

① 陈抱成：《中国的戏曲文化》，中国戏剧出版社，1995年版，第182页。
② 陈抱成：《中国的戏曲文化》，中国戏剧出版社，1995年版，第183页。

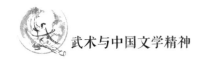

的侵犯性能量，经过一个特定的时期，人们禁不住要采取侵犯性的行为。"①

在康拉德·洛伦茨的理论基础上，美国社会学、心理学家埃里希·弗罗姆总结出人类本身具有两种侵犯类型：第一种为"生物程序型"侵犯行为，第二种则是有别于动物的人类特有的侵犯类型。我们先了解一下这两种侵犯类型的基本内涵。第一种是类似于动物的"生物程序型"侵犯行为。在阐释该种侵犯行为时，弗罗姆大体上继承了洛伦茨的观点，认为此种类型的侵犯心理与区别于人类的其他动物大致相同。动物与人类拥有相似的神经生理组织，当动物的利益受到侵袭时，它们会马上采取应急行动，人类亦然。以上就是"生物程序型"侵犯行为的生理过程。阐述完此种侵犯类型，弗罗姆接着指出，促使人类形成侵犯的反应远不止"生物程序"，还包括其他三个因素：其一，人类不仅可以同动物一样，对当下的威胁做出反应，而且还能对未来可能发生的威胁采取行动；其二，人类会接受暗示的影响，对于尚未在现实生活中出现，但在经由他人的言论刺激之后，会相信威胁的存在，由此侵犯感形成；其三，当人类所信奉的理念、观点、制度、国家等珍贵的东西受到威胁时，他们同样会予以毫不留情的攻击。因此，"人的防卫性敌对行为要比动物广泛得多"。②

笔者以为，在解释人们热衷于阅读武术竞技描写的原因时，埃里希·弗罗姆的观点恰好能提供一个理论支持。人们可以通过阅读作品中酣畅的打斗场面宣泄内心的侵犯感，获得暂时的精神放松，从而达到娱乐性情的目的。鉴于人类侵犯心理的不同形成机制，本节主要从人类侵犯心理的第一个形成机制，即"生物程序型"侵犯行为来阐述逞强心理与以武术为表现内容的文学作品的内在关系。

二、争强斗勇与武术、文学

近人恽树珏在《武侠丛谈》中说：

---

① 埃里希·弗罗姆：《生命之爱》，王大鹏译，国际文化出版公司，2001 年版，第 45 页。
② 埃里希·弗罗姆：《生命之爱》，王大鹏译，国际文化出版公司，2001 年版，第 58 页。

童子于古书无不喜《史记》，于《史记》无不喜游侠刺客诸传，读荆轲借樊将军头、白衣冠悲歌渡易水，非甚窳儒，必愕眙震越，慷慨之气，现于眉间。是知勇为达德，实有生以俱来也。①

描写武力争斗成为攻击本能的一种代替物，它可以用来弥补人类精神上的缺失，属于正常心理行为的范畴。正如荣格在《论分析心理学与诗的关系》一文中所提到的："艺术家得不到满足的渴望，一直追溯到无意识深处的原始意象，这些原始意象最好地补偿了我们今天的片面和匮乏。艺术家捕捉到这一意象，他在从无意识深处提取它的同时，使它与我们意识中的种种价值发生关系。在那儿他对它进行改造，直到它能够被同时代人所接受。"② 艺术创作实际上是这样一种活动，它能补充个人认识心理的片面性，并且产生生命活动中的自我调节。

"游戏的基调是狂喜与热情，并且是与那种场景相协调的神圣或喜庆式的。一种兴奋和紧张的感觉伴随着行动，随之而来的是欢乐与轻松。"③ 在阅读描写暴力争斗的内容时，读者所体验到的是一种快感。在攻击性欲望得到幻想的满足之后，随即带来的便是情感的释放。同时，观赏比武较艺能带动争斗的情绪。北宋初年，调露子撰写了《角力记》一书，在书中他写道："夫角力者，宣勇力、量巧智也。然以决胜负，骋趫捷，使观者远怯懦、成壮夫，已勇快也。"④ 角力是勇力和巧智结合的竞技活动，通过观看赛手的力量角逐，不仅能领略赛手的强悍与勇力，还能在内心产生一种远离怯懦、持勇尚武的感受。

鲁迅对我国先民的尚武传统无比钦羡，他在《摩罗诗力说》中说："特生民之始，既以武健勇烈，抗拒战斗，渐进于文明矣，化定俗移，转为新懦，知前征之至险，则爽然思归其雌，而战场在前，复自知不可避。"⑤ 同样，在描写湘西民风时，沈从文写到沅陵人民"慷慨好义，

① 转引自陈山：《中国武侠史》，上海三联书店，1992年版，第294页。
② 荣格：《心理学与文学》，冯川、苏克译，生活·读书·新知三联书店，1987年版，第122页。
③ 约翰·赫伊津哈：《游戏的人：关于文化的游戏成分的研究》，多人译，中国美术学院出版社，1996年版，第146页。
④ 卢兵：《中华民族体育文化导论》，民族出版社，2005年版，第244页。
⑤ 鲁迅：《鲁迅全集》第一卷，人民文学出版社，1981年版，第66页。

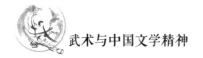

负气任侠"，这种"楚人古典的热诚"是难能可贵的。[①] 郁达夫在年幼之时非常佩服农村的玩伴阿千，因为阿千体格健壮，野性十足。"他虽只比我大了一岁，但是跟了他们屋里的大人，茶店酒馆日日去上，婚丧的人家，也老在进出；打起架吵起嘴来，尤其勇猛。我每天见他从我们的门口走过，心里老在羡慕，以为他又上茶店酒馆去了。"[②] 羡慕力量、崇拜勇猛、渴求胜利，这是人类生物性本能的一种表现。

自己不能拥有力量，那就通过他人的胜利来慰藉自己，这在描写武术竞技的作品中可见一斑。

> 濠州定远县一弓手，善用矛，远近皆服其能。有一偷亦善击刺，常蔑视官军，唯与此弓手不相下。曰："见必与之一决死生！"
>
> 一日弓手者因事至村步，适值偷在市饮酒，势不可避，遂曳矛而斗，观者如堵墙。久之，各未能进。弓手者忽谓偷曰："尉至矣！我与尔皆健者，汝敢与我尉马前决死生乎？"偷曰："诺！"弓手应声刺之，一举而毙。盖乘其隙也。(《弓手刺偷》)[③]

弓手和偷儿狭路相逢，一场恶斗即将开始。这样的紧张场面难得一见，因此"观者如墙堵"，热闹气氛显而易见。类似的情形《聊斋志异·武技》中也有。文中写到李超拜师于少林武僧，学得武艺，但还未参透精要，便想闯荡江湖。

> 偶适历下，见一少年尼僧，弄艺于场，观者填溢出。尼告众人曰："颠倒一身，殊觉冷落。有好事者，无妨下场一扑为戏。"如是宣言者三，众相顾，迄无应者。李在侧，不觉技痒，意气而进。尼便笑与合掌。才一交手，尼便呵止曰："此少林宗派也。"即问："尊师何人？"李初不言，尼固诘之，乃以僧告。尼拱手曰："憨和

---

① 参见沈从文：《沈从文文集》第九卷，花城出版社、生活·读书·新知三联书店，1984 年版，第 359 页。

② 未未：《人间》上册，湖北人民出版社，2000 年版，第 87 页。

③ 蒲戟选释：《中国武术故事》，花城出版社，1984 年版，第 128 页。

尚尔师耶？若尔，不心较手足，愿拜下风。"李请之再四，尼不可。众怂恿之。尼乃曰："既是憨师弟子，同是个中人，无妨一试。但两相会意可耳。"李诺之。然以其文弱，颇易之。又年少心性喜胜，思欲败之，以要一日之名。方颉颃间，尼即遽止。李问其故，但笑不言。李以为怯，固请再角，尼乃起。少间，李腾一踝去，尼骈五指下削其股，李觉膝下如中刀斧，蹶路不能起。尼笑谢曰："孟浪迂客，幸勿罪。"李异归，月余始愈。后年众，僧复来，为述往事。僧惊曰："汝大卤莽，惹他何为？幸先以我名告之，不然，股已断矣！"①

　　李超在街头偶遇卖艺的尼僧，"不觉技痒，意气而进"。在较艺争雄的好胜心的驱使下，他入场比试。交手过后，尼僧知其操少林派武功，便想作罢退让，但此时的围观者哪想错过，因而怂恿李超继续对战。此时的李超仗着年轻好胜便同尼僧拳脚相交。这则故事对内外家拳术的记载极为翔实，也是武侠小说发展到清代的一个特点。不论武艺展示得如何，蒲松龄都将较艺者和围观人群的心理写得入木三分，极为生动，从侧面反映了人们对好胜的喜爱和对胜利的崇拜。古代武侠小说较少涉及武功技法的具体描写，重点在于描写人们对武艺的膜拜上。通过第三者或看客的眼光赞叹武艺，是平民向往英雄人物的一种表现。

　　不仅是传统的纸质武侠小说，即便是以因特网为传播载体的武侠文学新锐——网络武侠小说，也秉承以观者情绪烘托武斗紧张气氛的叙事手法。如《诛仙》第二十二章中田灵儿与申天斗比武竞技的精彩场面：

　　　　申天斗的灰褐仙剑一击无功，向上折起，田灵儿却没有丝毫停顿，"琥珀朱绫"霞光闪处，登时长了十倍，田灵儿一声娇喝，只见"琥珀朱绫"一改本来柔软模样，竟变作长长的一根巨棒一般，笔直横在空中，一端抓在田灵儿手中。

　　　　台下观者一片哗然，惊叹声不绝于耳。

---

① 蒲戟选释：《中国武术故事》，花城出版社，1984年版，第255～256页。

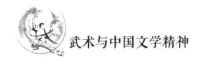

田灵儿更不迟疑，右手一舞，见"琥珀朱绫"化作的巨棒在空中"鸣"的一声划过，重重向申天斗当头打去。

申天斗双眉紧皱，面色肃然，在这片刻间他的仙剑已飞回到他手中，但见他咬紧牙关，右手握紧仙剑，左手曲伸，眼看那巨棒就要打在他的头上，台下众人一片寂静，突地一声巨响，在他身前平台之上，原本平铺的木台瞬间破裂，只见五六道巨岩突然破台而出，挡在他的身前。

....

台下一片寂静，朝阳峰弟子都收了口，紧张地看着台上那个巨大的红球，谁都知道，在这仙家法宝重压之下，一个支撑不住，会是什么后果？①

一甲子一次的"七脉会武"，是通天峰青云门一大盛事。此刻正是大竹峰掌门之女田灵儿对决朝阳峰弟子申天斗。比武台"离"位上，斗勇二人战得如火如荼，武艺法宝浑然一体；比武台下四周，两门弟子更是观战心切，全情投入。从上文可见，田、申二人的比试场景始终与台下观者相互应和，营造了一种极为生动、真实的现场紧张感，令读者欲罢不能。

人总被先祖的尚武传统所影响，并在日常生活中表现出逞强尚力的性格。现实生活中的人们总为时空的限制而耿耿于怀，由此产生了超越现实的心理需求。人类可以通过多种途径获得此种需求，而借助文学作品就是其中之一。在文学世界里，人们把现实中的不满和内心的企望投注于此，以期获得精神上的自由和快适。以上种种均是包括武侠小说在内的通俗文学给人们带来的愉悦感。同样，影像世界中的武术也可以给人们带来情感上的快适。茅盾对20世纪30年代的武侠影片欣赏群体作过一次深入的解析，从中可以体会到当时的人们对武术和暴力的迷醉。

《火烧红莲寺》对于小市民层的魔力之大，只要你一到那开映

---

①　萧鼎：《诛仙.1》，花山文艺出版社，2009年版，第154～155页。

这影片的影戏院内就可以看到。叫好，拍掌，在那些影戏院里是不禁的；从头到尾，你是在狂热的包围中，而每逢影片中剑侠放飞剑互相斗争的时候，看客们的狂呼就同作战一般。……在他们，影戏不复是"戏"，而是真实！如果说国产影片而有对于广大的群众感情起作用的，那就得首推《火烧红莲寺》了。

　　……看过《火烧红莲寺》影片的小市民青年依然喜欢从那简陋的"连环图画小说"上温习他们梦想中的英雄好汉。他们这时的心情完全不是艺术的欣赏而是英雄的崇拜，是对于超人的生活和行为的迷醉向往了。在没有影戏院的内地乡镇，此种"连环图画小说"的《火烧红莲寺》就代替了影片。①

　　影戏院中的市民用叫好、拍掌来表达心中的快适，这是人类最直接的抒怀方式。他们的欢呼声体现出对阳刚男子气概的渴望以及对英雄神力的膜拜。

　　暴力争斗一直是电影不遗余力表现的主题之一，影片中的刀光剑影、拳脚相搏都是导演和观众喜好的元素。银幕上的争斗场面有多角度的内涵，它们顺理成章地成为电影世界中极富魅力的视听因子。凭借一部《少林寺》闯进银幕的中国武打演员李连杰，成功之初就是借助了中国武术，而其在艺术生涯中仍离不开对动作和暴力的演绎。可见，不需要过多语言描述的武打动作片能比较容易地成为不同文化群体乐于接受并钟爱的对象。时至今日，暴力已经进入各种样式、风格、题材的影片中，几乎成为任何一部叙事性电影不可或缺的"观赏性卖点"。尤其是那些以暴力动作为叙事重心的类型影片，其特定的表现内容更是决定了暴力"出场"的必然性。在这样的历史语境中，电影中的暴力越来越成为一种具有"消费性质"的视觉文化样式，使得观众在无形中认可了影像暴力的合理性。电影艺术"拟真性"的语言形式和梦幻般的观赏机制，给观众造成了一种假想的心理满足感。经过电影叙事逻辑"校正"

_____

　　① 茅盾：《封建的小市民文艺》，见《茅盾文艺杂论集》，上海文艺出版社，1981年版，第360～361页。

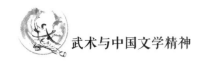

后的暴力，为观众的心理需求提供了一个正常的"出口"。

影片中的打斗包括肢体、武器的撞击，格斗双方发出的喝叫声等，这些声响可以带来一种此起彼伏的节奏感。爆发式的武打动作配以急促的打斗声，对观赏影片的观众来说极富冲击力。由陈静波导演的电影《金鹰》(1964) 就有效地运用了声响与动作的结合方法。此片中有大量真实可信的武打场面，譬如蒙古式摔跤、飞刀飞剑对抗、高超骑射、凶悍肉搏等。导演在展现动作技巧的同时也力图将视觉和听觉联系在一起，使该片在表现精彩的武打对抗时始终带有一种雄壮的悲情。

张曾泽导演的《路客与刀客》(1969) 极力渲染中国武术的拳脚功夫，如辫子功、铁头功等。影片以真实的武打和民间风俗为主，情节生动、人物性格突出。《路客与刀客》是导演张曾泽的重要作品之一，它将中国传统功夫成功地搬上银幕，该片不仅使观众大饱眼福，而且也为其赢得当年台北金马奖之最佳影片的殊荣。

影片《方世玉与洪熙官》凝结了导演张彻和武术指导刘家良、唐佳等人的智慧。该片集中展现了传统武术如洪拳、咏春拳等的拳法、掌法、腿法及兵器的使用招式，其中"虎鹤双形拳"的展示可谓本片的主要卖点之一。片中的打斗都依照真实的武术功法进行拍摄，具有强烈的视觉冲击力。正面人物方世玉、洪熙官与反面人物车刚的决战场景尤为壮观，敌我双方赤膊相战，画面中充斥着强健的肌肉、粗壮的身躯，以及打斗中产生的猩红鲜血，赋予了影片搏击的痛快之感。

华语武打演员李小龙武功超群，他的脚法、双节棍都成为凶狠搏杀的象征。他的脚法迅速快捷，在腾空之际还能连环相踢，为他赢得了"李三脚"的名号。此外，李小龙健壮的体魄、厚实的肌肉、丰富的脸部表情也为影片增添了不少力量之美。李小龙在武打过程中能仔细处理一系列动作，比如对战敌人时的凶狠眼神、出击的嘶叫等。这些细节设计使观众体会到人类拼杀搏斗过程中的野性美和生死抉择时的残酷。电影多通过拍摄技巧来渲染暴力气氛，影片中李小龙朝向镜头出拳的设计完全是为了给观众造成一种强大的视觉冲击力，将摄影机贴近打斗双方中的一方则能使观众获得与其共同抗敌的影像幻觉。

弗洛伊德曾用"稳定"（或"恒常"）原理来解释人类快乐的原则。

他认为："精神器官努力着使它里面的兴奋量尽量的低，或者，至少保持稳定（恒常）。"① 快乐原则便是建立在稳定原则的基础之上。紧张程度在超过常规水平的时候，人们往往会感觉"不快乐"，唯有将其降到稳定水平，才会使人产生"快乐"之感。弗洛伊德认为通过降低生理上的紧张度，人们能自然地减少心理上的不快乐。所以他得出结论："精神生活中，以及普遍的神经生活中，主要的倾向是致力于把刺激所引起的内在紧张减低，保持稳定，或移除（借用一个外来语，就是涅槃原理）——这个倾向可以在快乐原则中看出来。"② 攻击的本能受到抑制后，便能引发受压主体主动寻求刺激物。现代文明社会里，物质和精神的压力仍旧侵袭着人类，但是，文明社会并未给人类提供一个解决攻击本能的出口，只能借助文艺作品中的暴力描写来排遣心中的攻击冲动。通过电影这种特殊的娱乐机器，人们能一定程度地释放潜意识中的暴力情绪。武侠电影展示的是一个以暴制暴的世界，面对暴力的威胁和挑战，尽管人们一忍再忍，但最终都会用暴力抗争邪恶，所谓"以血还血，以命抵命"是也。在暴力的决断功能发挥到极致的瞬间，人们对武术的狂热和无法遏制的膜拜便随着好胜的生物本能表露无遗。胜利的喜悦永远促动着竞技游戏的发展，当此种因素被带入文学领域时，它就给了人们释放生物冲动的可能。

第三节　自由自为的游戏情怀

人在体验游戏所带来的快适感时，除享受因暴力而产生的情绪宣泄外，还能体会到游戏所带来的趣味感。与武术有关的各种活动已进入人们的日常生活，它们在成为娱情的游戏项目时，还为文学创作提供了丰富的素材。在阅读这类文学作品时，读者不再沉迷于先前的血腥场面和

---

① E. 弗洛姆：《人类的破坏性剖析》，孟禅森译，中央民族大学出版社，2000 年版，第 523 页。
② E. 弗洛姆：《人类的破坏性剖析》，孟禅森译，中央民族大学出版社，2000 年版，第 524 页。

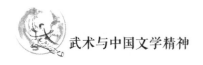

快意恩仇的主题，而是投入一种轻松娱乐的情境当中。①

陈平原曾讲到，武侠小说的读者对武功的出场是无比期盼的：

> 《云海玉弓缘》中正、邪两派高手唐晓澜、孟神通都将武技本
> 身排在第三位，所争不过在武学最高境界的理解：正派称"浩然正
> 气"，邪派则认"勇气和胆量"（第47回）。话是这么说，可武侠小
> 说还是不能不花大量篇幅描写技击打斗的过程，因那是广大读者的
> 兴趣所在，也是武侠小说作为一种小说类型最重要的特征之一。②

武侠小说中最容易让读者产生浓厚兴趣的是什么？其实就是拳脚相
交、刀来剑去的打斗场面。若想知道小说中的拼杀场景如何引人入胜，
只消瞧瞧读者的迷恋状态即可知晓。武侠小说中经常出现一个场景，即
武林大会。在武林大会中，少不了对政治事件的描写，如选武林盟主、
商议各帮派大事等。但是，最吸引读者的还是比武场上的打斗和花样百
出的神功。深谙此理的小说家在展现武打场景时，着实是八仙过海，各
显神通，把整个场面渲染得既热闹又好看。

文学作品主要通过以下途径展示武术的艺术魅力：其一，借"文
斗"的设置替代以破坏性比武斗狠方式为主要内容的武斗描写；其二，
通过阅读层面的奇异设计，为读者营造别样的阅读空间，增添作品的趣
味性；其三，将中国武术的形态美感融入作品，集中突出武舞同台的表
现效果，使读者从艺术欣赏的角度进入对美感的玩味。

一、文学之武术文斗

"任何与竞赛有关的东西归根到底都来源于通过技艺去体验人的能

---

① 本部分内容曾以《中国武侠小说的"武趣"呈现及其美学意义》为题发表在《商丘师范学院
学报》（2020 年第 10 期），收入本书有删改。

② 陈平原：《千古文人侠客梦》，人民文学出版社，1992 年版，第 90 页。

力这一古老形式。"① 比武论英雄，是龙是蛇，在校场上一过招便能见分晓。拳脚上的技艺高低一直都是衡量武者素质的标准。除实战斗狠之法外，口头上的比试也是作品中经常出现的内容。相对于决定生死的武技争斗，小说中所描写的文斗其实就是借助与武术相关的事物，将拳脚上的打斗往来通过口头方式进行比试。这种文斗实际上是武艺较量的一种虚拟化和艺术化处理。武学的涵养可以通过多种途径来展示，"识剑斗狠"便是其中之一。王立曾详细梳理武侠小说的各种母题类型，比如人与猛兽对阵以显勇猛气概之母题、比武退让与传统武德之母题、明清小说中"赌技服人"之母题等。② 他将武侠小说的母题加以类化，对武侠小说的类型研究起到了一定的推进作用。笔者认为，除以上影响武侠小说创作的母题外，"识剑斗狠"母题也可视作其中的一个类型。并且，鉴于其内涵特质，这一母题还可归入文斗显英雄的范畴。

武术分武斗和文斗两种，前者以纯粹的武术打斗为主，后者则侧重于兵器的识别、武术套路的辨认等武术文化知识的考测。在我国古代，武举制度经历了长时间的发展演变。如前所述，先秦时期便已有以武艺弓射取士的先例。汉武帝统治时期，又常以勇猛谋略作为举贤的条件之一。隋炀帝在参考了当时文官的荐举制度之后，尝试将武官的选用划归到人才举荐之中。直到唐代，武举制度才正式在科举取士中予以推行，武则天将武举设为全国科举项目之一。"武举，其试用有七：一曰射长垛、二曰骑射、三曰马枪、四曰步射、五曰材貌、六曰言语、七曰举重。"③（《唐会要·尚书省诸司下·兵部尚书》）可以看出唐代武举考试的内容主要有两个方面：一是骑射和马上兵器的运用水平，二是身体素质及语言表达能力。可见唐代武举科考已开始文、武并置。武斗自不用多说，文斗倒是不为人所熟知。基于古代武举考试中文斗的内容设置，作家们再结合语言文字，便创作出颇具趣味的文学作品。不过武举中的文斗内容不能生硬地照搬到文学作品中，而是要经过作家们的文学想象

---

① 约翰·赫伊津哈：《游戏的人：关于文化的游戏成分的研究》，多人译，中国美术学院出版社，1996 年版，第 191 页。

② 参见王立：《武侠文化通论》，人民文学出版社，2005 年版。

③ 王溥：《唐会要》卷五九，中华书局，1955 年版，第 1029 页。

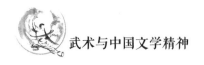

和生花妙笔，才能使文斗内容异彩纷呈。其中，对刀剑的品评鉴赏就成为作品中出彩的部分。在武侠小说中，比试对兵器的鉴赏能力是判定武艺水平的一种方法。如《七侠五义》第三十回就描写了展昭与丁二爷比试认剑的眼力：

> 只见一个小童将宝剑捧过来呈上。二爷接过来，先瞧了瞧剑鞘，然后拢住剑靶，将剑抽出，隐隐有钟磬之音。连说："好剑！好剑！但不知此剑何名？"展爷暗道："看他这半天言语嬉笑于我，我何不叫他认认此宝，试试他的目力如何？"便道："此剑乃先父手泽，劣兄虽然佩带，却不知是何名色，正要在贤弟跟前领教。"二爷暗道："这是难我来了。倒要细细看看。"瞧了一会道："据小弟看，此剑仿佛是'巨阙'。"说罢，递与展爷。展爷暗暗称奇道："真好眼力！不愧他是将门之子。"……
>
> 此时丁大爷已将展爷让进厅来。见桌前摆列酒肴，丁大爷便执壶斟酒，将展爷让至上面，弟兄左右相陪。刚饮了几杯，只见小童从后面捧了剑来。二爷接过来，嘡啷一声将剑抽出，便递与展爷道："大哥请看。此剑也是先父遗留，弟等不知是何名色。请大哥看看，弟领教。"展爷暗道："丁二真正淘气，立刻他就报仇，也来难我来了。倒要看看。"接过来弹了弹，颠了颠，便道："好剑！此乃'湛卢'也。未知是与不是？"丁二爷道："大哥所言不差。但不知此剑舞起来又当如何？大哥尚肯赐教么？"①

文中写到丁二爷识得展昭的"巨阙"剑之后，又拿出自家的宝剑考验展昭对古剑的识别能力。展昭不愧为"南侠"，他一眼就辨出丁二爷的剑乃古剑之一——"湛卢"。此剑由丁二爷的父亲遗留，可谓传家之宝。此一情节的设计正是为了烘托展昭在文、武上的过人本领。丁二爷意欲为家眷月华小姐寻找贤婿，他虽有意于展昭，但对展昭又欠缺了解，故而设宴邀请展昭，并以此试探南侠的真实本领。

---

① 石玉昆编：《七侠五义》，三秦出版社，2005年版，第186～187页。

　　兵器的识别能力可以考测一个人的武学修为，对武功招数的甄别同样也可以展现英雄的风采。《神雕侠侣》第二十回中有一场汉蒙比武的描写，着重表现了汉族英豪朱子柳的独特功夫：

　　　　只见他笔锋在空中横书斜钩，似乎写字一般，然笔锋所指，却处处是人身大穴。

　　　　……这路功夫是他所独创，旁人武功再强，若是腹中没有文学根柢，实难抵挡他这一文中有武、武中有文、文武俱达高妙境界的功夫。……但见对方毛笔摇晃，书法之中有点穴，点穴之中有书法，当真是银钩铁划，劲峭凌厉，而雄伟中又蕴有一股秀逸的书卷气。[①]

　　朱子柳将书法与格斗之术结合，着实厉害，书法中有武，武中又显书法。如此武艺看得郭靖暗暗称奇，连文武双全的黄蓉也大为赞叹。然而强中自有强中手，黄蓉慧眼识字帖更令朱子柳佩服不已。再看接下来的比拼中，朱子柳改用草书与霍都对决，黄蓉灵机一动，忙以酒助战，并用弹神通指功夫连敬了他三杯酒：

　　　　朱子柳连干三杯，叫道："多谢，好俊的弹指神通功夫！"黄蓉笑道："好锋锐的《自言帖》！"朱子柳一笑，心想："朱某一生自负聪明，总是逊这小姑娘一筹。我苦研十余年的一路绝技，她一眼看破了。"原来他这时所书，正是唐代张旭的《自言帖》。张旭号称"草圣"，乃草书之圣。杜甫《饮中八仙歌》诗云："张旭三杯草圣传，脱帽露顶王公前，挥毫落纸如云烟。"黄蓉劝他三杯酒，一来切合他使这路功夫的身分，二来是让他酒意一增，笔法更具锋芒，三来也是挫败霍都的锐气。[②]

---

　　① 金庸：《神雕侠侣》第二册，明河社，1976 年版，第 492 页。
　　② 金庸：《神雕侠侣》第二册，明河社，1976 年版，第 493 页。

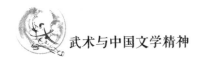

此回标题为"英雄大宴",名义上是讲述武林人士聚会商议国之大事,实际上却是各路侠士大展武功绝学的一次极好的机会。以金轮法王为代表的蒙古集团与以郭靖为中心的汉人侠客进行了第一次正面交锋。武侠小说终归要以"武"来吸引读者,所以作者把焦点对准了两个集团的武功比试。代表中原文化的朱子柳大胜霍都,大涨汉人气势,这让金轮法王和霍都不免小心对待。读者阅读至此也似乎身处校场,不禁为朱子柳击掌叫好。朱子柳将一阳指和书法糅合在一起,这种独创之举原本高妙,但黄蓉却能辨识此中真意,更显技高一筹。朱子柳的功夫自然了得,黄蓉更高一筹的武学领悟力让朱子柳也甘拜下风。读至此处,不禁让人的钦佩之情由朱子柳转移到黄蓉身上,一处胜过一处,一峰高过一峰,拍案叫绝声此起彼伏。

武侠小说中的文斗描写是一个饶有趣味的类型,它以非破坏力的方式展现了武者的高超技艺,塑造了符合人们期望的强者形象,使强势个体成为弱势群体崇拜的对象,这个精心构造的过程既可以是生死决斗的较量,也可以借助"文斗"的方式体现。

二、文学之武术奇观

人们对奇异事物总有一种难以遏制的好奇心,在武侠小说中,作者总是不厌其烦地营造各种离奇的情节。例如兵器的神幻化处理、武功的超人化描写等。当然,除了非现实性写作方式,小说中仍然有真实武功的表现,只不过其旨趣也倾向于营造某种奇异的氛围。

描写武者手中的兵器、利刃的形貌、铸造过程及渊源等通常都是小说作家苦心经营的对象。如清代侠义小说《小五义》第二十七回中写智化评展昭的巨阙宝剑,智化道:"……按此剑可称无价之宝,论出处乃战国时欧冶子所铸,共五口剑,大形三、小形二。头口是湛卢、纯钩、盘郢,共三口。小形二是巨阙、鱼肠两口,前后五口。此剑乃巨阙剑,价值连城,世间罕有。也是切金、断玉、吹毛发。论当初铸剑,以天地之气，用五山之精，方能成此宝物。"① 通过智化之口，展昭的巨阙宝剑的成剑历史和在古剑中的地位被悉数道尽。战国时代吴国崛起，吴国地处水泽，不擅长车马之战，因此，步兵操练就显得尤为重要。与马上作战不同，在对兵器的选择上，步战以刀剑为主，马战则以触及距离较长的矛、枪、槊等为主。吴国重视剑的作战能力，并且重用铸剑高手，引文中所提及的欧冶子就曾被吴王聘请。展昭所持之巨阙剑乃欧冶子所铸，因此该剑在身份上就打上了尊者的烙印。作者接着又赞叹此剑之锋利程度，其能"切金、断玉、吹毛发"。最后，还将铸剑时的材料加以神化渲染，"以天地之气，用五山之精，方能成此宝物"。此种写作模式是武侠小说中古剑出场的基本套路，即先将某剑的家族史罗列一番，随后细致刻画此剑的外形特点或杀伤力等独特之处，最后再添加一些神幻性的情节，这便使得宝剑的神秘感大为增强。

人们对久远的铸剑法和富有灵气的剑器总是充满了好奇，这也是当代学者所关注的一个重要话题。如龚鹏程在《侠的精神文化史论》中说：

> 已不再实用故渐渐失传的铸剑法与剑术，更能激发我们的好奇与想象。干将莫邪等上古神兵，只是铸剑初铸时的欢呼，岂能与后世之兵器争锋？但在历史遥远的托寓与想象中，自有其神秘氛围；在"失传"的痛苦中，更易激扬起曾经拥有的热情。②

诚然，人们对历史的遥想总能勾起无限的想象，而在想象当中，那种奇妙的感觉往往又能带来阅读的快感。其实，大肆渲染兵器的杀伤力与神秘性，不仅是传统武侠小说必备的写作技法，而且也适用于当下的网络武侠小说创作。如萧鼎在为读者展现青云门各修真之人的法宝时，曾如此铺陈陆雪琪手中的"天琊"剑：

---

① 石玉昆编：《小五义》，三秦出版社，2005年版，第106页。
② 龚鹏程：《侠的精神文化史论》，山东画报出版社，2008年版，第327页。

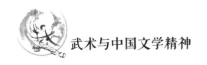

他正看得出神，忽只听身旁曾书书叹了口气，道："想不到'天琊'这等神物也出世了！"

张小凡莫名其妙，道："'天琊'是什么东西？"

这时围观的青云弟子都渐渐散开，曾书书向同门风回峰的弟子打了个招呼，和张小凡一起走开，口中道："'天琊'就是你刚才看见陆雪琪使用的那柄仙剑了。我以前曾经在《异宝十篇》中看过记载，'天琊'最早出现是在千年前一个散仙枯心上人手中，传说这法宝乃九天异铁落入凡间，枯心上人在北极冰原偶得，修炼而成。"

"当年正魔决战，正道之中自然是以我们青云门青叶祖师为首，但这枯心上人也是大大有名，他以这'天琊'神剑，与魔教凶人黑心老人激斗了三日三夜，最后重创黑心老人，为我正道除了一个心腹大患。据说当时也只有这'天琊'神剑可以克制魔教至凶之物'噬血珠'，从此'天琊'之名响彻世间，成了修真人士心中梦寐以求的神物法宝。不过听说枯心上人坐化之后，这'天琊'就不知所终，想不到居然落到了小竹峰的手里。"①

在建构兵器的神秘性和致命性时，网络武侠小说除了延续传统武侠小说对兵器材质、铸造历史和持剑远祖的描写，还加大了对兵器超自然能力的夸饰性书写。此处的"天琊"之所以被尊为宝物，诚然与北极冰原的稀有材质有关，但最关键的还是它融汇了枯心上人的修炼之气。可以说，在网络武侠小说中，人们更积极地参与对武术之物质属性与持武者之精神世界的艺术讨论。

用威力与神奇熔铸的宝刃尚且如此吸引大众，超群的武艺就更让读者叹服了。古人把持勇尚力视作强者能力的标志，他们钦羡无穷的力量和超群的胆识，并饶有兴致地品评作品中或真实或虚构的勇武形象。如秦叔宝乃唐代开国元勋，他武艺超群，时人无不敬佩。刘铼《隋唐嘉话》中的《秦叔宝》便如此描绘他的超凡勇力：

---

① 萧鼎：《诛仙.1》，花山文艺出版社，2009 年版，第 168～169 页。

秦武卫勇力绝人，其所将枪，逾越常制。初从太宗围王世充于洛阳，驰马顿之城下而去。城中数十人，共拔不能动，叔宝复驰马举之以还。迄今国家每大陈设，必列于殿庭，以旌异之。[①]

这段文字通过对一把枪的描绘侧面展示了秦武卫的绝人臂力。此枪"逾越常制"，数十人都不能一起将它拔动，但秦武卫却能持此枪策马转战沙场。为彰显此枪的神异特点，人们竟将该枪陈列于殿庭上。对于神勇之士，皇家君主尚且如此珍视，平民百姓更是膜拜有加。

刀光剑影的奇幻世界是绝大多数武侠爱好者的"至爱"，小说中对剑术、剑法、剑气以及剑器的描述都是不容错过的片段。始有庄子评点三等剑品，越女与白猿竹林试剑，后有聂隐娘脑后藏匕首，京西店老人大谈剑艺的神奇，更有还珠楼主集武、法、术于一体的天马行空。围绕剑器和剑术展开的故事可谓多矣，试看《兰陵老人》中的片段：

曰："老夫有一技，请为尹设。"遂入，良久，紫衣朱鬓，拥剑长短七口，舞于中庭，迭跃挥霍，搅光电激，或横若裂帛，旋若规尺。有短剑二尺余，时时及黎之衽，黎叩头股栗。食顷，掷剑植地，如北斗状，顾黎曰："向试尹胆气！"黎拜曰："今日已后，性命丈人所赐，乞役左右。"老人曰："尹骨相无道气，非可遽授，别日更相顾也。"揖黎而入。黎归，气色如病，临镜，方觉须鬓落寸余，翌日复往，室已空矣。[②]

引文中掷剑之术有一定的真实性，明代唐顺之《武编·绝技》中讲到，宋太宗"选诸军勇士数百人教以剑舞，皆能掷剑空中，跃其身左右承之，妙绝无比，见者无不恐惧。会北戎遗使修贡赐宴便殿，因出剑士示之，袒裼鼓噪，挥刃而入，跳掷承接，霜锋雪刃，飞舞满空"[③]。这

---

① 蒲戟选释：《中国武术故事》，花城出版社，1984年版，第27页。
② 蒲戟选释：《中国武术故事》，花城出版社，1984年版，第66页。
③ 唐顺之：《武编》后集卷一，见《文渊阁四库全书》727册，台湾商务印书馆，1983年版，第537页。

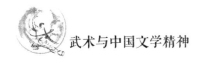
些高超的剑艺对后来剑术套路以及表演技艺的发展起到了很大的促进作用。段成式笔下的兰陵老人掷剑术之高妙、胆识之过人，非常人所能比，其能掷剑成北斗七星状，且又可参透骨相道气之理，这便给作品注入了不少奇幻色彩。

骑射之术是冷兵器时代最具战斗威力的武术技艺，马术之快捷与射术之远程往往是战争胜利的关键。国家征战的主力军是步兵和骑兵，步射和骑射受到空前的重视。皇甫氏《原化记》中记载了张仲殷向一位老者学习弓箭射术的轶事：

> 老人即命弓矢，仰卧，指一树枝曰："十箭取此一尺。"遂发矢十只，射落碎枝十段，接成一尺。谓仲殷曰："此定如何？"仲殷拜于床下曰："敬服！"又命墙头上立十针焉。去三十步，举其第一也。乃按次射之，发无不中者也。遂教仲殷屈伸距射之势。但约臂腕骨，臂腕骨相拄而弓已满，故无强弱皆费力也。数日，仲殷已得其妙。老人抚之，谓仲殷曰："止于此矣！"勉驰此名。左右各教取五千人，以救乱世也。[1]

此篇传奇虽以"张仲殷"为名，但作者着重刻画的是老人的高超箭术。老人先将一根树枝射断成十节，而后竟能将这十段树枝接成一尺。射箭如此，令人惊叹。老人的射术花样繁多，他要仲殷立十口针于墙上，在距离三十步之处一一将其射中。行文至此，老者的高超技艺展露无遗。

在古代，武艺中的马术技能也备受人们关注。如《朝野佥载》就形象地描绘了一位马术超群的武将：

> 忠武将军辛承嗣轻捷。曾解鞍绊马，脱衣而卧，令一人百步走马持枪而来。承嗣鞴马解绊，着衣擐甲，上马盘枪逆拒，刺马擒人而还。承嗣曾与将军元帅奖驰骋，一手捉鞍桥，双足直上捺蜻蜓，

---

[1] 蒲戟选释：《中国武术故事》，花城出版社，1984年版，第84页。

走马二十里。与中郎裴绍业于青海被吐蕃围，谓绍业曰："相随带将军共出。"绍业惧，不敢。承嗣曰："为将军试之。"单马持枪，所向皆靡，却迎绍业出。承嗣马被箭，乃跳下，夺贼壮马乘之，一无损伤。[①]

将军辛承嗣身手敏捷，擅长骑术，为了证明其高妙技艺，他在毫无准备的情况下能瞬息制服走马持枪者。引文对辛承嗣骑术的特写更是让人咋舌，他"一手捉鞍桥，双足直上捺蜻蜓，走马二十里"，绝妙的马背技能让人眼花缭乱。骑射技艺如此精湛，勇猛性格更是难得。辛承嗣与裴绍业同被吐蕃人围困，裴绍业惧怕万分，辛承嗣却能单枪匹马力挫强敌。如果说此则传奇中的马术绝技还不够细致，那么冯梦龙笔端的河北将军就可被誉为"骑射双雄"：

> 建中初有河北将军姓夏，弯弓数百斤。尝于球场中累钱十余，走马以击鞠杖击之，一击一钱飞起，高六七丈，其妙如此。又于新泥墙安棘刺数十，取烂豆相去一丈，掷豆贯于刺上，百不差一。又能走马书一纸。[②]

马术表演脱胎于军事作战，秦汉时期马术便出现在百戏表演中。唐代，马术表演更是扣人心弦，花样繁多。故宫博物院收藏了一幅《便桥会盟图》，图中所画即为唐太宗李世民在便桥会晤突厥酋长的场景。画上的马术表演甚是精湛，有一处为一突厥艺人在驰骋的马背上做倒立状，另一处则有两位突厥少女各自站立在急驰的马背上挥舞长袖，表情自得，游刃有余。类似的场景描绘还出现在宋代《东京梦华录·贺登宝津楼诸军呈百戏》中：

> 又有执旗挺立鞍上，谓之"立马"。或以身下马，以手攀鞍而

---

① 蒲戟选释：《中国武术故事》，花城出版社，1984年版，第98页。
② 冯梦龙：《古今谭概》，黑龙江人民出版社，1988年版，第832页。

复上，谓之"骗马"。或用手握定镫袴，以身从后鞦来往，谓之"跳马"。忽以身离鞍，屈右脚挂马鬃，左脚在镫，左手把鬃，谓之"献鞍"，又曰"弃鬃"。背坐或以两手握镫袴，以肩着鞍桥，双脚直上，谓之"倒立"。忽掷脚着地，倒拖顺马而走，复跳上马，谓之"拖马"。或留左脚着镫，右脚出镫离鞍，横身在鞍一边，右手捉鞍，左手把鬃，存身直一脚顺马而走，谓之"飞仙膊马"。又存身拳曲在鞍一边，谓之"镫里藏身"。或右臂挟鞍，足着地顺马而走，谓之"赶马"。或出一镫坠身着鞦，以手向下绰地，谓之"绰尘"。①

随着时代的发展，源自军事训练的马术逐渐成为一种集表演、技艺于一体的娱乐活动。

武者的惊人力量常为人们所钦羡，历代均有大量文学作品涉及此方面的内容。清代，《清稗类钞·技勇类》中有一个描写神力的故事片段"抱殿柱"讲到武者俞大年怀抱立柱放拜帖，吴江船工抱柱压衣。类似的描述也出现在《中州先哲传》卷三十二中，其中说河南内乡人马腾蛟也能施用抱柱的技艺压住僧袍。抱柱之事多次出现在清代文人笔下，这一"大力士"形象着实惹人喜爱。

内功的引入促使了武侠小说的多样化发展。内功主要指中国传统气功在武术中的表现。小说中常如此描写内功，如内气养成、游走全身、打通任督二脉便能身轻如燕、隔物伤人等，确实是神奇万端。武术行话有"不练精气神，到老一场空"的说法，讲的就是内功对练武的基础作用。修炼"精气神"的武者称为"内家"，锻炼"筋皮骨"的武者称为"外家"。内家以武当派功法为主，外家则以少林武术为主。众多武侠小说中均有精彩纷呈的内功描写。

身轻如燕、飞檐走壁的巧妙功夫总能引起读者的浓厚兴趣。如《麦铁杖》中所描绘的：

---

① 孟元老：《东京梦华录》卷七，中华书局，1982年版，第195页。

> 麦铁杖，韶州翁源人也。有勇力，日行五百里。初仕陈朝，常
> 执伞随驾。夜后，多潜往丹阳郡行盗。及明，却趁仗下执役，往回
> 三百余里，人无觉者。①

一晚能往返三百余里，这是对轻功之术的盛赞。当时的人仿佛毫不顾忌麦铁杖施技偷盗的行径，关注的反而是他飞也似的脚法和来去自由的无畏性格。正如查尔斯·霍尔科姆（Charles Holcombe）在《对抗的戏剧：关于中国武术的评说》（*Theater of Combat：A Critical Look at the Chinese Martial Arts*）一文中所言："对于绝大多数中国武术的练习者来说，他们确信神话故事是必须的。而且，精神追求提供给比实在对抗技术更丰富的内容，且更能成为传统武术的中心。"② 并指出，与其将神话和传奇故事视为所谓的"真实武术"载体，还不如把它们看成一种附属物，这种附属物的源头是大众对达摩或道家的宗教信仰，以及由此而产生的一种不朽的狂热追求。

从新武侠小说《蜀山剑侠传》（还珠楼主），到网络武侠小说《诛仙》（萧鼎）、《仙剑奇侠传》（管平潮）、《将夜》（猫腻）等，仙侠题材始终牢牢占据着武侠文坛的核心位置。仙剑、修真、玄幻、神魔多种元素汇入武侠世界，极大地丰富了中国武侠小说的表意空间与文化内蕴。究其原因，莫不与民众热衷探究儒释道思想与当下生命体验的关联性有关。以玄幻武侠著称的网络小说《诛仙》虽然秉承仙剑叙事传统，但不惜花费大量篇幅讨论佛、道两家关于修行法门的奥秘。此种写作特点有别于之前的新武侠小说。小说写到，主人公张小凡初入师门，在听大师兄宋大仁讲解过后试图修炼太极玄清道玉清境第一层。然而令张小凡疑惑不解的是，他在"练气"时体内总"如急风暴雨，摇摆不停"。为解读者疑窦，作者适时地站出来，以旁观者视角作了详尽的解释：

> 佛门道家，历史悠久，老死不相往来，修真之术也各自都起源

---

① 蒲戟选释：《中国武术故事》，花城出版社，1984年版，第43页。

② Jones, David E, ed. *Combat，ritual，and performance：anthropology of the wushu.* Westport, Conn：Praeger，2002，p.158.

于其思想流派。以道家为例，其主旨在于一个"道"字，所谓：道生一，一生二，二生三，三生万物。万物负阴而抱阳，冲气以为和。（注：语出《道德经》第五章）。道教源于道家思想，便连太极玄清道的三重境界，也是以道家神话中原始天尊、灵宝天尊和道德天尊的玉清、上清、太清，也就是俗称的"三清"说法而命名。道教修真，讲究共天地一息，身同自然，以身御自然造化，化为大威力。

而反观佛门，主旨却在"事应无所住而生其心，一切万法，不离自性"。又云：何期自性，本自清净；何期自性，本无生灭；何期自性，本自具足；何期自性，本无动摇；何期自性，能生万法！（注：语出《坛经·行由品第一》。）佛家修真，注重体悟自身，照见五蕴，"能以一般若而生八万四千智慧"，就是这个道理。

佛道思想迥然而异，修习法门自然也是背道而驰，只是数千年来各自守秘，不为人知。而此刻青云门大竹峰上一个小小弟子张小凡，却被此事搞得头大无比。①

这里不仅交代了张小凡练气修真的困惑与艰难，也为其日后内力精进埋下了伏笔。综观整部小说，对佛道修真思想的阐述俯拾即是，所用篇幅与武斗实战相当。这种创作特点使不谙武术的作者另辟蹊径，借助网络平台提供的海量级篇幅在写作时能够天马行空，畅所欲言。

寻常武功能展示人体的技击能力，但这远远不够，超乎寻常的功法更能激发读者的阅读兴趣。现实中的人们想超越自身，超越时空，摆脱客观因素的束缚，幻想同鸟儿一样飞翔，为迎合读者的阅读需求，作家笔端的轻功之术便超出一般的武学范围，带上了神幻色彩。为了佐证武侠作品中所谓的神功，有些武学书籍甚至专门对神功进行了描写，如《武术汇宗》云：

在武术中，又有名神功者。……乃功夫中之上乘，以气为本，

---

① 萧鼎：《诛仙.1》，花山文艺出版社，2009年版，第58页。

以神为用，均乃修道精窍，趺坐运神习功而来者也。根基深者，三载可成，成后能吸壁而行，飞腾数丈之高，兵刃拳棒有加其身者，自行飞倒，非本人按摩之不能愈。①

吸壁而行的轻功是常人所不能及的，否则也不会以"神功"命名。至于刀枪不入就更是玄妙，难怪百姓对此莫不啧啧称奇。

进入21世纪，武侠小说与因特网联姻，出现了全新的武侠小说形式——网络武侠小说。就武功表现而言，网络武侠小说勇于创新，在继承传统武侠小说真刀实枪的肉搏格斗元素基础上，融入了佛教、道教、魔法乃至现代科技理念，极大地扩充了武侠作品中武打奇观的想象世界。就轻功的描述而言，网络武侠小说结合玄幻主题，将超现实主义精神注入其中，以法宝、御物等元素展现了人体物理世界所无法企及的非凡能力。如网络武侠玄幻小说《诛仙》以张小凡的视角展示了御剑飞行的绝技：

说着，他右手法诀向天一指，只听"十虎"仙剑剑身发出一声低低震响，原本平平飘荡在离地一尺的仙剑忽地升高三尺，张小凡下意识地抓紧了宋大仁。

这时，一阵山风吹来，"十虎"剑剑尖缓缓向上翘起，到了约莫有翘起七分，张小凡完全是靠紧拉着宋大仁才不至于掉落下去时，一声尖啸响处，"十虎"笔直向天疾冲而上。

张小凡站在仙剑之上，紧紧抱住宋大仁，心中虽然紧张，但无论如何也舍不得把眼睛闭上。只见大竹峰青翠的山峰离自己越来越远，忽地眼前一白，一片白茫茫的，竟是穿入了厚厚的白云之中，再也看不清什么东西。

这时上下前后都是茫茫云气，大风呼啸不停，刮脸生疼，张小凡身子微微颤抖，半是紧张，半是激动。

驰骋于青天白云间，这是何等的梦想！

---

① 万籁声：《武术汇宗》，中国书店，1984年版，第260~261页。

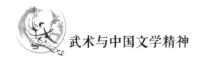

云海茫茫，也不知行了多久，正当张小凡心情慢慢要平复下来的时候，仿佛要再一次的给他惊奇，"十虎"仙剑在破空的尖锐呼啸声中，冲出了云海。①

文中张小凡立于大师兄宋大仁的法宝"十虎"仙剑之上，开启了人生中的第一次御物飞行。只见他借助仙剑忽而直冲云霄，忽而驰骋蓝天，好不自在。传统仙剑小说中虽不乏御剑穿行、上天遁地的书写，但较之场景描摹、情感体验、艺术想象等，网络武侠小说的创新可谓更加大胆。

相较于传统武侠小说，网络武侠小说更倾向于武功的超人化描写，其显著特征便是武功的玄化。从《诛仙》开始，到《斗破苍穹》《将夜》等作品的火爆，不难发现作家们极尽能事地在突破传统武侠小说对武功的文学想象。比如武功境界的创新。被誉为修真小说开山鼻祖的《飘渺之旅》，以"修真"替代传统武侠小说中的功夫修为，并以具体的等级贯穿人物成长升级始末，即旋照、开光、融合、心动、灵寂、元婴、出窍、分神、合体、渡劫、大乘十一个境界。其后的《飘渺神之旅》和《飘渺尊者》则延续了这种"修真"（或"修神"）的武功升级模式。

三、文学之武舞神韵

作为格斗技艺的武术与舞蹈关系甚密，故而人们常将二者以"武舞"并称。古代"武""舞"相通，西周时期，"六艺"成为教育子弟的专项课程，其中的"乐"可从乐舞的角度来理解。乐舞按舞者的年龄可分为"大舞"和"小舞"。"小舞"有六种，即帗舞、羽舞、皇舞、旄舞、干舞、人舞。前三者是文舞，后三者则属于武舞。舞动武舞时，人们手持兵器（主要是干、戚等），做出各种用武的姿态。为了便于掌握武舞的动作，并使表演准确、生动，舞者通常在年幼时就进行兵器的操练。三国时流行文武与武舞，武舞之士多手持斧盾，以勇猛刚毅的动作

---

① 萧鼎：《诛仙.1》，花山文艺出版社，2009 年版，第 114 页。

表现战功。在征战前后或祭祀祖宗神灵的大典中，武舞最具观赏性和感染力。《鸿门宴》中项庄以"军中无以为乐，请以剑舞"为借口当庭舞剑，席间边舞边击剑的场景可谓武舞同演。宋代的刀术、剑术、拳术等武术套路的雏形就大量吸取了舞蹈的动作。武术成熟以后，人们在编排武术套路时形成了一种思维定式，即用舞蹈中的起、承、转、合来串连各种技击动作，从而达到搏击与观赏的合一效果。

武术套路动作本身极富艺术性，一招一式都要求舒展大方、造型优美，而又不乏力量的展现。武术讲究内外合一，形神兼备，内在的精气神与外部的形体动作要紧密相合，完整化一。剑的技法主要由刺、点、劈、崩、撩、挂和各种剑的舞花组成，剑技高超者在演练时动作轻快潇洒，呼吸自如，因此武林中有"剑似飞凤，云霄腾翻"的说法。剑走轻盈，自古人们就对剑术的姿态美情有独钟。剑术的美妙舞姿能带来艺术上的审美享受，其直接影响了书画创作。唐代著名画家吴道子观裴旻舞剑，"于是援毫图壁，飒然风起，为天下之壮观。道子平生所画，得意无出于此"[①]。后人称赞吴道子能将剑、画相融，使二者互为理路。舞剑时剑法利落，柔中含刚，刚中蕴柔，动如游龙，疾如闪电，静似波影，柔似春风。站剑时，多定势和平衡动作，动静分明，剑法明快；形剑时，多连贯和穿挂动作，快慢结合，步法轻快，灵活多变。古代艺术家能从舞剑之术中获得书画之法，这正是借鉴了剑术自身的形态美。

既然书画艺术能从剑术中有所借鉴，那么文学创作者自然也不会忽视从剑术中汲取有益的成分。将剑术的外在形态与内在意境予以生动的展示，是文学中武舞同台的一项经典内容。新武侠小说奠基人梁羽生尤擅剑术的描绘，在其武侠世界里，剑术的杀敌功能总是被武舞欣赏所替代。有研究者认为，梁羽生继承和发展了由白羽开辟的武功描写诗文传统。[②] 梁羽生将剑法与古典诗词融会贯通，为武打场面增添了几许典雅的诗意。在小说中，梁羽生将诗词歌赋融入人物的武术技法，其对曼妙剑术的描写更是如画如梦。如《游剑江湖》第十四回中有这样一段

---

① 李昉：《太平广记》卷二百一十二，中华书局，1961年版，第1623页。
② 参见韩云波：《中国侠文化：积淀与承传》，重庆出版社，2004年版，第225页。

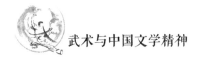

叙述：

> 忽听得树林里有个少女的声音说道："黄河远上白云间"，另一
> 个少女接着说道："一片孤城万仞山"。接着是两下刀剑碰击的金铁
> 交鸣之声。……
> 只是白衣少女在朗吟了一句"一片孤城万仞山"之后，剑尖一
> 颤，抖起了剑花朵朵，把全身遮拦得风雨不透，端的是壁垒森严，
> 而且剑势奇峻峭拔，隐隐含有极其凌厉的反击后招，和这一句诗的
> 意境刚好相符。
> 紫衫少女赞了一个"好"字，轻声念道："羌笛何须怨杨柳"，
> 唰唰两剑，以分花拂柳的剑势刺去，招里藏招，式中套式，柔里藏
> 刚，刚中寓柔，是一招看似简单，其实变化十分复杂的攻势。[①]

唐代诗人王之涣的《凉州词》，在梁羽生的笔下竟成了剑招的名称。
诗意与剑法融为一体，剑走处即为诗吟时。读到此处，怕是难以分辨何
为剑法、何为诗文了。

由于派别不同，剑术有了技法和招式的差异，但基本路数还是相通
的，如"燕子抄水""三环抱月""玉女穿梭""白蛇吐信""追星赶月"
"弱风拂柳"等。这些招式将意象同剑姿结合，是传统文化在武术演练
中的集中体现。小说作品中的剑术更高一筹，作者索性直接将诗词纳入
剑法，把招式中的单个意象扩展为诗句中的多重意象。这些意象在总和
的基础上竟能如诗词一样，升华为特有的情境，韵味丰富悠长。

网络武侠小说作家小椴善于将武术打斗场面与其他艺术门类融合，
有时甚至有意弱化肉搏技击的残酷性而强化武术的观赏性。如在系列小
说《开唐》中，中国古代舞蹈元素始终贯穿于重要的武术较量中：

> 却奴猛地见到窦线娘一张脸儿也抬了起来，她的头颈还在随身
> 转动，可一张脸上全是光彩！那光彩之上，她头顶的枯发也一时舞

---

① 梁羽生：《游剑江湖》第一册，四川文艺出版社，1988年版，第287~288页。

起，那发间夹杂着一块块秃斑。可她分明已足可不以为惭。那是她的枯窘、寂落、无奈与挣扎。就算发枯如草，就算斑杂带癣，可她已茧成"蝶变"！

——她那一刻的美丽让却奴一时不由得眼目炫迷！

这"蝶变"带来的色爆之间自有不连贯处，可那不连贯处恍如时间的空洞，一棵古木文章间的结疤，恍如她发际的枯斑，于满地辉煌中反激成另一种执着不舍的荒凉炫然。

肩胛叫了一声"好！"

然后只见他那一剑终究化羽，先是轻洁如羽，继之那羽毛的影子飘落，空中却没有飞鸟的痕迹。

几不为人所见的，他的脱羽之剑，如一只鸟挣脱了自己羽翅的牢笼，破却时空地在那茧破蝶变间轻轻一触。

满空的光丝彩线轻轻萎落，肩胛身形疾快地一闪，伸手已带住了却奴的手，带着却奴就向土台外逸去。①

此处描写的是肩胛与窦线娘的决斗场面。只见窦线娘使出浑身解数，在射出十根彩线之后更以"蝶变"绝技企图制服肩胛。文中的窦线娘在空中旋转自如，犹如一只色彩斑斓的蝴蝶舞尽毕生劲力。然而肩胛终究技高一筹，持"吟者剑"斩乱了窦线娘的彩线兵器。没有血腥，无关杀戮，唯有舞动，只见曼妙。这或许就是网络武侠为武术呈现的另一个向度，另一种可能。

武术格斗是传统戏曲中必备的元素，武戏的安排也多是基于满足观众的欣赏需求。"唱、念、做、打"是传统戏曲表演的四项基本功，作为"打"的武戏最为集中地反映了武术在戏剧表演中的运用。千百年来，戏曲中的武打始终代表了武术朝表演化发展的一个方向。

戏曲要满足广大观众的需要，就必须唱、念、做、打齐头并进，特别要向表演技巧方面倾斜。戏曲的许多特技，就是适应这一

---

① http://www.guigushi8.com/kaitang.

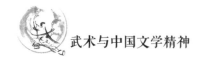

需要生发起来的，如水袖……藏刀、代角、蹬剑出鞘、大刀走路、玩锤、踢枪、轻功等功夫都是。……唱工、做工、舞蹈、武打、流派、绝活，都要有所表露。只有这样，才能使得各类观众皆大欢喜，人人心满意足。①

"成熟的戏曲诞生于宋朝（960—1279）和元朝（1279—1368）。此时的军事娱乐题材构成了戏剧新传统中的一个重要部分。时至18至19世纪，舞台格斗便脱颖而出，成为京剧中的一个引人入胜的方面，其中的花哨搏击往往作为表演形式中固定和精彩的节目出现。"② 英国人罗伯特·福尔图恩（Robert Fortune）曾于1853年和1856年到中国观看戏曲演出，他这样写道：

> 一个演员突然出现在舞台上，他的上场伴随着紧密的锣声和其他乐器的声响。他两只手上都挥动着一柄短剑，时不时地转动它们，像是防止背后的袭击。整个演出最不同寻常的部分在于他的脚上动作，其脚上所做的打斗功夫竟如同用手来完成的。看过这种表演的人不会把这看作虚假的打斗。③

被英国人福尔图恩叹为观止的京剧武打场面，在今人查尔斯·霍尔科姆看来却是一种对武术的误解。他认为戏曲中的武打动作不是真实的中国格斗技法。经过想象和虚构，现实中的武术才被中国古人用到娱乐行业，成为一种谋生的手段。正是此种原因，"大众文娱表演中的侠者英雄不光是依靠其格斗技艺、击剑术和武艺出名，而且还借用那些远远超出常理的奇妙的杂耍技艺来吸引观众"④。

---

① 陈抱成：《中国的戏曲文化》，中国戏剧出版社，1995年版，第214页。

② Jones, David E, ed. *Combat, ritual, and performance: anthropology of the wushu.* ibid. p. 163.（此处为本书作者自译）

③ Jones, David E, ed. *Combat, ritual, and performance: anthropology of the wushu.* ibid. p. 163.（此处为本书作者自译）

④ Jones, David E, ed. *Combat, ritual, and performance: anthropology of the wushu.* ibid. p. 165.（此处为本书作者自译）

"和美国等西方影片相比，以香港动作片为代表的中国电影中描写暴力时，很少有对残忍痛苦的过度渲染夸张，也较少依赖现代高科技手段而制作特异造型，或者刻意营造像战争片一样的宏伟场面。"① 以中国武侠片为代表的东方电影，在对暴力的理解和表现上有别于西方世界。在对暴力进行美学处理时，中国武术的思维习惯始终起着至关重要的作用。武侠电影的拍摄直接汲取了传统戏曲的养分，其中的武戏打斗模式和美学追求深深地影响了中国的武侠电影。在武侠电影的拍摄过程中，动作和力量的厮杀虽为表现内容之一，但武术动作的形态美和意境美却是更为重要的部分。中国武侠片不同于西方动作片和枪战片，片中人物多以巧劲取胜，而非蛮力的张扬。中国武术对电影暴力美学的贡献，在于丰富了暴力的形式感和观赏性，降低了暴力中的血腥程度，使得片中武打动作场面有独立的美感。

在电影娱乐性和观赏性的营造方面，民俗化武打题材拥有极强的意义衍生能力，此中有武术竞技、武舞表演、擂台比武等。由于具备丰富的欣赏价值，这些武打题材甚至成为中国武侠电影中常演常新的经典片段。② 如胡金铨在影片《大醉侠》（1964）中成功运用了短镜头剪辑手法，将双方打斗时的场景烘托得越发精彩。主人公金燕子随手用筷子夹住敌人发来的铜钱暗器，并潇洒地往墙上一掷，组成一个燕子的图形。由于剪辑技巧的运用，胡金铨的电影呈现出动作和节奏的紧凑感。观众在眼花缭乱的武打表演中着实过了一把瘾。在武打处理上，胡金铨堪称领军人物，他在表现其"风格化"的电影创作理念时，鲜明地展示出对技巧的偏爱。胡金铨认为，导演拍摄影片就如同作曲家谱写曲子，"很多的乐章都是没有内容的，其创作纯粹是为了表现技巧"③。

著名武侠电影导演袁和平曾反思过武打暴力与电影艺术的关系，譬如，怎样才能将武侠片拍得既好看又不血腥肆意呢？他灵机一动，把动作和喜剧两个元素结合在一处，用喜剧效果替代暴力。袁和平将该种理念应用于影片《醉拳》（1978）的拍摄，结果票房大卖，一夜之间，以

---

① 贾磊磊：《试论香港动作片的动作表现原则》，载于《北京电影学院学报》，2001年第4期。

② 参见贾磊磊：《消解暴力》，载于《当代电影》，2003年第5期。

③ 转引自陈墨：《中国武侠电影史》，中国电影出版社，2005年版，第147页。

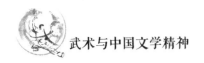

成龙为代表的中国醉拳风靡全球。虽然这里论述的是武侠电影在其发展过程中所做的尝试，但从中可以获得一个这样的信息：武术拥有巨大的艺术潜能。

醉拳，是象形拳中的一个典型种类，它以醉酒之人的踉跄步伐为模仿对象，在醉步摇曳中使出制敌之术。醉拳以"寓拳法于醉形，藏机关于跌扑"[①]为特点，将拳法、摔法、醉形融为一体，形成了独具风格的中国传统拳种。影片《醉拳》中，黄飞鸿的师父苏化子创造了一种武学绝技，名为"醉八仙"。"醉八仙"取材于民间故事"八仙过海"，它将故事中的八仙人物与武术中的具体招式连接在一起，产生了独具特色的艺术效果。当黄飞鸿还未把"醉八仙"的功夫学完时，他就面临着强敌阎铁心。黄飞鸿所用招式不能克制对手，情急之下，他自创了一套"何仙姑"招数，用"美人照镜子""骚寡妇送情郎""扭屁股老娘坐马桶"等戏剧性的武打招式大胜阎铁心。美国《国家地理》摄制组对世界各国的格斗术进行了一次全面细致的调查，制作成了较有影响的纪录片——《"科学看武术"——如何才能成为终极武士？》（*Fight Science Calculation the Ultimate Warrior*）。经过科学仪器的检测，中国武术中的醉拳（Drunken master）被认定为世界所有格斗术中技术最为全面的一种。醉拳具备独有的特点，比如醉酒后的力量爆发、人体姿态的非常态，以及进攻敌人比常态下更猛烈等，这些都深深地吸引了全球的观众。

影片《醉拳》的高潮出现在醉拳的教习上。醉拳高手苏化子在教黄飞鸿醉拳之前，要他连喝两杯酒，这是因为"练醉拳最好要三分酒意才够味"。随后，他一一展示了"醉八仙"拳术。醉拳的传统套路有武松醉跌、鲁智深醉打山门、醉八仙等，该片主要展现的是"醉八仙"套路。影片在武打设计上独具匠心，导演有意将拳谱上的口诀与电影中黄飞鸿的拳术表演结合起来，试图通过真实的武打动作鲜活地展现拳谱上的各式招数，由此为观众提供一个新鲜的竞技舞台。在分解影片中的技术动作前，让我们先来了解一下传统拳谱中醉拳的具体招式。

---

① 蔡龙云、邵善康编：《醉拳》，人民体育出版社，1988 年版，前言。

《醉八仙歌》: 醉者, 醉也, 号八仙。头颈儿, 曾触北周颠, 两肩谁敢与周旋。臀膊儿, 铁样坚, 手肘儿, 如雷电。拳似抵柱, 掌为风烟。膝儿起, 将人掀, 脚儿勾, 将人损。披削爪掌, 肩头当先。身范儿, 如狂如颠, 步趋儿, 东扯西牵, 好教人难留恋。八洞仙迹, 打成个锦冠顾天。①

拳谱开头即点明了醉拳的动作精要:

首先, 醉拳一定要有几分醉意才行, 不醉不能成其为醉拳。"醉拳拳如其名, 酒精是一种抑制剂, 会抑制人体各系统, 并使得肌肉松弛。模仿放松的醉态, 反而更容易在过招时保持平衡, 僵直的身体很容易失去平衡。柔软度高的高手, 可以从任何角度闪躲、后退和出击。"② 以人体醉态的非正常方式演绎进攻防守的拳术技艺, 是醉拳的核心思想。

电影中"醉八仙"拳术的第一招为"吕洞宾, 醉酒提壶力千钧"。③影片瞬时出现主人公黄飞鸿对此招数的演练。武侠电影毕竟是一种文艺创作形式, 不可能生硬地照搬拳经中的内容, 因此将现实之武术予以艺术化的处理就成了武侠电影需解决的问题。影片中用"醉酒提壶力千钧"这个意象来高度概括醉仙吕洞宾的技艺, 此招重点在于力量的快速与勇猛。黄飞鸿的扮演者成龙在演绎此招时也是颇有心得, 他醉步浮浮, 双臂伸屈自如, 左摇右摆, 刚柔相济。拳谱言: "吕洞宾, 酒醉仙。背上儿, 双飞剑。披手披脚随他便, 随他便。虽则是两手如矢, 也须要直利牵拳。反后步, 要身偏, 偏时要闭阴囊现。从上劈下, 石压山巅。"④ 此招对手臂力量的展示是重点, 双臂要有劈山之势, 这个特点被艺术化抽取, 用"提壶"时的千钧力量有效地表达出来。

第二招为"铁拐李, 旋争⑤膝撞醉还真"。此招在于腿部功法的展示。拳经注解道: "虽则总黄莺磕耳, 也须要脚管肩先。脚儿弯, 好勾

---

① 张孔昭:《少林正宗拳经》, 北京师范大学出版社, 1988年版, 第45页。
② 参见由美国《国家地理》节目所拍摄的纪录片《"科学看武术"——如何才能成为终极武士?》(*Fight Science Calculation the Ultimate Warrior*)。
③ 参见电影:《醉拳》, 袁和平导演, 1978年。
④ 张孔昭:《少林正宗拳经》, 北京师范大学出版社, 1988年版, 第45页。
⑤ "净"应为"踵", 笔者注。

臁，勾时郑重人后面。翻身进步，身倒脚掀。"① 影片突出了成龙膝部动作的特写镜头，膝盖的旋转和弯曲正好符合瘸腿李的姿态。第三招为"汉钟离，跌步抱埕兜心顶"。跌步，是醉酒之写照，抱埕则意为手捧酒瓮的豪饮之状。动作以手臂力量的展示为主，模仿手捧酒瓮，狂饮美酒的样子，手臂呈环形。第四招为"蓝采和，单提敬酒拦腰破"。"敬酒拦腰"集中体现的是肘、腕技巧和腰部力量。第五招为"张果老，醉酒抛杯踢连环"。特写镜头再次出现，成龙高抬腿，以腾空、翻身、滚动、跌拿等一系列惊险动作表现"踢连环"。第六招为"曹国舅，仙人敬酒锁喉扣"。喝酒少不了酒杯，人体的哪一部分最好模拟酒杯呢？那就是手指。手指除外形的模仿作用外，还具备极强的制敌威力——锁喉。武术的基本拳型中有"端杯拳"一种，即"拇、食指屈圆似端杯，其余三指并拢卷握。此为醉拳拳型，南拳称'螃蟹拳'"② 醉拳的基本手型是端杯手，手法包括击、点、掐、压、缠、格、带等；基本步法则有碎步、盖步、提步、撤步、碾步、人字步、梅花步等。成龙将拇指、食指向内弯曲成圆形，一来可以模拟酒杯状，二来可以展现锁喉之技。第七招为"韩湘子，擒腕击胸醉吹箫"。两手往肩旁一横，做吹箫状，实际上这是左右两臂的推、挡技法。第八招为"何仙姑，弹腰献酒醉荡步"。此招凸显的是腰部功力，以醉步摇荡之态演绎腰功，再加上何仙姑的妩媚情态，可谓生动逼真。

影片中的武艺表演以醉态动作为主，而且多表现不同于现实拳谱的部分。为便于分析，我们先看少林秘籍中"醉八仙"的记载：

第一节：汉钟离，酒醉仙。胡芦儿，肩上安。让来让去随他便，随他便，虽则是玉山颓样，也须要躲影神仙。膝儿起，撇两边，起时最忌身手便，牵前踏步，带飞推肩。

第二节：吕洞宾，酒醉仙。背上儿，双飞剑。披手披脚随他便，随他便。虽则是两于如矢，也须要直利牵拳。反后步，要身

① 张孔昭：《少林正宗拳经》，北京师范大学出版社，1988年版，第47页。
② 康戈武：《中国武术实用大全》，今日中国出版社，1990年版，第420页。

偏，偏时要闭阴囊现。从上劈下，石压山巅。

第三节：韩湘子，酒醉仙。竹筒儿，手内拈，重敲轻打随他便。随他便，虽则是里外里，也须要，插掌填拳。鱼鼓儿，咚咚填，打时谁知扫阴现。去时躲影，来若翩跹。

第四节：曹国舅，酒醉仙。手儿里，拂尘翩。直肘横肘随他便，随他便。虽则是身步齐进，也须要臀膊浑坚。顶肘时，顿肘填，坐时谁知身坐连。臀肘右下，左臂身旋。

第五节：何仙姑，酒醉仙。铁爪篱，怀中见。上爪下爪随他便，随他便。虽则是鸾颠凤倒，也须要侧进身偏。指上爪，胜铁鞭，爪时谁知血痕见。长伸短缩，通臂如猿。

第六节：蓝采和，酒醉仙。兜的是，花篮艳。上勾下换随他便，随他便。虽则是金丝缠洗，也须要骨反筋偏。身窈窕，采摘坚，采时离托人前面。拿拳拿掌，后手紧拈。

第七节：张果老，酒醉仙。拿的是，铁栗片。拿来拿去随他便，随他便。虽则是蜻蜓点水，也须要搬开争先。眼儿紧，望下边，望时只怕腿尖现。挽拳挽脚，里进填拳。

第八节：铁拐李，酒醉仙。倒戴的，金刚圈。左投右撞随他便，随他便。虽则总黄莺磕耳，也须要脚管肩先。脚儿弯，好勾臁，勾时郑重人后面。翻身进步，身倒脚掀。①

既然是醉八仙，那么应为八种功法，且各有不同，这从八仙操持的兵器可以看出。如汉钟离的胡（葫）芦儿、吕洞宾的双飞剑、韩湘子的竹筒儿、曹国舅的拂尘、何仙姑的铁爪篱、蓝采和的花蓝（篮）、张果老的铁栗片、铁拐李的金刚圈。此"醉八仙"武功乃八种不同的招式，并配有不同的兵器。不过影片意欲通过一人之体来演绎此武功，唯有去除兵器之累，将八仙技能之精华糅合于拳术之中，方能显示"醉八仙"的奥妙。作为文本艺术的延伸，电影在视听层面弥补了文字上的不足，最大限度地扩充了艺术想象的空间。影片《醉拳》在处理实际招数与想

---

① 张孔昭：《少林正宗拳经》，北京师范大学出版社，1988年版，第45～47页。

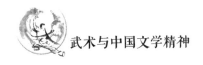

象武功的问题上做了新的尝试，不再局限于武术典籍中的打斗规律，而是将八种招式融于一人之拳，形成了以一总多的武打效果。

其次，意境美的营造也是影片《醉拳》吸引观众的地方。正如片中人物苏化子所言："你不要看我醉步浮浮，里面暗藏杀机。虚虚实实，以柔制刚，败中求胜。"① 醉拳旨在表现醉汉形态，它看似毫无规则，实际上却自有定数。譬如，在左摇右摆的身体中暗藏撞、贴、靠等打法，在碎步中潜藏着绊、勾、蹬等腿法。曾获得泛美武术比赛冠军的中国籍武术运动员黄亚立，其拿手绝活就是醉拳。他认为醉拳主要采用醉酒动作来欺敌，表面看起来拳手总是摇晃蹒跚，但他在武动时，中心点永远保持在平衡点上，所以其动作始终体现为控制自如之态。对手以为你跌倒了，见猎欣喜地攻过来，其实他误入你圈套，如此便将他击倒。这是中国武术对于兵家计谋的最好应用。② 醉拳演练中讲究"形醉意不醉，步醉心不醉"，其步碎而快速，但不飘浮；腰活身摆，但头不乱摇。在濒临跌倒之际能任意转变体态，达到诱敌深入、趁机制敌的效果。

在身法上，醉拳讲求左右摇摆、拧旋俯仰。整个运动特点为架子高、步法快，往往用快速的碎步移动来展现即将醉倒的躯体。由此，醉拳在形态上呈现为左击右挡，前扑后翻，收放自如，摇曳多姿。正是因为醉拳在醉姿模仿上的独特性，人们才尤为喜爱它。据美国专家说，他们在综合世界各种武术之后，发现醉拳的形体美感是最吸引人的。不过电影中醉拳的招数与真实的武术功法还是存在着差异。电影始终是一种文艺表现形式，其艺术创作既来源于武术，又高于武术。所以，在电影这种影像艺术中，创作者主要展现的是醉拳的形与意。"吕洞宾，醉酒提壶力千钧；铁拐李，旋踵膝撞醉还真；汉钟离，跌步抱埋兜心顶；蓝采和，单提敬酒拦腰破；张果老，醉酒抛杯踢连环；曹国舅，仙人敬酒锁喉扣；韩湘子，擒腕击胸醉吹箫；何仙姑，弹腰献酒醉荡步。"③ 每招每式均紧紧围绕"酒"和"醉"，以醉酒形态引导技击动作，用武术

---

① 电影《醉拳》，袁和平导演，1978年。

② 参见由美国《国家地理》节目所拍摄的纪录片《"科学看武术"——如何才能成为终极武士?》（*Fight Science Calculation the Ultimate Warrior*）。

③ 电影:《醉拳》，袁和平导演，1978年。

技法体现醉态之美。摇摆中显平衡之度，躲闪中现虚实之美。

　　中国武侠电影有一个主导线索，即剧情的叙事高潮总是归结于一场对抗性的武术打斗。当情节的推动与动作的展示合一时，"武舞同演"便呈现在观众的眼前。中国武术是武术类文艺作品（包括传统文学文本和数字化影视作品）的打斗原型与构成基础。作为一种人体格斗技法，武术融汇了传统文化和其他艺术门类。在血腥打斗场面的暴力描绘之余，人们还能欣赏到武术特有的情趣。兼备实战功能和表演功能的武术给人们带来多方位的艺术享受。武舞同源决定了武术在形、意展现上的丰富性，因而，文艺作品中的武术表演就直接给人们带来了鉴赏的愉悦感。

结　语

习近平总书记在党的二十大报告第八部分"推进文化自信自强，铸就社会主义文化新辉煌"中明确指出："全面建设社会主义现代化国家，必须坚持中国特色社会主义文化发展道路，增强文化自信。"如何坚守中华文化立场？怎样提升国家文化软实力和中华文化影响力？答案就是，提炼中华文明的精神标识和文化精髓，加强中国话语建设。

中华武术作为全世界唯一一种融格斗竞技与文化思想于一体的人类活动现象，鲜明地彰显了中华文明的文化精髓和民族特质。不仅如此，武术还积极参与中国文学的发展进程，直接形构了中国文学的表现方式与美学意蕴，可以说，不了解武术就不足以深刻理解中国文学，不借助武术就无法从国际背景下廓清中国文学精神。

本书选择武术这门学科作为参照，旨在从武术与中国文学的彼此影响、相互渗透的发展过程中，探索加深认识和理解中国文学精神品格的新路径。在全球化背景下，寻求不同文明的文化特点已成为跨文明异质性对比和互补研究的重要内容。曹顺庆曾总结说："所谓异质性，是指不同文明之间在文化机制、知识体系、学术规范和话语方式等层面表现出的从根本质态上彼此相异的特性。"[①] 比较文学跨文明异质性研究生成于一个多元的文化背景当中，在多种文化交融的时代，总结本国文学的特质显得尤为重要。在与他国文学的比较当中，中国文学所展现的特质常与武术密切相连，因此，通过武术审视中国文学便顺理成章。本书主要从武术的视角来考察中国文学精神，因而提取中国文学的文化机制

---

① 曹顺庆：《比较文学教程》，高等教育出版社，2006年版，第231页。

和生成背景便成了首要任务。一方面，文化形态与民族文学精神互为表里、相互依存；另一方面，在东西方异质文明的比较当中，借助文化因子的探寻，能够更为清晰地把握本民族文化的特性。综上，从文化寻根角度出发，以武术为切入点，进而提炼出中国文学的精神品质，便构成了本书的当下意义。

在多种文化共存的今天，中国文学能屹立于世界文学之林，离不开传统文化与民族精神的构建与发展。武术作为中国传统文化的物质载体，对本民族文学性格的形成起到了极大的促进作用。以民族精神的弘扬为旨归，以多元文化为背景，武术是如何构建中国文学的精神特质的呢？中国文学又是采取何种方式来诠释武术，进而彰显民族性格的呢？这都是值得我们深入探讨的话题。

进入文学作品之后，武术的原有属性被文学创作者重塑。一方面，武术的某些特征被创作者提炼和夸大；另一方面，武术中原有的既定意义被曲解甚至否定。对此，我们可以这样认为，受文学创作意图的影响，武术开始出现艺术化的发展倾向；反过来，艺术化的武术又给文学作品带来旺盛的生命力。笔者认为，在武术艺术化的发展过程中，形式的追求与内质的体悟起到了关键作用。

在素材的选择、提炼和人物的塑造过程中，形式美感的生成始终处于重要的位置。借助对象的描写来展现作品的形式美感是文学书写的一种常用手法。作为众多文学题材中的一个重要部分，武术之形式美成为文学创作者不容错过的内容。武术具有极其丰富的观赏价值，无论是套路表演，还是散手武练，历来都为人们所喜爱。时至今日，武术之所以被列为综合运动会的欣赏项目，就是由于武术自身的形式美感淡化了其竞技属性，其观赏和娱乐功能得以强化。唐代剑舞盛行，有杜甫的诗为证："昔有佳人公孙氏，一舞剑器动四方。观者如山色沮丧，天地为之久低昂。"（《观公孙大娘弟子舞剑器行》）文学创作者正是看中了武术在形式上的美学价值，再结合笔底生花的创作技巧，武术的美感便得以凸显。

正如前文所言，武术与书法存在着艺术上的共通性，然而，此种关联难以用具体的实例说明。这种表达上的两难却在文学世界中得以解

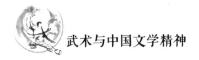

决，譬如金庸在小说《神雕侠侣》中借用朱子柳的"一阳指"功法完美地演绎了武术与书法的合一。朱子柳所持兵器为铁制毛笔，他的武功套路则分别取意于楷书、行书、草书、篆书四种字体。如霍都与朱子柳的第一场较量：

> 原来"房玄龄碑"是唐朝大臣褚遂良所书的碑文，乃是楷书精品。前人评褚书如"天女散花"，书法刚健婀娜，顾盼生姿，笔笔凌空，极尽抑扬控纵之妙。朱子柳这一路"一阳书指"以笔代指，也是招招法度严谨，宛如楷书般的一笔不苟。霍都虽不懂一阳指的精奥，总算曾临写过"房玄龄碑"，预计得到他那一横之后会跟着写那一直，倒也守得井井有条，丝毫不见败象。
>
> 朱子柳见他识得这路书法，喝一声采，叫道："小心！草书来了。"突然除下头顶帽子，往地下一掷，长袖飞舞，狂奔疾走，出招全然不依章法。但见他如疯如颠、如酒醉、如中邪，笔意淋漓，指走龙蛇。[1]

在展现武术的技法美时，用书法加以烘托，这是中国文学的一大创举。这种做法既形象又生动，极大地满足了人们对形式美感的追求。

武术套路是人体动作的一种表达媒介，也是武术竞技动作和格斗技巧的高度集中，动作美构成了武术套路美学的一大形式。英国搏击运动爱好者戴维·米切尔对中国武术的套路美感有过切身的体会，他认为："武术运动非常优雅和飘逸，有许多漂亮的步法。……运动是流畅、迅速、优雅和绵绵不断的。"[2] 情感作为武术套路创作的内驱力，本身就有一种造型的力量，它内在地规定着武术家创造特定的武术套路形式，从而将内在的无形的运动变为身体外部的可视性运动。由此，作家在展现情节冲突和刻画人物形象时，便纳入了这种极具美感的动作套路。如武侠小说作家梁羽生便赋予了武术套路诗一般的韵味，类似于"冰川剑

---

① 金庸：《神雕侠侣》第二册，明河社，1976年版，第492~493页。

② 戴维·米切尔：《搏击：明星艺术》，钟秉枢、于立览译，人民体育出版社，2001年版，第54页。

法"的套路只是文学家的妙笔生花，或者说是纸上谈兵，但它却能将中国文学的传统意境，如"大漠""落叶""飞霜"，以及"张羽煮海"等典故同武术套路完美结合，就是将技之武术与文化结合。

在诠释电影的艺术内涵时，美国先锋派电影导演玛雅·戴恩（Maya Deren）就曾借助中国武术。玛雅·戴恩为提升电影的艺术价值做过多种尝试，在《电影艺术的风格与媒介》（*Style and Medium in the Motion Picture*）一文中，她提出了这样一种创作手法，即从自然动作和真实场景的原始属性中体现作品的风格。[①]电影的张力与情节的表现是可以依据拍摄对象的属性差异进行调节的，电影《暴力的反思》（*Meditation on Violence*，1948）的拍摄工作花费了导演玛雅·戴恩不少心血，在反复思考和推敲之后，最终选定采用中国武术来展现其艺术上的审美诉求。

我们来看看戴恩是如何使武术与电影结合的。戴恩确定了影片《暴力的反思》的主要结构，即通过紧张的情节来达到形式上的均衡。在戴恩的工作笔记中有一个极为有趣的图形。该图形由两条抛物线组成，它们主要图解了此部电影中各武术种类的出场顺序以及停留时间。其一，交代了影片中所要表现的三种中国传统武术类型——武当太极拳、少林拳和少林刀术。其二，设定了三种武术类型的不同演绎风格和展示时间。由委婉曲折、绵绵不绝的武当太极拳第一个出场，随之而来的是几分钟的少林拳术。在电影的中间过渡阶段，猛然出现极具跳跃性的少林刀术。之后影片进入下半段，即由少林刀术过渡到少林拳术，最后又回归武当太极拳。以武当太极拳为起点，经过少林功法，最后又以太极拳为终点。如此结构，便可在电影中形成一种稳定的表达模式。其三，在蒙太奇剪辑手法方面，戴恩始终遵循以流畅原则衔接影片的每个结合点，这主要体现在她有意将每种武术的出场与相类的环境匹配。譬如，在武当拳出场时，就配以一堵弯曲的、毫无断裂的墙，其用意在于表现该拳种的绵延不绝之美。在展现少林拳术时，则配以黑白对比强烈的室

---

① 参见 Sitney. P. Adams，ed. *Visionary Film：The American Avant-Agarde*，New York：Oxford University Press，1979.

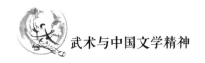

内场景，用尖锐的棱角凸显一种强烈的矛盾冲突。通过电影创作，戴恩不但最大限度地展现了中国武术的形式之美，而且还丰富了电影对形式美的表达手法与方式。其实，外在形式的感受与内在品质的体验是分不开的，当戴恩庆幸自己在中国武术中找到了艺术表现方式时，她已打开了武术与电影艺术在内质上的互通之门。

恰如戴恩所言，电影不仅由移动的画面组成，而且还包含各种形而上学的意蕴。对太极拳、少林功法的不同拍摄手法，以及表现各拳种时所采用的不同的背景环境，戴恩都是有意为之的。它说明了这样一个事实，艺术家可以通过创作手段提炼出中国武术中的思想内涵，并借此达到某一艺术目的。在反思电影的艺术特性时，戴恩借助了"暴力的反思"这一独特主题，凭借中国武术的非暴力、德行，以及内心省悟的内在特质，有效地启发了观众对暴力的重新理解。同时，在展示武术的形式与内质的过程中，电影艺术也自然地完成了自身形式与内质的统一。难怪戴恩声称武术的介入完成了电影理念中的"应时（时时）立体主义"。[①]

对文学艺术内质的构建是极为重要的，而通过表现创作对象的文化品格来提升整个作品的思想高度不啻为一种行之有效的手法。"武术作为中华民族的优秀传统文化，它的核心实质是它所具有的健身性、技击性、艺术性三位一体的综合特性。"[②] 中国武术集实用功能和审美功能于一体，其丰富的艺术价值与思想意蕴是武术经久不衰的重要原因。武术深厚的底蕴备受艺术创作者的青睐，武术的文化特质也可以进一步充实中国文学之品格。

对文学创作者而言，武学思想和武德精神颇为重要。首先是对武学思想的高度凝练。武学思想中的很多格斗技击智慧就源自传统文化。如武术汲取了道家"物极必反、以静制动、以柔克刚、后发制人"等思想，并以此作为武术技击的指导原则。阴阳互换、对立统一的朴素辩证思想源自《易经》，从中阐发出许多武学概念，如动静、刚柔、虚实、

---

① Sitney. P. Adams，ed. *Visionary Film*：*The American Avant-agarde*，ibid. p. 27. （此处为本书作者自译）

② 《武术理论基础》编写组：《武术理论基础》，北京体育学院出版社，1993年版，第72页。

开合、内外、进退、起伏、显藏、攻守、始终，等等。它们所代表的诸种对应因素的不同组合及其对立与转化的种种变化，构成了武术异彩纷呈的技击原理与方法。武学思想所蕴含的文化精髓直接点燃了文学创作者的创作激情，他们不仅在作品中充分展示中国传统武学思想，而且还能发挥想象，使得笔端之文学世界充满了传统文化精神。

金庸对"有无观"有独到的见解。在《神雕侠侣》中，他通过江湖剑圣独孤求败手中之剑，使"有无观"自然地贯串于武学与文学。

> 杨过提起右首第一柄剑，只见剑下的石上刻有两行小字：
> "凌厉刚猛，无坚不摧，弱冠前以之与河朔群雄争锋。"
> 再看那剑时，见长约四尺，青光闪闪，的是利器。他将剑放回原处，拿起长条石片，见石片下的青石上也刻有两行小字：
> "紫薇软剑：三十岁前所用，误伤义士不祥，乃弃之深谷。"①

此处作者着意于用剑道来暗示人生之大道。第一柄剑"凌厉刚猛，无坚不摧，弱冠前以之与河朔群雄争锋"。这是独孤求败的第一个境界。二十岁之前，他初涉江湖，仗剑独行，年少轻狂，不可一世。第二柄剑"紫薇软剑：三十前所用，误伤义士不祥，乃弃之深谷"。在武林初获成就的独孤求败，使用剑术时仍为剑器所左右，以致"误伤义士"，所以他仍未领悟人生的境界。第三柄剑通体黑黝，且重达七八十斤，所谓"重剑无锋，大巧不工，四十岁前恃之横行天下"②。人近中年，独孤求败初步感悟剑道，他自有举重若轻、大巧若拙的体会，所以无锋之重剑也能横行天下。最后一把却是柄木剑，"四十岁后，不滞于物，草木竹石均可为剑。自此精修，渐进于无剑胜有剑之境"③。经过人生历练，独孤氏剑道已成。兵器的有无、锋钝丝毫也不能阻碍剑术的发挥，正所谓一草一木皆为利器。每个人生阶段，独孤求败都擎有自己的兵器。轻狂少年对应凌厉刚猛、无坚不摧的剑，而立之年持有误伤义士的紫薇软

---

① 金庸：《笑傲江湖》，生活·读书·新知三联书店，1994年版，第1069页。
② 金庸：《笑傲江湖》，生活·读书·新知三联书店，1994年版，第1069页。
③ 金庸：《笑傲江湖》，生活·读书·新知三联书店，1994年版，第1070页。

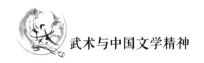

剑，不惑之时仗无锋重剑笑傲江湖。但唯有在四十岁后才能摒除外物束缚，驰骋于无剑之境。生命领悟和性格锤炼并行，金庸通过小说人物对剑道的追寻展示了人物性格与兵器的和谐之境。

一把普通的剑能折射出人生的哲理，这是超出西方人的理解范围的。美国学者阿尔·蒂尔说：

> 按照现代西方人的理解，越是坚硬和尖锐的东西，越能给人以伤害，因此在格斗当中，拳头比手掌更为优越。采用兵器，也是质地越坚硬、表面越尖锐越好。而查教授所描写的格斗家，不仅在徒手时多采用手掌，并且似乎越是高级的格斗家，越不重视所使用的兵器是否锋利结实，甚至干脆放弃使用兵器。以前从没读过这一类小说的西方读者对此难以理解。①

对比西方学者的感想，中国读者似乎更容易把握文学家处理武术题材的良苦用心。"有"与"无"是中国文人非常关注的哲学问题，它的内蕴和广度十分深厚。然而，恰是因为对手中之剑的描述，使得文学作品在体悟剑道、人道、天道的问题上有了形象的展示，这便是文学创作的奇妙之所在。

其次是对武德精神的高扬。武德思想是中国传统伦理道德在武术中的集中表现。论及武德，典型者莫过于侠义精神。中国文学在表现武术题材时，尤其重视对侠义精神的宣扬。侠义精神是文学作品与现实武德的一次极好结合，它甚至成为中国文学的一个极具代表性的文化现象。此种特点也已为国外侠义文学研究者所洞悉："中国的侠客通常被看作集非凡武功（其内功常被外表所掩盖）和高尚品德于一身的人物。"②

在多元文化的融汇中，凸显各民族文化的异质性还能达成一种跨文明研究的互补与互证。"比较文学在与其他文化的交往中，以'互为主观'、'互为语境'、'互为参照'、'互为照亮'为己任，是沟通各文化的

---

① 阿尔·蒂尔：《外国人论金庸》，载于《银行家》，2003年第7期。

② Y. W. Ma and Joseph S. M. Lau, ed. *Traditional Chinese Stories—Themes and Variations*, New York: Columbia University Press, 1978, p. 39. （此处为本书作者自译）

重要途径。这种沟通首先要对自己的特点进行深入的理解和重新诠释，这个过程不可能脱离全球化的大形势来封闭地进行，而是要针对世界现实发掘出我们悠久的文化传统和辉煌的文学宝库，从而对当前世界作出贡献。这个过程将使世界文学建构因各民族文学的参与而根本改变，同时又使各民族文学因参与了世界文学的建构，获得了新的品质，而得更新。"① 武术承载了中国的千年文化，在沟通中西方文化的工作中，它起到了良好的媒介作用。新派武侠小说家对中西方文化的碰撞有着敏锐的判断力，他们在诠释武术精神和武术宗旨的同时，也使得传统文化得以强化。无怪乎西方的文学研究者在分析中国武侠作品时，常常为作品中对武德的高扬和对暴力的抑制感到惊讶。

> 武器可分为几类，却不包括军人使用的传统武器，如剑、棍、弓箭等。战争英雄 Wei Tzu－tung 在寻敌中甚至都不用剑的，更多地使用一种神奇的武器——沉默。应该注意的是在 *Po yuan chuan* 中勇士 Ou－yang Ho 的武器几乎很少被提及，对猴子弱点的了解使武器更具有杀伤力。相比之下，学者型英雄的非传统武器，如道德力量、文（辩才）、药物、魔镜、沉默及魔咒，等等，都成为传说的超自然基础和学者对非暴力解决方式的依赖。②

这段文字极好地说明了道德品行战胜暴力的真理。强悍的武功毕竟不能超越玄奥的哲理，摒弃暴力、以柔克刚的无为思想才是制胜的法宝。

面对中国武术与中国传统文化，玛雅·戴恩探寻了电影创作的新主张——以暴力的形式反思暴力，以对暴力的反思把握艺术真谛。笔者认为，这不仅是在当代视野下对中国武术的一种人文关怀，更是对人类艺术创作的一次全新诠释。由此可见，我们在审视中国文学精神和理解人类艺术内涵时，可以运用跨学科比较研究的方法，通过武术来理解与认

---

① 乐黛云：《比较文学简明教程》，北京大学出版社，2003 年版，第 25 页。
② Winston L. Y. Yang and Curtis P. Adkins，ed. *Critical Essays on Chinese Fiction*. Hong kong：The Chinese University Press，1980，p. 44.（此处为本书作者自译）

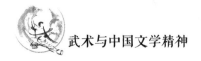

识文学创作。而在武术与文学的比照当中，我们正在收获二者结合的智慧之果。我们也有理由相信，武术与中国文学将会以更加绚烂多姿的形象展现在世界的艺术舞台上。

参考文献

一、中文文献

《国语》，上海：上海书店出版社，1987年版。

《汉魏六朝笔记小说大观》，王根林等校点，上海：上海古籍出版社，1999年版。

《曲海总目提要》，北京：人民文学出版社，1959年版。

《四库全书存目丛书》，济南：齐鲁书社，1997年版。

《文渊阁四库全书》，台北：台湾商务印书馆，1983年版。

《新编诸子集成》，成都：四川人民出版社，1998年版。

《续修四库全书》，上海：上海古籍出版社，2003年版。

《诸子集成续编》，成都：四川人民出版社，1998年版。

E. 弗洛姆：《人类的破坏性剖析》，孟禅森译，北京：中央民族大学出版社，2000年版。

阿诺德·豪塞尔：《艺术史的哲学》，陈超南、刘天华译，北京：中国社会科学出版社，1992年版。

奥布拉兹卓夫：《中国人民的戏剧》，林耘译，北京：中国戏剧出版社，1985年版。

奥根·赫立格尔：《弓和禅》，冬至译，天津：百花文艺出版社，2006年版。

柏拉图：《柏拉图全集》，王晓朝译，北京：人民文学出版社，2002年版。

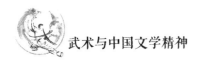

柏拉图：《柏拉图文艺对话集》，朱光潜译，北京：人民文学出版社，1983年版。

班固：《汉书》，北京：中华书局，1962年版。

遍照金刚：《文镜秘府论》，北京：人民文学出版社，1975年版。

蔡龙云、邵善康编著：《醉拳》，北京：人民体育出版社，1988年版。

蔡翔：《侠与义：武侠小说与中国文化》，北京：北京十月文艺出版社，1993年版。

曹顺庆：《中西比较诗学》，北京：北京出版社，1988年版。

曹志清编：《形意拳理论研究》，北京：人民体育出版社，1993年版。

常任侠：《常任侠文集》，合肥：安徽教育出版社，2002年版。

陈抱成：《中国的戏曲文化》，北京：中国戏剧出版社，1995年版。

陈良运：《艺与道·文与质》，北京：中国人民大学出版社，1992年版。

陈墨：《海外新武侠小说论》，昆明：云南人民出版社，1994年版。

陈墨：《中国武侠电影史》，北京：中国电影出版社，2005年版。

陈平原：《千古文人侠客梦》，北京：新世界出版社，2002年版。

陈山：《中国武侠史》，上海：上海三联书店，1992年版。

陈炎：《中国审美文化史》，济南：山东画报出版社，2000年版。

陈玉森、陈宪猷：《周易外传镜诠》，北京：中华书局，2000年版。

陈谆、孙景尧、谢天振：《比较文学》，北京：高等教育出版社，1997年版。

程大力：《体育历史论稿》，成都：四川大学出版社，2004年版。

程大力：《中国武术：历史与文化》，成都：四川大学出版社，1995年版。

程千帆：《文论十笺》，哈尔滨：黑龙江出版社，1983年版。

程颐、程颢：《二程遗书》，上海：上海古籍出版社，1992年版。

程宗猷：《少林棍法图说》，上海：上海大东书局，1921年版。

崔奉源：《中国古典短篇侠义小说研究》，台北：联经出版事业公司，1986 年版。

戴维·米切尔：《搏击：明星艺术》，钟秉枢、于立览译，北京：人民体育出版社，2001 年版。

戴震：《孟子字义疏证》，北京：中华书局，1961 年版。

丹纳：《艺术哲学》，傅雷译，北京：人民文学出版社，1963 年版。

邓牛顿：《丹青意趣：绘画艺术文粹》，上海：东方出版中心，1999 年版。

董虫草：《艺术与游戏》，北京：人民出版社，2004 年版。

董说：《七国考》，北京：中华书局，1956 年版。

董仲舒：《春秋繁露》，上海：上海古籍出版社，1989 年版。

段成式：《酉阳杂俎》，北京：中华书局，1981 年版。

范晔：《后汉书》，李贤等注，北京：中华书局，1965 年版。

方以智：《方以智全书》，上海：上海古籍出版社，1988 年版。

冯梦龙：《古今谈概》，哈尔滨：黑龙江人民出版社，1988 年版。

冯友兰：《三松堂学术文集》，北京：北京大学出版社，1984 年版。

傅惜华等：《水浒戏曲集》，上海：上海古籍出版社，1985 年版。

傅璇琮：《中国古代小说珍秘本文库》，西安：三秦出版社，1998 年版。

傅钟文：《杨式太极拳》，周元龙笔录，顾留馨审，北京：人民体育出版社，1963 年版。

高楠：《艺术心理学》，沈阳：辽宁人民出版社，1988 年版。

葛洪：《抱朴子》，北京：中华书局，1954 年版。

葛兆光：《禅宗与中国文化》，上海：上海人民出版社，1986 年版。

葛兆光：《道教与中国文化》，上海：上海人民出版社，1987 年版。

葛兆光：《中国思想史》，上海：复旦大学出版社，2005 年版。

龚鹏程：《书艺丛谈》，济南：山东画报出版社，2007 年版。

龚鹏程：《侠的精神文化史论》，台北：风云时代出版社股份有限公司，2004 年版。

古龙：《古龙传奇》，广州：广东人民出版社，2000 年版。

顾颉刚：《史林杂识初稿》，北京：中华书局，1963 年版。

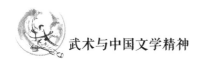

顾留馨：《太极拳术》，上海：上海教育出版社，1982 年版。

郭茂倩：《乐府诗集》，北京：中华书局，1979 年版。

郭泮溪：《中国民俗游戏与竞技》，北京：中国社会科学出版社，2006 年版。

郭庆藩：《庄子集释》，王孝鱼点校，北京：中华书局，1961 年版。

郭绍虞：《沧浪诗话校释》，北京：人民文学出版社，1961 年版。

郭绍虞：《郭绍虞说文论》，上海：上海古籍出版社，2000 年版。

郭绍虞：《中国历代文论选》，上海：上海古籍出版社，2000 年版。

郭绍虞：《中国文学批评史》，天津：百花文艺出版社，1999 年版。

国家体委武术研究院：《中国武术史》，北京：人民体育出版社，1997 年版。

韩云波：《中国侠文化：积淀与承传》，重庆：重庆出版社，2004 年版。

何良臣：《阵纪注释》，北京：军事科学出版社，1984 年版。

赫伊津哈：《游戏的人：关于文化的游戏成分的研究》，多人译，北京：中国美术学院出版社，1996 年版。

黑格尔：《美学》，朱光潜译，北京：商务印书馆，1979 年版。

洪楩：《清平山堂话本》，上海：上海古籍出版社，1992 年版。

洪兴祖：《楚辞补注》，北京：中华书局，1983 年版。

胡广等：《四书大全》，济南：山东友谊出版社，1989 年版。

胡经之：《文艺美学》，北京：北京大学出版社，1999 年版。

胡经之：《中国古典文艺学丛编》，北京：北京大学出版社，2001 年版。

胡文彬：《中国武侠小说辞典》，石家庄：花山文艺出版社，1992 年版。

黄简：《历代书法论文选》，上海：上海书画出版社，1979 年版。

黄药眠、童庆炳：《中西比较诗学体系》，北京：人民文学出版社，1991 年版。

黄宗贤：《中国美术史纲要》，重庆：西南师范大学出版社，1993 年版。

姜耕玉：《艺术辩证法——中国艺术智慧形式》，北京：高等教育出版社，2006 年版。

姜夔：《白石诗说》，北京：人民文学出版社，1962 年版。

蒋述卓、刘绍瑾：《古今对话中的中国古典文艺美学》，广州：暨南大学出版社，2012 年版。

焦循：《孟子正义》，北京：中华书局，1954 年版。

金陵金佳福、维扬金一明：《少林拳图解》，上海：武侠社，1935 年版。

金庸：《碧血剑》，北京：生活·读书·新知三联书店，1994 年版。

金庸：《射雕英雄传》，香港：明河社，1976 年版。

金庸：《神雕侠侣》，香港：明河社，1976 年版。

金庸：《天龙八部》，香港：明河社，1976 年版。

金庸：《笑傲江湖》，北京：生活·读书·新知三联书店，1994 年版。

金庸：《倚天屠龙记》，北京：生活·读书·新知三联书店，1994 年版。

卡文迪克特：《菊与刀》，吕万和等译，北京：商务印书馆，1990 年版。

康戈武：《中国武术实用大全》，北京：今日中国出版社，1990 年版。

孔子：《孔子家语》，王肃注，上海：上海古籍出版社，1990 年版。

劳思光：《新编中国哲学史》，桂林：广西师范大学出版社，2005 年版。

乐黛云、王宁：《超学科比较文学研究》，北京：中国社会科学出版社，1989 年版。

乐黛云：《比较文学简明教程》，北京：北京大学出版社，2003 年版。

黎靖德：《朱子语类》，北京：中华书局，1986 年版。

李成银：《中国武术咨询大全》，济南：山东教育出版社，1993 年版。

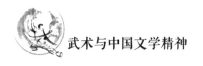

李昉：《太平广记》，北京：中华书局，1961年版。

李昉：《太平御览》，北京：中华书局，1960年版。

李昉：《文苑英华》，北京：中华书局，1966年版。

李海生：《草莽文化》，沈阳：辽宁教育出版社，1993年版。

李剑国：《唐五代志怪传奇叙录》，天津：南开大学出版社，1993年版。

李良根：《剑经注解》，南昌：江西科学技术出版社，2002年版。

李宁、江百龙：《中国武术史略》，北京：人民体育出版社，1997年版。

李焘：《续资治通鉴长编》，北京：中华书局，1979年版。

李天道：《古代文论与美学研究》北京：商务印书馆，2005年版。

李延寿：《南史》，北京：中华书局，1975年版。

李渔：《李渔全集》，杭州：浙江古籍出版社，1992年版。

李渔：《闲情偶寄》，北京：中国社会出版社，2005年版。

李泽厚、刘纲纪：《中国美学史》，北京：中国社会科学出版社，1984年版。

李泽厚：《美学三书》，合肥：安徽文艺出版社，1999年版。

李泽厚：《中国古代思想史论》，北京：人民出版社，1985年版。

李贽：《〈水浒传〉会评本》，陈曦钟、侯忠义、鲁玉川辑校，北京：北京大学出版社，1981年版。

李贽：《焚书》，北京：中华书局，1974年版。

梁敏滔：《东方格斗文化》，天津：天津古籍出版社，2002年版。

梁启超：《饮冰室合集》，北京：中华书局，1936年版。

梁守中：《武侠小说话古今》，南京：江苏古籍出版社，1992年版。

梁漱溟：《中国文化要义》，上海：上海人民出版社，2005年版。

梁羽生：《白发魔女传》，呼和浩特：内蒙古文化出版社，1984年版。

梁羽生：《笔花六照》，上海：上海古籍出版社，1999年版。

梁羽生：《萍踪侠影》，广州：广东人民出版社，1981年版。

梁羽生：《七剑下天山》，广州：广东旅游出版社，1985年版。

梁羽生：《游剑江湖》，成都：四川文艺出版社，1988 年版。

梁羽生：《云海玉弓缘》，福州：福建人民出版社，1984 年版。

林香伶：《以诗为剑——唐代游侠诗歌研究》，台北：文津出版社，1992 年版。

铃木大拙：《禅与日本文化》，陶刚译，北京：生活·读书·新知三联书店，1989 年版。

凌濛初：《二刻拍案惊奇》，上海：上海古籍出版社，1985 年版。

刘宝楠：《论语正义》，北京：中华书局，1954 年版。

刘大櫆：《论文偶记》，北京：人民文学出版社，1959 年版。

刘峻骧：《中国武术文化与艺术》，北京：新华出版社，1991 年版。

刘骏骧：《东方人体文化》，上海：上海文艺出版社，1996 年版。

刘若愚：《中国之侠》，上海：上海三联书店，1991 年版。

刘先廷译注：《太白阴经译注》，北京：军事科学出版社，1996 年版。

刘勰：《文心雕龙注》，范文澜注，北京：人民文学出版社，1958 年版。

刘云波、冯毓云：《边缘文艺学》，北京：社会科学文献出版社，2002 年版。

卢兵：《中华民族体育文化导论》，北京：民族出版社，2005 年版。

鲁道夫·阿恩海姆：《艺术与视知觉：视觉艺术心理学》，滕守尧、朱疆源译，北京：中国社会科学出版社，1984 年版。

鲁迅：《鲁迅全集》，北京：人民文学出版社，1981 年版。

陆草：《中国武术与武林气质》，郑州：河南人民出版社，1990 年版。

陆林：《清代笔记小说类编》，合肥：黄山书社，1994 年版。

路易斯·贾内梯：《认识电影》，北京：中国电影出版社，1997 年版。

罗泌：《路史》，北京：北京图书馆出版社，2003 年版。

吕效平：《戏曲本质论》，南京：南京大学出版社，2001 年版。

马丁·艾思林：《戏剧剖析》，罗婉华译，北京：中国戏剧出版社，

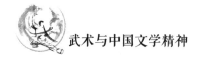

1981 年版。

马国兴：《古拳论阐释》，太原：山西科学技术出版社，2001 年版。

马明保、黄益苏：《武术》，长沙：湖南科学技术出版社，1996 年版。

马青海：《象形拳集锦》，北京：中国展望出版社，1988 年版。

马睿：《未完成的乌托邦——现代中国文学自治思潮研究》，成都：巴蜀书社，2006 年版。

茅盾：《茅盾文艺杂论集》，上海：上海文艺出版社，1981 年版。

孟元老：《东京梦华录》，北京：中华书局，1982 年版。

倪匡：《我看金庸小说》，台北：远流出版公司，1987 年版。

倪依克：《论中华民族传统体育》，北京：北京体育大学出版社，2005 年版。

欧阳健：《古小说研究论》，成都：巴蜀书社，1997 年版。

欧阳修：《六一诗话》，北京：人民文学出版社，1962 年版。

欧阳修：《新唐书》，北京：中华书局，1975 年版。

彭卫：《古道侠风·汉代卷》，北京：中国青年出版社，1998 年版。

平江不肖生：《大刀王五 霍元甲 侠义英雄传》，长沙：岳麓书社，1984 年版。

蒲戟：《中国武术故事》，广州：花城出版社，1984 年版。

蒲震元：《中国艺术意境论》，北京：北京大学出版社，1999 年版。

钱穆：《中国文化史导论》，北京：商务印书馆，1994 年版。

钱锺书：《谈艺录》，北京：中华书局，1984 年版。

屈小强：《侠心剑胆：唐代诗人的文化精神与人生意趣》，济南：济南出版社，2002 年版。

任昉：《述异记》，据宋书删本景刊，1904 年版。

任海：《中国古代武术》，北京：商务印书馆，1996 年版。

阮元：《十三经注疏》，上海：上海古籍出版社，1997 年版。

沈从文：《沈从文文集》，广州：花城出版社；北京：生活·读书·新知三联书店，1984 年版。

沈括：《梦溪笔谈》，长沙：岳麓书社，1998 年版。

沈伟方、夏启良：《汉魏六朝小说选》，郑州：中州书画社，1982年版。

沈子丞：《历代论画名著汇编》，北京：文物出版社，1982年版。

施耐庵、罗贯中：《水浒传》，北京：人民文学出版社，1975年版。

石玉昆：《三侠五义》，北京：华夏出版社，1998年版。

石玉昆：《七侠五义》，西安：三秦出版社，2005年版。

石玉昆：《小五义》，西安：三秦出版社，2005年版。

司马光：《资治通鉴补》，胡三省注，严衍补，台北：广文书局印行，1876年版。

司马迁：《史记》，北京：中华书局，1959年版。

松田隆智：《中国武术史略》，吕彦、阎海译，成都：四川科学技术出版社，1984年版。

孙禄堂：《孙禄堂武学录》，北京：人民体育出版社，2001年版。

谭正璧、谭寻补：《话本与古剧》，上海：上海古籍出版社，1985年版。

唐圭璋：《词话丛编》，北京：中华书局，1986年版。

唐豪：《少林拳术秘诀考证》，上海：上海市国术协进会，1941年版。

唐君毅：《文化意识与道德理性》，桂林：广西师范大学出版社，2005年版。

唐君毅：《中国文化之精神价值》，桂林：广西师范大学出版社，2005年版。

唐芸洲：《七剑十三侠》，钟涛、黄良玉点校，北京：北京十月文艺出版社，1995年版。

陶弘景：《古今刀剑录》，北京：中华书局，1991年版。

陶希圣：《辩士与游侠》，上海：上海书店出版社，1931年版。

田迥：《阴阳八卦掌　蟒形掌》，北京：人民体育出版社，1995年版。

童庆炳：《文学理论教程》，北京：高等教育出版社，1992年版。

涂光社：《因动成势》，南昌：百花洲文艺出版社，2001年版。

托马斯·卡莱尔：《论英雄与英雄崇拜》，周祖达译，北京：商务印

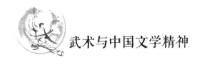

书馆，2005年版。

托马斯·门罗：《走向科学的美学》，石天曙、滕守尧译，北京：中国文联出版公司，1985年版。

脱脱等：《宋史》，北京：中华书局，1977年版。

万籁声：《武术汇宗》，北京：中国书店，1984年版。

汪涌豪、陈广宏：《侠的人格与世界》，上海：复旦大学出版社，2005年版。

汪涌豪：《中国游侠史》，上海：复旦大学出版社，2001年版。

王爱英：《侠客肝胆录》，济南：山东文艺出版社，1990年版。

王冰：《黄帝内经素问》，鲁兆麟等点校，沈阳：辽宁科学技术出版社，1997年版。

王伯敏、任道斌：《画学集成》，石家庄：河北美术出版社，2002年版。

王充：《论衡》，北京：中华书局，1954年版。

王夫之：《思问录》，北京：中华书局，1956年版。

王夫之：《张子正蒙注》，北京：中华书局，1975年版。

王国维：《王国维文集》，北京：中国文史出版社，1997年版。

王骥德：《曲律》，长沙：湖南人民出版社，1983年版。

王立：《伟大的同情——侠文学的主题史研究》，上海：学林出版社，1999年版。

王立：《武侠文化通论》，北京：人民出版社，2005年版。

王清淮：《中和论——中国文学批评原则》，北京：中国人民公安大学出版社，2001年版。

王先谦：《释名疏证补》，上海：上海古籍出版社，1984年版。

王先谦撰：《荀子集解》，沈效寰、王星贤点校，北京：中华书局，1954年版。

王先慎撰：《韩非子集释》，钟哲点校，北京：中华书局，1954年版。

王瑶：《中古文学史论》，北京：北京大学出版社，1986年版。

王岳川：《艺术本体论》，上海：上海三联书店，1994年版。

王宗岳等：《太极拳谱》，北京：人民体育出版社，1991年版。

威廉·荷加斯：《美的分析》，杨成寅译，北京：人民美术出版社，1984年版。

韦政通：《中国思想传统的创造转化：韦政通自选集》，昆明：云南人民出版社，2002年版。

未未：《人间》，武汉：湖北人民出版社，2000年版。

魏收：《魏书》，北京：中华书局，1974年版。

乌丙安：《中国民俗学》，沈阳：辽宁大学出版社，2002年版。

无谷、姚远：《少林寺资料集续编》，北京：书目文献出版社，1984年版。

无名氏：《绿牡丹全传》，太原：山西人民出版社，1993年版。

吴冠中：《我读石涛画语录　苦瓜和尚画语录》，北京：荣宝斋出版社，1996年版。

吴建民：《中国古代诗学原理》，北京：人民文学出版社，2001年版。

吴景旭：《历代诗话》，北京：中华书局，1960年版。

吴世常：《美学资料集》，郑州：河南人民出版社，1983年版。

吴图南：《国术概论》，北京：中国书店，1984年版。

吴文治：《宋诗话全编》，南京：江苏古籍出版社，1998年版。

伍蠡甫：《西方文论选》，上海：上海译文出版社，1979年版。

习云太：《中国武术史》，北京：人民体育出版社，1985年版。

席勒：《席勒散文选》，张玉能译，天津：百花文艺出版社，1996年版。

向新阳、刘克任：《西京杂记校注》，上海：上海古籍出版社，1991年版。

萧统：《文选》，北京：中华书局，1977年版。

谢榛：《四溟诗话》，北京：人民文学出版社，1961年版。

新渡边稻造：《武士道》，张俊彦译，北京：商务印书馆，1993年版。

徐才：《武术学概论》，北京：人民体育出版社，1996年版。

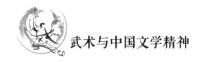

徐复观：《中国艺术精神》，上海：华东师范大学出版社，2001年版。

徐干：《中论》，黄素标点，上海：泰东图书局，1929年版。

徐君慧：《古典小说漫话》，成都：巴蜀书社，1988年版。

徐沛：《中国戏曲表演史论》，北京：文化艺术出版社，2002年版。

徐兆仁：《太极道诀》，北京：中国人民大学出版社，1990年版。

徐中玉：《中国古代文艺理论专题资料丛刊 文气·风骨编》，北京：中国社会科学出版社，1997年版。

许慎：《说文解字》，徐铉校定，北京：中华书局，1963年版。

许慎撰，段玉裁注：《说文解字注》，上海：上海古籍出版社，1988年版。

颜元：《颜元集》，北京：中华书局，1987年版。

杨伯峻：《春秋左传注》，北京：中华书局，1990年版。

杨伯峻：《列子集释》，北京：中华书局，1979年版。

杨成寅：《太极哲学》，上海：学林出版社，2003年版。

杨澄甫等：《太极拳选编》，北京：北京市中国书店，1984年版。

杨大年：《中国历代画论采英》，郑州：河南人民出版社，1984年版。

杨泓：《中国古兵器论丛》，北京：文物出版社，1980年版。

杨侃：《两汉博闻》，车臣瑞点校，哈尔滨：黑龙江人民出版社，1990年版。

杨明照：《文心雕龙校注拾遗》，上海：上海古籍出版社，1982年版。

杨新海、季建成：《中华武术》，北京：中国少年儿童出版社，1998年版。

杨炫之：《洛阳伽蓝记校笺》，杨勇校笺，北京：中华书局，2006年版。

叶洪生：《论剑：武侠小说谈艺录》，上海：学林出版社，1997年版。

叶朗：《中国美学史大纲》，上海：上海人民出版社，1985年版。

于志钧：《中国传统武术史》，北京：中国人民大学出版社，2006年版。

余虹：《艺术与精神》，北京：社会科学文献出版社，2000年版。

余日昌注：《孙子兵法》，南京：江苏古籍出版社，2002年版。

余水清：《中国武术史概要》，武汉：湖北科学技术出版社，2006年版。

余英时：《士与中国文化》，上海：上海人民出版社，1987年版。

俞剑华：《中国画论类编》，北京：人民美术出版社，1986年版。

俞万春：《荡寇志》，北京：华夏出版社，1995年版。

张纯本、崔乐泉：《中国武术史》，台北：文津出版社，1993年版。

张岱年、成中英等：《中国思维偏向》，北京：中国社会科学出版社，1991年版。

张岱年：《中国古典哲学概念范畴要论》，北京：中国社会科学出版社，1989年版。

张岱年：《中国哲学大纲》，北京：中国社会科学出版社，1982年版。

张法：《中国美学史》，上海：上海人民出版社，2000年版。

张法：《中国美学与文化精神》，北京：北京大学出版社，1994年版。

张法：《中国艺术：历程与精神》，北京：中国人民大学出版社，2003年版。

张赣生：《民国通俗小说论稿》，重庆：重庆出版社，1991年版。

张庚、郭汉城：《中国戏曲通史》，北京：中国戏剧出版社，1980年版。

张皓：《中国美学范畴与传统文化》，武汉：湖北教育出版社，1996年版。

张炬：《以艺进道：中国艺术道学思想探索》，北京：中国社会科学出版社，1999年版。

张君房：《云笈七签》，北京：中华书局，2003年版。

张孔昭：《少林正宗拳经》，北京：北京师范大学出版社，1988

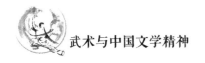
年版。

张立文：《中国哲学范畴发展史》，北京：中国人民大学出版社，1988 年版。

张首映：《西方二十世纪文论史》，北京：北京大学出版社，1999 年版。

张双棣：《淮南子校释》，北京：北京大学出版社，1997 年版。

张志和、郑春元：《中国文史中的侠客》，北京：中国社会科学出版社，1994 年版。

张志勇：《中国武术思想概论》，开封：河南大学出版社，1998 年版。

张鷟：《朝野金载》，北京：中华书局，1979 年版。

赵冬梅：《武道彷徨》，北京：解放军出版社，2000 年版。

赵庆伟、朱华忠：《游戏风情》，武汉：湖北教育出版社，2001 年版。

赵晔：《吴越春秋》，南京：江苏古籍出版社，1999 年版。

赵毅衡：《符号学 文学论文集》，天津：百花文艺出版社，2004 年版。

赵执信：《谈龙录》，北京：人民文学出版社，1981 年版。

郑绩：《画学简明》，北京：中国书店，1984 年版。

郑勤、田云清：《神秘的武术》，台北：书泉出版社，1994 年版。

郑元勋：《媚幽阁文娱·文娱叙》，上海：上海杂志公司，1936 年版。

郑振铎：《中国俗文学》，上海：上海书店出版社，1984 年版。

钟嵘：《诗品》，北京：人民文学出版社，1961 年版。

周积寅：《中国画论辑要》，南京：江苏美术出版社，1985 年版。

周荔棠：《中国武术精华》，香港：香港出版有限公司，1991 年版。

周亮工：《尺牍新钞》，上海：上海杂志公司，1935 年版。

周伟良：《中国武术史》，北京：高等教育出版社，2003 年版。

周纬：《中国兵器史稿》，天津：百花文艺出版社，2006 年版。

周贻白：《中国戏剧史》，北京：中华书局，1953 年版。

朱狄：《艺术的起源》，北京：中国社会科学出版社，1982 年版。

朱光潜：《文艺心理学》，上海：复旦大学出版社，2005 年版。

朱光潜：《无言之美》，北京：北京大学出版社，2005 年版。

朱光潜：《西方美学史》，北京：人民出版社，1979 年版。

朱光潜：《朱光潜美学文集》，上海：上海文艺出版社，1982 年版。

朱杰人、严佐之、刘永翔：《朱子全书》，合肥：安徽教育出版社，2002 年版。

朱一玄：《〈水浒传〉资料汇编》，天津：南开大学出版社，2002 年版。

宗白华：《美学散步》，上海：上海人民出版社，1981 年版。

宗白华：《艺境》，北京：北京大学出版社，1997 年版。

宗白华：《宗白华全集》，合肥：安徽教育出版社，1994 年版。

二、英文文献

Jones, David E. ed. *Combat, Ritual, and Performance：Anthropology of the Wushu*. Westport, Conn：Praeger, 2002.

Sitney. P. Adams, ed. *Visionary Film：The American Avant-agarde*. New York：Oxford University Press, 1979.

Winston L. Y. Yang and Curtis P. Adkins. ed. *Critical Essays on Chinese Fiction*. Hong kong：The Chinese University Press, 1980.

Y. W. Ma and Joseph S. M. Lau. ed. *Traditional Chinese Stories——Themes and Variations*. New York：Columbia University Press, 1978.